Freiheit in Grenzen

Christentum und Zeitgeschichte (CuZ)

Band 2

Im Auftrag der Evangelischen Arbeitsgemeinschaft
für Kirchliche Zeitgeschichte
herausgegeben von Siegfried Hermle und Harry Oelke

Veronika Albrecht-Birkner

Freiheit in Grenzen

Protestantismus in der DDR

EVANGELISCHE VERLAGSANSTALT
Leipzig

In memoriam Kurt Nowak (1942–2001)

Bibliographische Information der Deutschen Nationalbibliothek
Die Deutsche Nationalbibliothek verzeichnet diese Publikation in der Deutschen Nationalbibliographie; detaillierte bibliographische Daten sind im Internet über http://dnb.dnb.de abrufbar.

Das Buch wurde auf alterungsbeständigem Papier gedruckt.

Cover: Kai-Michael Gustmann, Leipzig
Coverbild: Mahngottesdienst in der Berliner Zionskirche, 26. November 1987 © epd-bild / Harald Hauswald
Satz: Steffi Glauche, Leipzig
Druck und Binden: Hubert & Co., Göttingen

ISBN 978-3-374-05343-8
www.eva-leipzig.de

Inhalt

Vorwort

Die Geschichte des Protestantismus in der DDR ist zu jung und zu kontrovers, als dass von ihr eine ›fertige‹ Erzählung vorgelegt werden könnte. Die Kontroversen ergeben sich aus den unterschiedlichen ost- wie auch westdeutschen Perspektiven auf diese Geschichte, sowohl zu Zeiten der deutsch-deutschen Teilung als auch in der Gegenwart. Sie haben in vielen Fällen zu tun mit impliziten oder auch expliziten Verteidigungen eigener damaliger Positionen und Handlungsweisen oder derer von Eltern und Großeltern oder von Institutionen, mit denen man sich identifiziert. Die eigentlichen Probleme ergeben sich dabei aus der Begrenztheit der je eigenen Wahrnehmung, wenn sie mit der Verweigerung einhergeht, andere Perspektiven ebenfalls als Teil dessen anzuerkennen, was »DDR« als Wirklichkeit ausgemacht hat.

Die vorliegende Darstellung geht deshalb iterativ vor: Sie zeigt die Geschichte des Protestantismus in der DDR in verschiedenen ›Durchgängen‹, die es ermöglichen, diese aus unterschiedlichen Perspektiven wahrzunehmen.[1] Dies kann je einzeln geschehen – die Mehrperspektivität ergibt sich freilich erst durch das Lesen verschiedener ›Durchgänge‹, zu der auch die Querverweise zwischen den Kapiteln einladen. Personen werden bei ihrer jeweiligen Erstnennung im Fließtext mit Vornamen und ihrer zeitgenössischen Berufsbezeichnung einge-

---

1 Vgl. diesen methodischen Zugriff bereits bei Ziemer, Prozeß.

führt. Weibliche Wortformen werden in der Regel nicht zusätzlich genannt, sind aber stets auch gemeint.

Im ersten Kapitel werden die in der gegenwärtigen Rezeption zu findenden unterschiedlichen Zugänge zur Geschichte des Protestantismus in der DDR selbst thematisiert. Im zweiten Kapitel geht es um Grundzüge, Phasen und Akteure der Kirchenpolitik des SED-Staates als Faktoren, die das kirchliche Leben in starkem Maße bestimmten. Entsprechend der vergleichsweise großen Relevanz des landeskirchlichen Protestantismus in der DDR sind diesem in der Hauptsache die drei folgenden Kapitel gewidmet, wobei jedes Kapitel eine andere Perspektive fokussiert. Im sechsten Kapitel wird der freikirchliche Protestantismus als eigenständig wahrzunehmende Größe vorgestellt. Das siebte Kapitel ist Schwerpunkten ostdeutscher Theologie und kirchlicher Praxis im Kontext deutsch-deutscher Kirchengemeinschaft wie auch globaler und ökumenischer Vernetzungen als stets mitzudenkenden Konstellationen gewidmet. In einer Schlussbemerkung werden unter dem Stichwort »Freiheit« als genuin protestantischer Signatur mögliche Erträge der mehrperspektivischen Sicht auf den Protestantismus in der DDR angedeutet.

Zu danken habe ich vielen Gesprächspartnerinnen und -partnern in Ost und West, die mir im Laufe der letzten Jahre neue Perspektiven auf die Geschichte des Protestantismus in der DDR eröffnet haben. Ein besonderer Dank gilt Curt Stauss (Halle/Saale) für die kritische Lektüre des Manuskripts und alle inhaltlichen Hinweise sowie Berit Biewald (Leipzig) für das sorgfältige Lektorat und Julia Muhametov sowie Hannah Strunk (Siegen) für die Hilfe bei der Erstellung von Quellen- und Literaturverzeichnis und Personenregister. Den Herausgebern danke ich für die Aufnahme der Darstellung in die Reihe

»Christentum und Zeitgeschichte« und der Evangelischen Verlagsanstalt, vor allem Frau Dr. Annette Weidhas, für die gute Kooperation bei der Herstellung des Bandes.

Veronika Albrecht-Birkner
Halle/Saale und Siegen im März 2018

1 Zugänge

1.1 Erinnerungskulturen im Blick auf die DDR

In seinem Vorwort zu Sandra Pingel-Schliemanns Studie über »Zersetzen« als »Strategie« der SED-Diktatur stellt der Hamburger Politikwissenschaftler Michael Th. Greven fest: »Zum zweiten Mal in der jüngeren deutschen Geschichte stellte sich also unabhängig von den gesonderten Problemen einer vergleichenden Diktaturforschung im 20. Jahrhundert die Frage, wie mit der Geschichte einer verbrecherischen Diktatur umzugehen sei, die in der Zeit ihrer Existenz bestürzend viel Unterstützung durch die Bevölkerung erfahren hat. Auch daß diese Unterstützung und Identifikation nach dem Fall des Regimes in beträchtlichem Ausmaß fortlebt, ist eine Gemeinsamkeit und schafft ähnliche praktische Probleme.«[2] Die zirka 16 Millionen in der DDR an deren Ende lebenden Menschen mit einer Altersspannweite von vier Generationen hatten diesen Staat entsprechend ihren jeweiligen Rollen darin sehr unterschiedlich wahrgenommen und entwickelten deshalb auch unterschiedliche Erinnerungskulturen. Der Berliner Historiker und Direktor des Potsdamer Zentrums für Zeithistorische Forschung Martin Sabrow hat diese verschiedenen Erinnerungen klassifiziert als Arrangement-, Diktatur- und Fortschrittsgedächtnis.[3]

---

[2] Greven, Vorwort, 9. Dass es sich um eine Diktatur gehandelt habe, ist trotz verschiedener Kontroversen um den Charakter des SED-Staates auch in der zeitgeschichtlichen Forschung Konsens (vgl. Faulenbach, Stand, v. a. 27–29).

Das hohe Ausmaß an Verstrickung in den SED-Staat und bald auch die Enttäuschung materieller Erwartungen brachten es mit sich, dass der offenbar größere Teil der ehemaligen DDR-Bevölkerung gemäß den eigenen Erfahrungen in der DDR ein Fortschritts- oder zumindest ein Arrangementgedächtnis pflegt – nach 1989/90 also einen überwiegend positiven Blick auf die DDR entwickelt hat. Entgegen anderslautenden Annahmen werden diese Erinnerungsdiskurse transgenerational weitergegeben und konstituieren weitergehend ostdeutsche Identitäten,[4] die spätestens seit den Wahlen zum Bundestag im September 2017 auch wieder stärker in den Fokus des öffentlichen Interesses gekommen sind. Das Diktaturgedächtnis ist vergleichsweise schwächer ausgeprägt – entsprechend der Tatsache, dass Repressionen und Benachteiligungen anderer von vielen in der DDR gar nicht oder zumindest nicht als Unrecht wahrgenommen wurden.

In der um das Gebiet der DDR erweiterten Bundesrepublik wurden nach 1990 bekanntlich verschiedene Anstrengungen zur Aufarbeitung der SED-Diktatur unternommen.[5] Dazu gehörte u. a. die Einsetzung von zwei Enquete-Kommissionen des Bundestages, deren umfangreiche Ergebnis-Dokumentationen eine Fülle an Informationen, Meinungen und Diskussionen zu allen Bereichen der DDR-Gesellschaft geliefert haben.[6] Die

---

3 Vgl. Sabrow, DDR, 20.

4 Vgl. Goudin-Steinemann/Hähnel-Mesnard, Erinnerungsdiskurse.

5 Zu den verschiedenen Ebenen der Auseinandersetzung vgl. Faulenbach, Stand, 25.

6 Materialien der Enquete-Kommissionen »Aufarbeitung von Geschichte und Folgen der SED-Diktatur in Deutschland« und

parallel stattfindende strafrechtliche Aufarbeitung durch eine eigens hierfür eingesetzte Staatsanwaltschaft erbrachte eine Verurteilung von weniger als ein Prozent der zirka 100.000 Personen, gegen die ein Ermittlungsverfahren eingeleitet worden war.[7] Von den zirka 90.000 hauptamtlichen und etwa 180.000 inoffiziellen Mitarbeitern des Staatssicherheitsdienstes wurden lediglich 69 Personen verurteilt. Dessen langjähriger Chef Erich Mielke konnte nur für einen Doppelmord in der NS-Zeit gerichtlich belangt werden. Dieses Ergebnis zeigt, dass die Möglichkeiten juristischer Aufarbeitung der DDR-Diktatur durch den bundesrepublikanischen Rechtsstaat sehr begrenzt sind. Dies erklärt sich daraus, dass die Repressionen vielfältiger Art und insbesondere die auf die Destruktion der Persönlichkeit zielenden Maßnahmen der sogenannten »Zersetzung« als maßgeblicher Strategie des SED-Staates seit den 1970er Jahren nach bundesrepublikanischem Recht nicht justiziabel sind. So wurden die Täter zu »Nutznießer[n] der Prinzipien, die das rechtsstaatliche Strafverfahren auszeichnen, des Rückwirkungsverbots, der Unschuldsvermutung, des Gebots der Achtung der Menschenwürde«.[8]

»Überwindung der Folgen der SED-Diktatur im Prozeß der deutschen Einheit« (12. und 13. Wahlperiode des Deutschen Bundestages). Hrsg. v. Deutschen Bundestag. 9 Bände in 18 Teilbänden/8 Bände in 14 Teilbänden. Baden-Baden, Frankfurt/Main 1995/1999.

7 Vgl., auch zum Folgenden, Schaefgen, Ahndung.

8 Ebd., 16. Für den Katalog der auf Destruktion der Persönlichkeit setzenden Maßnahmen von »Zersetzung« war die Richtlinie 1/76 des MfS einschlägig (Gill/Schröter, Ministerium, 346–402). Vorgesehen waren laut dieser Richtlinie u. a. die »systematische Diskreditierung des öffentlichen Rufes, des Ansehens und des Pres-

Auf diese Weise hat die juristische Aufarbeitung der Schwäche des Diktaturgedächtnisses eher noch weiteren Vorschub geleistet – schien sie doch zu bestätigen, dass es kaum Täter und entsprechend wohl auch kaum wirkliche Opfer gegeben hatte. Ohnehin tendieren postdiktatorische Gesellschaften aufgrund von Verdrängungsprozessen und simplifizierenden Tendenzen dahin, ihre Sympathien im Nachhinein eher den Tätern als den (einzelnen) Opfern zuzuwenden.[9] Die Betroffenen und Opfer der DDR-Diktatur tatsächlich im Blick zu behalten und Schuldfragen jenseits der juristischen Aufarbeitung zu thematisieren, bleibt vor diesem Hintergrund eine wichtige Aufgabe im Rahmen der weiteren gesellschaftlichen Entwicklung der Bundesrepublik. Dies gilt umso mehr, als man derzeit davon ausgeht, dass zirka 22–24 Prozent der ehemaligen DDR-Bevölkerung mit Traumatisierungen durch den SED-Staat leben, die unaufgearbeitet transgenerational weitergegeben wurden und werden und ein erhebliches pathogenes Potential bieten. Das Schweigen hierüber ist bekanntlich ein Teil dieser Struktur.[10]

---

tiges auf der Grundlage miteinander verbundener wahrer, überprüfbarer und diskreditierender sowie unwahrer, glaubhafter, nicht widerlegbarer und damit ebenfalls diskreditierender Angaben«, die »systematische Organisierung beruflicher und gesellschaftlicher Mißerfolge zur Untergrabung des Selbstvertrauens einzelner Personen« und »die Verwendung anonymer oder pseudoanonymer Briefe, Telegramme, Telefonanrufe usw.; kompromittierender Fotos, z. B. von stattgefundenen oder vorgetäuschten Begegnungen« (zitiert nach Förster, Hochschule, 111 f).

9 Vgl., auch zum Folgenden, Frank, Weg, 385–390; u. Greven, Vorwort, 11. Im osteuropäischen Kontext: Renovabis/Zentralkomitee der Deutschen Katholiken, Verletzungen.

10 Vgl. hierzu Freyberger/Spitzer, Daten.

Diese Überlegungen bilden einen wichtigen Zugang auch zur Geschichte des Protestantismus in der DDR, denn die Kirchen waren zwar die einzigen öffentlichen Institutionen, die in der DDR formal unabhängig vom Staat bestanden. Gleichwohl konnten sie nicht neben der vom SED-Staat dominierten Gesellschaft existieren, sondern waren trotz relativer Freiräume unausweichlich mit ihr verwoben. Entsprechend ihren unterschiedlichen Erfahrungen – als Gemeindeglieder in verschiedenen Landes- und Freikirchen, als kirchliche Mitarbeiter, Pfarrer und Pastorinnen, als Mitglieder von Kirchenleitungen oder als Teilnehmer an Veranstaltungen im öffentlichen Raum Kirche ohne bestehende Kirchenmitgliedschaft – haben Menschen auch im Blick auf die Kirchen ganz unterschiedliche Gedächtniskulturen entwickelt. Diese Tatsache hat besondere Relevanz dadurch, dass die protestantischen Kirchen wie u. a. auch die Theologischen Fakultäten zu den öffentlichen Institutionen in Ostdeutschland gehören, die über die DDR-Zeit hinaus weiterbestehen. Zwar existierte von 1969 bis 1990 mit dem BEK ein gegenüber der EKD eigenständiger Zusammenschluss der evangelischen Landeskirchen in der DDR. Ein Tübinger Rechtsgutachten stellte 1990 jedoch klar, dass die Mitgliedschaft der DDR-Kirchen in der EKD nur geruht habe und der BEK von der EKD rechtlich nicht getrennt gewesen sei.[11] Auf dieser Basis erfolgte 1990 der (Wieder-)Beitritt der ostdeutschen Landeskirchen zur EKD, so dass deren Geschichte als Teil der Geschichte der EKD zu verstehen ist.[12] Damit ist auch

---

11 Vgl. Heckel, Vereinigung.

12 Dasselbe betrifft auch die ostdeutsche Blockpartei CDU als Teil der Geschichte der (West-)CDU.

der Umgang mit diesen verschiedenen Erinnerungskulturen bis in die Gegenwart Aufgabe der EKD.[13]

1.2 Narrative ostdeutscher Kirchengeschichtsschreibung

Zum Protestantismus in der DDR ist seit 1990 eine kaum noch überschaubare Fülle an Publikationen erschienen, die ein äußerst komplexes und in keiner Weise in sich kohärentes Geschichtsbild ergeben.[14] Diese Komplexität resultiert zunächst einmal daraus, dass die Verfasser dieser Publikationen – soweit sie selbst in der DDR gelebt haben, was einen großen Teil von ihnen betrifft – unterschiedlichen Erinnerungen im Blick auf die Kirchen in der DDR verpflichtet sind. Diese Pluralität der Perspektiven korrespondiert in der wissenschaftlichen Arbeit mit der Heranziehung unterschiedlicher Quellenbestände bzw. verschiedenen Interpretationen derselben Quellenbestände. Als literarisches Genre hiervon zu unterscheiden sind autobiografische Schriften, die mehr oder weniger unmittelbar das Anliegen einer Rechtfertigung eigener Denk- und Handlungsweisen in der DDR-Zeit und der Formung entsprechender Geschichtsnarrative erkennen lassen.[15] Biografische

---

13 Vgl. Stengel, Vergangenheit.

14 Vgl. als Literaturüberblick zuletzt Lepp, Kirchen. Als Überblicksdarstellung im Lehrbuchformat s. Mau, Protestantismus.

15 Nur beispielhaft kann hier auf einzelne autobiografische Darstellungen damaliger Bischöfe (Gienke, Dome; Krusche, Erinnerungen; Leich, Horizonte; Rathke, Weg; u. Schönherr, Zeit), Pfarrer (Braune, Protokollstrecke; Eppelmann, Haus; ders., Spur; Führer, Revolution; Gauck, Winter; Schorlemmer, Leben; ders.,

Arbeiten über Protagonisten, die sich nicht selbst literarisch geäußert haben, verfolgen das Anliegen, derartige Versuche der Eigenprägung von Geschichtsnarrativen zu ergänzen bzw. zu korrigieren.[16] Biografische Zugänge zur DDR-Protestantismus-Geschichte schließen aus generationellen Gründen meist das frühe 20. Jahrhundert, zumindest die NS-Zeit, wie auch die Zeit nach der deutschen Wiedervereinigung ein – Kontextualisierungen, die für Studien zur DDR in der Forschung generell angemahnt werden.[17]

Die sich in wissenschaftlichen und nichtwissenschaftlichen Publikationen spiegelnden Kontroversen um die ›richtige‹ Geschichtserzählung vom Protestantismus in der DDR kreisen weitgehend um die Frage, wer inwiefern und aus welchen Motivationen heraus die mutmaßlich ›richtige‹ Position zum SED-

---

Heimat; Steinlein, Jahre; u. Winter, Weg) und Gemeindeleiter (Schmidt, Herr) sowie Theologieprofessoren (Haendler, Kirchengeschichte; Müller, Erfahrungen; u. Wendelborn, Christentum) verwiesen werden. Die sehr unterschiedlichen Auflagenzahlen dieser Publikationen sind als Spiegel der Rezeptionsintensität und somit der Herausbildung bestimmender Narrative zu lesen.

16 Z. B. Klier, Brüsewitz; Mayer, Wonneberger; u. Pausch, Widerstehen (über Christoph Wonneberger); Sachse, Menschen (über Gottfried Forck); Weiss, Kreyssig; u. Winter, Bekenner (über Siegfried Ringhandt). Von der Intention her ähnlich einzuordnen sind Festschriften wie z. B. Kirche als Kulturfaktor (Festschrift Johannes Hempel); Kirche für andere (Festschrift Heinrich Rathke) u. Schröter, Stolpe, oder publizierte Interviews wie z. B. Hahn, Annehmen (Gespräch mit Johannes Hempel).

17 Vgl. Faulenbach, Stand, 34–37; Hoffmann/Schwartz/Wentker, Chance, 54–64; Lepp, Ausgeforscht, 96, 98; u. Mählert, Totgesagte, 15–19.

Staat eingenommen hat und insofern ein gewisses historisches Recht für sich verbuchen kann. Diese Fokussierung mag auf den ersten Blick wie eine Engführung erscheinen – erklärt sich aber aus der Tatsache, dass die Frage nach dem Verhältnis zum Staat in der nominell atheistischen Diktatur und unter deren repressiver Kirchenpolitik[18] die Tagesordnung tatsächlich stark dominieren musste. Die kontroversen Geschichtsdeutungen stehen in unmittelbarem Zusammenhang mit den unterschiedlichen Optionen, die sich im Protestantismus während der DDR-Zeit in dieser Hinsicht entwickelt haben. Ihre eigentliche Zuspitzung haben diese dadurch erfahren, dass erst anhand der nach dem Ende der DDR geöffneten Akten des MfS deutlich wurde, wie unterschiedlich die Optionen tatsächlich gewesen sind. Nun stellte sich heraus, dass es auch in der Kirche und in Kirchenleitungen Personen gegeben hatte, die unter Geheimhaltung gegenüber Kollegen, ihren Bischöfen und Gemeindegliedern mit dem Staatssicherheitsdienst kooperiert hatten. Hinzu kam, dass die Betreffenden dies im Nachhinein weitgehend zu einer nicht nur legitimen, sondern auch notwendigen Option politischer Ethik im Raum der Kirche erklärten – bis hin zur Selbststilisierung als Opfergruppe. Dabei wurde die Frage nach einer möglichen Schuld häufig in die Frage nach einem möglicherweise entstandenen Schaden transferiert und in der Regel rasch verneint.[19]

---

[18] Vgl. hierzu Kap. 2.

[19] Vgl. zur Aufarbeitung von MfS-Kooperationen in den Kirchen Besier, Rolle, 556–558; Frank, Weg, 371–414; Neubert, Rolle, 1026–1029; Stauss, Vergebung; Stengel, Vergangenheit; ders., Kirchen-DDR-Geschichte, 12 f; u. Vollnhals, Abteilung, 109 f. Aus praktisch-theologischer und religionspädagogischer Sicht

Zu einer nachhaltigen Fokussierung und damit auch Engführung der historischen Aufarbeitung des Protestantismus in der DDR auf die Frage nach den MfS-Verstrickungen und deren Bewertung kam es aber erst durch die umfangreichen Publikationen relevanter Quellenbestände aus den BStU-Akten in den Jahren 1992 bis 1995 durch den Heidelberger Historiker und Theologen Gerhard Besier.[20] Das Problem waren dabei weniger die Quelleneditionen an sich als vielmehr deren pauschale Deutung durch den Herausgeber als Unterwanderung *der* evangelischen Kirche durch das MfS im Sinne eines Generalverdachts gegen diese. Das nach dem Ende der DDR zunächst dominierende positive Bild von der protestantischen Kirche als einem maßgeblichen Ort der Ermöglichung und Herbeiführung der Friedlichen Revolution geriet dadurch ins Wanken, und implizit verfolgen viele der seitdem erschienenen Publikationen damaliger Beteiligter Strategien der Abwehr der von Be-

---

Lütze, Schnee; u. ders., Versöhnung. Die Einsicht, dass Menschen aus dem unmittelbaren Arbeitsumfeld »sich entschieden« hatten, »mit der Staatssicherheit der DDR Gespräche zu führen, ohne sich mit ihrem Bischof abzustimmen oder ihn wenigstens zu informieren«, stellte z. B. für den emeritierten Bischof der EKiBB Gottfried Forck einen sehr schmerzhaften Prozess dar, zumal »[k]einer der Betroffenen [...] das Gefühl gehabt zu haben« schien, »dass sie ihren Bischof hintergangen haben« (Sachse, Menschen, 321–331 u. 338 [Nachwort von Beatrix Forck; Zitate]). Ulrich Schröter kommentiert mit Blick auf die Situation in der EKiBB: »Haupt- oder ehrenamtliche kirchliche Mitarbeiter wußten, daß sich eine *Tätigkeit für das MfS* mit ihrer kirchlichen Bindung *nicht* verträgt.« (199; vgl. auch ebd. »Zehn Thesen« [199 f]).

20 Besier, SED-Staat; ders., SED-Staat 1969–1990; ders., SED-Staat 1983–1990; u. ders./Wolf, Pfarrer.

sier erhobenen pauschalen Vorwürfe.[21] Mit seiner in mehreren überarbeiteten Auflagen erschienenen, umfangreichen Geschichte der Opposition in der DDR hat der Erfurter Theologe und Religionssoziologe Ehrhart Neubert eine Darstellung vorgelegt, die den Protestantismus ganz im Gegensatz zu Besiers Ansatz in der (politischen) Opposition identifiziert.[22] Dagegen verfolgt der in den 1980er Jahren in Leipzig promovierte Münsteraner Religionssoziologe Detlef Pollack in seinen zahlreichen Arbeiten zur Geschichte des DDR-Protestantismus eine systemtheoretische Sicht, der gemäß Theologie und Kirche gar keine eigenständigen Akteure sein konnten.[23]

Es liegt auf der Hand, dass die historiografischen Probleme nicht zuletzt aus einem pauschalisierenden Kirchenbegriff resultieren, der weder der damaligen Pluralität noch den auf dieser basierenden verschiedenen DDR-Protestantismus-Gedächtnissen gerecht wird. Dabei verkennt die Annahme, dass die »Phase der Grundsatzdebatten« mit »Anklage« und »Apologie« bereits 1995 abgeschlossen gewesen und durch eine Phase wissenschaftlicher »Bearbeitung von Einzelthemen« abgelöst worden sei,[24] die langfristige, mit der weiterhin virulenten Aufarbeitung in den Kirchen verbundene Relevanz dieser Fragen. Ein gemeinsames Geschichtsnarrativ als wichti-

---

[21] Vgl. Fitschen, Erinnerungen, 88–91; Stengel, Vergangenheit, 116–125; u. ders., Kirchen-DDR-Geschichte, 5–8.

[22] Neubert, Geschichte.

[23] U. a. Pollack, Kirche; ders., Eigenständigkeit; ders., Rolle; u. Richter/Pollack, Theologie. Zur bis in die 1980er Jahre zurückgehenden Kontroverse Neubert – Pollack s. Stengel, Kirchen-DDR-Geschichte, 9–12.

[24] So Lepp, Ausgeforscht, 96 u. ö.

ger Teil einer gemeinsamen Identität ist bislang nicht gefunden worden.

1.3 Relevanz westdeutscher und kontextueller Perspektiven

Es darf nicht übersehen werden, dass das für aus der DDR stammende Theologen verletzende Potential insbesondere der Veröffentlichungen von Besier nicht zuletzt darin bestand, dass sie von einem Historiker aus der Bundesrepublik vorgelegt worden waren.[25] Dieses Potential war deshalb von umso größerer Relevanz, als mit dem (Wieder-)Beitritt des BEK zur EKD[26] Strukturen und Identität derselben nicht neu diskutiert worden waren. Unter Verweis auf die Frage, »was denn an einer Kirche im Sozialismus bewahrenswert sein könne«, war diese Option von der EKD kategorisch zurückgewiesen und die ›Einpassung‹ der ostdeutschen Kirchen in

---

[25] Vgl. u. a. Krusche, Erinnerungen, 388 u. 391. In Reaktion auf die im Oktober 2017 veröffentlichte Bußerklärung der Evangelischen Kirche in Mitteldeutschland (Erklärung des Landeskirchenrates) hat Besier selbst davon gesprochen, dass »manche« seiner »Interpretationen« der Entdeckung von MfS-Verstrickungen der Evangelischen Kirche in der DDR »schroff, verletzend, selbstgerecht und lieblos« ausgefallen seien (Besier, Gott). Stengel, Kirchen-DDR-Geschichte, 5, sieht bei Besier im Hintergrund stehende parteipolitische Interessen. Ebenso finden sich pauschale Verteidigungen von DDR-Kirchenleuten gegen MfS-Vorwürfe aus westdeutschen politischen oder kirchlichen Interessen heraus (vgl. z. B. Deutsches Allgemeines Sonntagsblatt, Ausgabe Jan. 1994, zitiert bei Besier, Rolle, 555; u. Weizsäcker, Zeiten, 411–414, v. a. 413 f).

[26] S. unter 1.1.

die EKD vorausgesetzt worden.[27] Damit aber hatte der formal-juristische Vorgang des Beitritts zugleich die Möglichkeit einer Suche nach einer gemeinsamen EKD-Identität unter Aufnahme von in der DDR gewachsenen protestantischen Identitäten ausgeschlossen. Der Eindruck, dass Letztere auf diese Weise faktisch übersprungen worden waren und man sich einem ›historischen Gewinner‹ hatte unterwerfen müssen, war bei ostdeutschen Kirchenleuten vor diesem Hintergrund bereits ausgeprägt. Namentlich mit den Veröffentlichungen von Besier dehnte er sich nur noch weiter aus auf den Eindruck, nun auch diese Geschichte selbst der Perspektive der ›historischen Gewinner‹ unterwerfen zu müssen.[28]

---

27 Stengel, Kirchen-DDR-Geschichte, 7. Zur im Hintergrund stehenden Entwicklung des Verhältnisses von ost- und westdeutschen Kirchen bis 1990 s. Kap. 7.1; zum Terminus »Kirche im Sozialismus« Kap. 3.1, 5.1 u. 5.2.

28 Der Eindruck, die historische Aufarbeitung der DDR »sei Teil einer ›Kolonisierung Ostdeutschlands‹ durch Westdeutschland, also Fremdherrschaft«, findet sich nicht nur im Blick auf die Kirchengeschichtsschreibung (vgl. Greven, Vorwort [wie Anm. 2], Zitat 10). Manche Tendenzen auf ostdeutscher Seite, MfS-Verstrickungen in den DDR-Kirchenleitungen als unsachgemäße Überziehung »mit einer Hermeneutik des Verdachts« zurückzuweisen (z. B. Falcke, Gemeinsamkeit, Zitat 111), sind sicher auch in dieser Hinsicht als Versuche der Bewahrung des Eigenen zu verstehen. Deutlich spürbar ist das Ringen um den Eindruck einer unsachgemäßen Fremddeutung der eigenen Geschichte auch in dem von Werner Krusche an Wolfgang Thumser in Reaktion auf dessen Publikation (Thumser, Kirche) verfassten Brief (Krusche, Brief).

Bereits in den Diskussionen um den BEK-Beitritt zur EKD, die im Blick auf die auf östlicher Seite gesehene Gefahr einer »zerstörte[n] und aufgegebene[n]« Identität der ostdeutschen Kirchen mit »starke[r] Emotionalität« geführt wurden, spielte die Erinnerung, Verarbeitung und Bewertung der eigenen Geschichte als konstituierendes Moment eine wichtige Rolle.[29] In den folgenden Jahren wurden mehrfach Versuche unternommen, Aspekte dieser Identität zu formulieren und auf diese Weise in der EKD konstruktiv zur Sprache zu bringen. Dies implizierte gegen das von westlicher Seite als Vorwurfsprofil gegenüber den östlichen Kirchen etablierte Arrangement- bzw. Fortschrittsgedächtnis[30] ein Insistieren auf dem Diktaturgedächtnis – und zwar im Sinne der Transgenerationalität gerade nicht nur negativer, sondern auch positiver Erfahrungen.[31] Einen Kernpunkt dieses Gedächtnisses bildet der Rekurs auf die minderberechtigte Situation als »Chance« für die Kirche, »sich aus der freien Geisteskraft des Evangeliums zu behaupten«, die als Gegensatz zu der mit dem Beitritt zur EKD wieder eingetretenen privilegierten und somit ›unfreien Situation‹ staatlicher Bindung gesehen wird.[32] An dieser Stelle kann freilich auch unter ostdeutschen Theologen nicht von einem Konsens die Rede sein. Während etwa der emeritierte Erfurter

---

29 Falkenau, Vorbemerkung.

30 Vgl. oben »Kirche im Sozialismus«. Das Vorwurfsprofil »Fortschrittsgedächtnis« ist bei Brunner, Avantgarde, erneut deutlich greifbar.

31 Curt Stauss nach Frank, Weg, 410. Vgl. z. B. Minderheit mit Zukunft; u. Falcke, Erbe BEK.

32 Vgl. Krötke, Corpus, Zitat 29. Vgl. hierzu auch Stengel, Vergangenheit, 143 f.

Propst Heino Falcke diesen Ansatz zu einer Kritik an der EKD als »Kirche im Liberalismus« ausgebaut hat,[33] hat z. B. der Ostberliner Theologe Richard Schröder bereits 1990 unter geradliniger Gleichsetzung der DDR-Situation mit ›Unfreiheit‹ gemeint, dass »Tugenden, die im Gefängnis Tugenden« seien, es »nicht unbedingt in der Freiheit« seien – dass mit anderen Worten vom Protestantismus in der DDR für die EKD sinnvollerweise gar nichts relevant sein könne.[34]

Geteilte Erinnerungskulturen im Blick auf die DDR spiegeln sich im Umgang mit deren historischer Erforschung, die ja immer auch einen »Anspruch[] auf Repräsentation«[35] in der Gegenwart bedeutet. Im Blick auf Konkurrenzen zwischen der Herkunft aus Ost- oder Westdeutschland zeigt sich dies seit den frühen 2000er Jahren auch in Varianten von »Abgesang auf das Forschungsthema DDR«.[36] Hinsichtlich der Geschichte des ostdeutschen Protestantismus hat die Historikerin und Leite-

---

33 Falcke, Erbe BEK, 49. Falcke beschreibt dies als Gefahr eines theologisch nicht klar reflektierten Selbstverständnisses als »Kirche der Freiheit«. S. auch ders., Freiheit.

34 Nach Falcke, Erbe BEK, 48. Wolf Krötke betont die durch die staatliche Privilegierung gebotenen »Freiheitsräume« für die Aufgaben der Kirche (Krötke, Corpus, 30). Für Joachim Gauck steht die DDR-Situation als eine eindeutig negativ konnotierte Situation der ›Unfreiheit‹, wobei die politische Perspektive hier zweifellos dominiert (vgl. Gauck, Winter, 331–342).

35 Stengel, Kirchen-DDR-Geschichte, 4.

36 Mählert, Totgesagte, 19. Ulrich Mählert meint, dass dabei gelegentlich »ein paternalistischer Unterton zu vernehmen« gewesen sei (17). Vgl. zu diesen Beobachtungen in der allgemeinen Zeitgeschichtsforschung auch Faulenbach, Stand, 5, 38; u. Hoffmann/ Schwartz/Wentker, Chance, 23.

rin der Münchner Forschungsstelle für Kirchliche Zeitgeschichte Claudia Lepp schon 2006 gefragt, ob es sich um ein ›ausgeforschtes‹ Thema handle, einen »Rückzug der kirchengeschichtlichen DDR-Forschung« konstatiert und aufgrund eines »starke[n] Ungleichgewicht[s] hinsichtlich unseres Wissensstands« einen »immense[n] Nachholbedarf in der Erforschung der Kirchengeschichte der Bundesrepublik bis 1989« festgestellt.[37] Angesichts der weiterhin bestehenden »Gefahr«, »dass die Erinnerung an die Geschichte des Protestantismus« zwischen Ost und West »geteilt bleibt«, hat der Leipziger Kirchenhistoriker Klaus Fitschen in seiner Darstellung zum Stand der kirchlichen Zeitgeschichtsforschung kürzlich betont, dass es »nicht darum gehen« könne, »die ostdeutsche gegen die westdeutsche Kirchengeschichte (und umgekehrt) auszuspielen«.[38] Vielmehr gehe es um die »Gewinnung einer gesamtdeutschen Perspektive«.[39]

Eine kontextualisierende Sicht auf die Geschichte beider deutscher Staaten wird neben der Einbindung in die Geschichte des Kommunismus im 20. Jahrhundert auch in der allgemeinen Geschichte als zukunftsweisend für die DDR-Forschung angesehen.[40] Stärker als in der Kirchengeschichte ist hier zugleich die generelle Zeitgebundenheit von »Forschungsinteressen und wissenschaftliche[n] Fragestellungen« betont

37 Lepp, Ausgeforscht, 98 u. 100.

38 Fitschen, Erinnerungen, 97. Hier auch das folgende Zitat.

39 Diesem Ansatz sind bereits Lepp/Nowak, Kirche, verpflichtet. Vgl. diesen Aspekt auch bei Lepp, Ausgeforscht, v. a. 99.

40 Vgl. Mählert, Totgesagte, 18 f; Faulenbach, Tendenzen; ders., Stand, 32–34; u. Hoffmann/Schwartz/Wentker, Chance, 39–54.

worden, der gemäß das Verdikt von der ›Überforschung‹ eines historischen Themas auch im Blick auf die DDR *per se* nicht haltbar sei.[41]

[41] Mählert, Totgesagte, 19. Vgl. ähnlich auch Faulenbach, Stand, 38. In welchem Maß dies auch für die Geschichte des Protestantismus in der DDR zutrifft, zeigt exemplarisch die Debatte um die Selbstverbrennung von Oskar Brüsewitz 1976 (vgl. zuletzt u. a. Krampitz, Fall). Dabei geht es auch um ›Kanonisierungen‹ und somit Funktionalisierungen als Märtyrer für kirchliche ebenso wie für politische Geschichtsnarrative; darüber hinaus bildete der »Fall Brüsewitz« so etwas wie das »Aufarbeitungsparadigma« des ostdeutschen Protestantismus, gerade im deutsch-deutschen Diskurs, schlechthin (vgl. Nowak, Zeugnis; Schultze/Kurschat, Märtyrer, 655–657; u. Stach, Vermächtnispolitik, v. a. 350–382, Zitat 371).

2 Kirchenpolitik

2.1 Grundzüge und Phasen[42]

Die Kirchenpolitik des SED-Staates ist wie die Situation der DDR generell im doppelten Kontext der Einbindung in die sowjetisch dominierte kommunistische Ideologie und Regierungspraxis einerseits und in das Gegenüber zur Bundesrepublik als anderem Teil Deutschlands andererseits zu sehen. Auch kirchenpolitische Kurswechsel standen also teils im Zusammenhang mit veränderten Vorgaben aus Moskau und bzw. oder deutschlandpolitischen Erwägungen. Dieser doppelte Kontext erklärt zugleich, weshalb die Kirchen in der DDR im Gegensatz zu den Kirchen in anderen Staaten des Ostblocks selbstständige Institutionen und insofern deutlicher ein Störfaktor in der ansonsten konsequent zentralistisch durchorganisierten Gesellschaft blieben: Aus deutschlandpolitischen Rücksichten heraus ging der Staat hier weniger repressiv vor und hatte offiziell keinen Einfluss auf innerkirchliche Vorgänge. Gerade wegen dieser relativen Selbstständigkeit der Kirchen in der DDR war die Tagesordnung der Kirchenpolitik des SED-Staates aber durchgängig von dem Ziel einer tatsächlich nachhaltigen Einflussnahme auf die Kirchen mit dem Ziel ihrer Eliminierung bzw. Neutralisierung bestimmt. Das permanente Unterlaufen der nominell betonten Trennung von Staat und

---

42 Vgl. zu diesem Abschnitt v. a. GOECKEL, Thesen; GOERNER/KUBINA, Phasen; u. NOACK, Phasen.

Kirche in der DDR durch den SED-Staat mittels sich partiell wandelnder Strategien und Akteure[43] bildet insofern einen maßgeblichen Grundzug der Kirchenpolitik.

Je nachdem, ob man sich mehr an der allgemeinen Politik der SED oder an programmatischen Erklärungen gegenüber den Kirchen oder an Praxen und Akteuren der Kirchenpolitik des SED-Staates orientiert, kann man diese auf unterschiedliche Weise in Phasen einteilen. Meist werden die Zeit der SBZ (1945–1949) und der frühen DDR (1949–1952) als Scharnierjahre der Herausbildung des dezidiert antichristlichen Grundzugs der an der marxistisch-leninistischen Doktrin orientierten DDR-Führung als erste Phase zusammen gesehen. Verfolgten die KPD und anfangs auch die 1946 gegründete SED aufgrund sowjetischen Drucks noch einen Kurs der Integration der Christen in den Aufbau nach dem Ende des Zweiten Weltkriegs in der SBZ, änderte sich dies bereits ab 1947 deutlich. Politisch engagierte Christen, darunter Religiöse Sozialisten, wurden nun aus verantwortlichen Positionen verdrängt. Ein konfrontativer Kurs gegenüber den Kirchen wurde eingeschlagen, der sich zunächst gegen die Kirchenleitungen als Repräsentanten der gesamtdeutschen Kirche und somit des gegnerischen Lagers im beginnenden Kalten Krieg richtete. Ab den frühen 1950er Jahren, im Kontext der von der SED 1952 ver-

---

43 Vgl. hierzu Kap. 2.2. Strukturell hat Robert F. Goeckel diese Strategien in vier Kategorien unterteilt: »atheistische Propaganda, politische Mobilisation, administrative Maßnahmen und Kaderpolitik« (Goeckel, Kirche, 56). Uwe Funk unterscheidet »Marginalisierungs-« von »Integrationspolitik«, wobei Letztere nur eine Ergänzung Ersterer aus taktischen Gründen gewesen sei (s. Funk, Regionalisierung).

kündeten ›sozialistischen Kulturrevolution‹, richtete sich der Kampf im Sinne eines Eliminierungskonzepts gegen die kirchliche Basis in ihrer Gesamtheit. Vor allem Jugendliche, junge Erwachsene und Pfarrer gerieten in den Fokus antikirchlicher Maßnahmen,[44] kirchliche Einrichtungen wurden geschlossen und beschlagnahmt.

Nach dieser auf Liquidierung der Kirchen gerichteten Strategie bildete der im Juni 1953 auf Geheiß Moskaus vollzogene Kurswechsel in der Kirchenpolitik von der öffentlichen Bekämpfung der Kirchen zu sublimeren Taktiken einen erheblichen Einschnitt. Letztere bestanden im Kern in einem doppelgleisigen Vorgehen: Während auf der offiziellen Ebene Gespräche und Vereinbarungen inszeniert wurden – so im Juni 1953 und erneut im Juli 1958 –, wurde auf inoffizieller Ebene die radikale Bekämpfung der Kirchen fortgesetzt. Hierzu gehörten wesentlich Versuche der inneren Zerstörung durch sogenannte »Differenzierung«, d. h. Maßnahmen, die Misstrauen und Entfremdung zwischen Kirchenleitungen, Pfarrern und Gemeinden säten und zu Fraktionierungen führen sollten. Dabei spielten institutionelle Veränderungen in der kirchenpolitischen Akteursszene, insbesondere die wachsende Bedeutung des MfS in derselben seit der zweiten Hälfte der 1950er Jahre, eine erhebliche Rolle.[45]

---

44 Vgl. Kap. 2.3.

45 Vgl. hierzu Kap. 2.2. Zu Maßnahmen der »Differenzierung« gehörte z. B. das Streuen von diffamierenden Gerüchten etwa über angebliche psychische Störungen, Ehe- oder Finanzprobleme oder sonst ›auffälliges Verhalten‹, die von politischen Konflikten weglenken sollten, was nicht selten auch funktionierte. Hierzu konnte auch das gezielte Streuen des Gerüchts gehören, ein

Die folgenden Jahrzehnte unterschieden sich hinsichtlich der Ausgestaltung dieser doppelgleisigen Politik in Abhängigkeit von den politischen Rahmenbedingungen. So waren die 1960er Jahre geprägt von den mit dem Mauerbau 1961 geschaffenen Tatsachen, die für die evangelischen Kirchen wachsenden Druck hinsichtlich der Lösung von der EKD als nach wie vor bestehender Dachorganisation bedeuteten. Zudem verschlechterte sich mit der Verfassung von 1968 der Rechtsstatus der Kirchen im Vergleich zur Verfassung von 1949 noch einmal deutlich.[46] Auf offizieller Ebene standen die 1960er Jahre hingegen unter dem Stern der von Walter Ulbricht im Zuge seiner Wahl zum Staatsratsvorsitzenden 1960 propagierten Einheit von christlichen und humanistischen Zielen und der Inszenierung derselben in Gestalt exklusiver Gespräche mit dem Bischof der Thüringer Landeskirche Moritz Mitzenheim.

Mit der steigenden Relevanz internationaler Reputation für die DDR in den 1970er Jahren[47] stieg auch die Investitionsbereitschaft des SED-Staates in die öffentliche Inszenierung eines

---

kirchlicher Mitarbeiter sei Inoffizieller Mitarbeiter des MfS, obwohl dies gar nicht der Fall war und die Betroffenen selbst von diesen Gerüchten nichts ahnten, um diesen innerkirchlich zu isolieren (dies berichtet z. B. Reinhard Melzer, in den 1980er Jahren Pfarrer der EmK in Genthin).

46 Im Gegensatz zur Verfassung von 1949 fußte die Verfassung von 1968 nicht mehr auf den staatskirchenrechtlichen Bestimmungen der Weimarer Verfassung.

47 Diese war bedingt durch die 1973 erfolgte staatliche Anerkennung der DDR durch die Bundesrepublik, die UNO-Mitgliedschaft auch der DDR sowie die Tatsache, dass die DDR die Beschlüsse der 1975 in Helsinki gegründeten Konferenz für Sicherheit und Zusammenarbeit in Europa mit unterzeichnete.

harmonischen Staat-Kirche-Verhältnisses, namentlich im Blick auf die evangelische Kirche. Als maßgebliches Gegenüber des nun von Erich Honecker als Staatsratsvorsitzendem repräsentierten SED-Staates fungierte auf kirchlicher Seite dabei der 1969 gegründete und 1971 von der DDR-Regierung offiziell anerkannte BEK bzw. die Konferenz der Kirchenleitungen in der DDR – ein Zugriff, der aus der Perspektive der zentralistisch orientierten Regierung zweifellos den Vorteil eines ebenfalls zentralistischen Zugriffs auf die evangelische Kirche bot. Taktisch spielte aus dieser Perspektive in den 1970er Jahren die Implementierung der in der staatsloyalen ungarischen Kirche geprägten Formel »Kirche im Sozialismus« eine wichtige Rolle. Ihren vorläufigen Höhepunkt fand diese Harmonieinszenierung im Staat-Kirche-Gespräch von 1978. In den frühen 1980er Jahren setzte sie sich v. a. in Gestalt des von staatlicher Seite massiv instrumentalisierten Lutherjubiläums von 1983 fort.[48]

Als Gegenstück zu dieser offiziellen Harmonieinszenierung nahmen konspirative Maßnahmen mit dem Ziel der inneren »Zersetzung« der Kirche neue Ausmaße an – analog zur wachsenden Bedeutung von Stimmen in der Kirche, die dem staatsharmonischen Kurs distanziert gegenüberstanden und kirchliche ebenso wie staatliche Positionen kritisierten. Als ein maßgeblicher Auslöser für die zunehmende Relevanz solcher Kritik ist die Selbstverbrennung des Pfarrers Oskar Brüsewitz im August 1976 in Zeitz anzusehen.[49] Aufseiten des SED-Staa-

---

48 Vgl. zu dieser Entwicklung seit den frühen 1970er Jahren Kap. 3.1, 5.1 u. 5.2.

49 Vgl. hierzu Kap. 3.1, 4.7, 5.4 u. 7.1.

tes wurde angesichts der durch dieses Ereignis bedrohten internationalen Reputation das Ziel dringlicher, keine weiteren Märtyrer zu schaffen und eine Kirchenspaltung im Sinne eines Kirchenkampfes zu vermeiden. Die Doppelstrategie intensivierter offizieller Harmoniebekundungen gerade gegenüber den protestantischen Kirchen bei deren gleichzeitig intensivierter konspirativer Bekämpfung schien hierfür am geeignetsten zu sein: Anstatt Staat-Kirche-Konflikte öffentlich auszutragen, wurden diese mittels »Differenzierung« möglichst in innerkirchliche Auseinandersetzungen transformiert. Das Gespräch von 1978 wurde in diesem Kontext noch zehn Jahre später als »Beleg für die ›taktische Reife‹ der SED« gefeiert.[50]

In den 1980er Jahren spielten namentlich Maßnahmen der »Differenzierung« und »Zersetzung« vor allem gegenüber den evangelischen Kirchen eine im Vergleich zu den vorherigen Jahrzehnten noch einmal wesentlich größere Rolle. Bedingt war dies durch den wachsenden Druck, dem sich der SED-Staat innen- und außenpolitisch ausgesetzt sah, und die Tatsache, dass der innenpolitische Druck zu einem nicht geringen Teil gerade von den evangelischen Kirchen ausging. Akteure waren dabei insbesondere einzelne Pfarrer und kirchliche Mitarbeiter sowie unter dem institutionellen Schutz der Kirchen agierende Friedens-, Umwelt- und Menschenrechtsgruppen einschließlich der Ökumenischen Versammlung für Frieden, Gerechtigkeit und Bewahrung der Schöpfung. Strukturell stellte bereits das gesamte, die protestantischen Kirchen seit den 1960er Jahren kennzeichnende friedenstheologische Programm für den SED-Staat eine innenpolitische Herausforde-

50 Dohle, Grundzüge, 162.

rung dar, die sich durch den NATO-Doppelbeschluss von 1979 als außenpolitischen Faktor verschärfte.[51]

Hinzu kamen die vom SED-Staat als äußerst bedrohlich wahrgenommenen Demokratiebestrebungen in der kommunistischen Welt: die Solidarność-Bewegung in Polen seit 1980, die an die niedergeschlagenen Reformen 1956 in Ungarn und 1968 in der Tschechoslowakei als bislang größten Erschütterungen des kommunistischen Systems anknüpfte und in der DDR zugleich an den niedergeschlagenen Aufstand vom 17. Juni 1953 erinnerte, und die unter den Schlagworten »Glasnost« und »Perestroika« firmierenden Reformen Michail Gorbatschows als Staatschef der Sowjetunion ab 1985. Die Abwehr innenpolitischen Drucks speiste sich zunehmend auch aus der Befürchtung, es könnte in der DDR zu vergleichbaren Entwicklungen wie in Polen und der Sowjetunion kommen.[52] Als Vorgeschichte der dann tatsächlich einsetzenden Demokratisierung der DDR in Gestalt der friedlichen Revolution von 1989/90 im engeren Sinn lässt sich die Zeit ab etwa 1987 fassen.[53] Angesichts der noch wachsenden Bedeutung vor allem der protestantischen Kirchen als Plattform von politischer Kritik und Demokratisierungsbestrebungen versagten die bislang bewährten kirchenpolitischen Strategien in dieser Phase zunehmend.

Jenseits des Eliminierungskonzepts der frühen 1950er Jahre bestand die kirchenpolitische Grundstrategie des SED-Staates

---

51 Vgl. Kap. 3.1, 5.2, 5.4, 7.1 u. 7.2.

52 Die noch im Dezember 1988 von Honecker explizit formulierte Abgrenzung von der Reformpolitik in der Sowjetunion enttäuschte viele Hoffnungen auf Reformen auch in der DDR.

53 Vgl. hierzu im Überblick Lindner, Revolution.

also in einer dem Umgang mit den Blockparteien vergleichbaren Taktik der Gleichschaltung auf der Basis eines vermeintlichen Bündnisses.[54] Die in den offiziellen Gesprächen von 1953 und 1958 den evangelischen Kirchen abgerungenen Kommuniqués wie auch das Gespräch von 1978 fungierten aus dieser Perspektive als Bündnisschlüsse, auf die man die Kirchen behaften zu können meinte, während es den Kirchen wie den DDR-Bürgern generell andersherum nicht möglich war, sich auf verfassungsmäßig garantierte Rechte zu berufen.[55] Was man dabei übersah, war die Tatsache, dass die evangelischen Kirchen eben nicht so strukturiert waren wie der SED-Staat – dass Verpflichtungserklärungen auf höchster Ebene also keineswegs autoritativ ›nach unten durchgestellt‹ werden konnten und somit für jeden Christen gültig waren. Die den evangelischen Kirchen inhärenten synodalen Strukturen standen dem als demokratische Formationen entgegen. Es war folgerichtig, dass der SED-Staat vorzugsweise auf Kirchenleitungen setzte, die eher konsistoriale Prinzipien und somit einen die synodalen Strukturen relativierenden autoritativen Leitungsstil pflegten.[56]

---

54 Als Vorbild fungierte außer der ungarischen Kirche hier auch die russisch-orthodoxe Kirche. Zur Gleichschaltung der Blockparteien vgl. SUCKUT, Parteien.

55 Vgl. KREMSER, Rechtsstatus.

56 Dieser Zusammenhang erklärt die politische Relevanz synodaler bzw. konsistorialer Strukturen in den protestantischen Landeskirchen der DDR. Vgl. hierzu Kap. 4.2–4.9, 5.1, 5.3 u. 5.4.

2.2 Akteure und Zielgruppen

Die Herausbildung der Kirchenpolitik des SED-Staates in ihren Grundzügen stand in unmittelbarem Zusammenhang mit der Herausbildung der diesbezüglichen Akteursszene.[57] Bis zur Gründung der DDR bestanden beim Zentralsekretariat der SED nacheinander verschiedene für Kirchenangelegenheiten zuständige Organe,[58] die sich hinsichtlich des kirchenpolitischen Kurses in der SBZ der Abteilung Kirchenfragen in der Propaganda- bzw. Informationsverwaltung der SMAD zuordneten. Mit der Gründung der DDR entstanden in der Regierung zunächst zwei, in ihren Kompetenzen nicht klar voneinander abgegrenzte, für die Kirchen zuständige Einrichtungen: die von dem Vorsitzenden der CDU und stellvertretenden Ministerpräsidenten Otto Nuschke geleitete Hauptabteilung »Verbindung zu den Kirchen« und die Abteilung für Kirchenfragen beim Innenministerium mit Unterabteilungen, die bis zur Kreisebene reichten.[59] Die Zusammenlegung beider Organe zum »Amt für Kirchenfragen« beim Ministerrat im März 1957 unter Leitung Werner Eggeraths als Staatssekretär und prominentem SED-Politiker bedeutete eine für die kirchenpolitische Entwicklung weichenstellende Dominierung der Kirchenpolitik durch die SED. Mit der Ablösung Eggeraths durch Hans Seigewasser

---

57 Vgl. zu diesem Abschnitt v. a. GOERNER/KUBINA, Phasen; u. VOLLNHALS, Kirchenpolitik.

58 Zunächst die »Kommission Christentum und Kirche«, ab 1947 das »Referat für Kirche, Christentum und Religion« in der »Abteilung Kultur und Erziehung«. In diesen Institutionen wirkten noch Religiöse Sozialisten mit.

59 Vgl. SCHALÜCK, Agentur.

wurde die Behörde 1960 umbenannt in »Staatssekretariat für Kirchenfragen«. Im Amt des Staatssekretärs für Kirchenfragen folgten von 1979 bis 1988 Klaus Gysi und von 1988 bis zum Ende der DDR Kurt Löffler.

Unter den Staatssekretariaten bei der Regierung der DDR nahm das Staatssekretariat für Kirchenfragen insofern eine Sonderstellung ein, als es kein Organ des Ministerrats mit eigenem Kompetenzbereich, sondern von 1960 bis 1977 dem Innenministerium unterstellt war und danach weiter herabgestuft wurde zu einer Dienststelle bei der Regierung der DDR. Bereits in diesen Strukturen spiegelte sich die Tatsache, dass den Kirchen und Religionsgemeinschaften in der DDR die Bedeutung eines gesellschaftlichen Bereiches von eigener Relevanz zunehmend abgesprochen wurde. In den Kontakten zu den Kirchen bildete das Staatssekretariat gewissermaßen die offizielle »staatliche Kulisse«[60]. Als eigentlich maßgebliche Instanz zur Koordinierung der Kirchenpolitik war auf Beschluss des ZK der SED bereits im November 1954 die »Abteilung Kirchenfragen« (ab 1957 »Arbeitsgruppe Kirchenfragen«) beim ZK der SED gegründet worden, deren Kompetenzen im Verhältnis zum Staatssekretariat im Laufe der DDR-Zeit ständig weiter wuchsen.[61] Als Leiter dieser den Status einer Abteilung beibehaltenden Instanz fungierten von 1954 bis 1977 Willi Barth, von 1977 bis 1988 Rudolf Bellmann und 1988/89 Peter Kraußner. Die für die Arbeitsgruppe Kirchenfragen zuständigen Se-

---

60 Vollnhals, Abteilung, Zitat 79.

61 Die Verantwortung für die Kirchen in der SED hatte seit der Gründung der DDR zunächst bei der Abteilung Staatliche Verwaltung (später Abteilung Staats- und Rechtsfragen im ZK der SED) gelegen.

kretäre beim ZK der SED waren bis 1957 Walter Ulbricht, von 1958 bis 1984 Paul Verner und von 1984 bis 1989 Werner Jarowinsky.

Das für die Machtrelation zwischen Partei und Staat charakteristische Verhältnis zwischen der Arbeitsgruppe Kirchenfragen beim ZK der SED und dem Staatssekretariat für Kirchenfragen als offizieller Regierungsinstanz »ergab sich zwangsläufig aus dem politischen *und* ideologischen Führungsanspruch der SED«[62]. Die für die doppelgleisige Grundstrategie in der Kirchenpolitik[63] entscheidende Machtkonstellation lag aber nicht bereits im Verhältnis von Arbeitsgruppe und Staatssekretariat. Den hierfür maßgeblichen Apparat im Gegenüber zu Regierung und Partei bildete vielmehr die nur vier Wochen nach der Arbeitsgruppe beim ZK, im Dezember 1954, gegründete Abteilung für Kirchenfragen beim MfS.[64] Es handelte sich um die Abteilung 4 in der Hauptabteilung V (Überwachung Staatsapparat) mit den Referaten Katholische und Evangelische Kirche sowie Sekten[65] und entsprechenden Referaten teils bis

---

62 Ebd.

63 S. Kap. 2.1.

64 Vgl. zum MfS im Überblick Gieseke, DDR-Staatssicherheit. Zur Kirchenpolitik des MfS s. Besier, Rolle; u. Neubert, Rolle; für die interne Perspektive Rossberg, Kreuz.

65 Bis Januar 1955 Abteilung V/4. Diese löste die Referate D (Sekten) und E (Evangelische und Katholische Kirche und CDU) der vorherigen Abteilung V ab. Die Bezeichnung »Sekten« bezog sich im Grunde nur auf die Zeugen Jehovas, die im September 1950 in der DDR verboten worden waren und deren »Bearbeitung« durch das MfS »in keinem Verhältnis zu der tatsächlichen Bedeutung dieser Organisation« stand (Beaupain, Freikirche, 189f, Zitat 189; vgl. Kap. 6.2).

zur Kreisebene. 1964 wurde aus der Abteilung V/4 die bis zum Ende der DDR für die Kirchen zuständige Abteilung XX/4 des MfS mit dem Zuständigkeitsbereich »Kirchen und Religionsgemeinschaften«.[66] Diese Bezeichnung weist auf das seit den 1960er Jahren gestiegene Interesse an einer »Bearbeitung« auch der Freikirchen und freikirchlichen Gemeinschaften hin, die ansonsten in den Zuständigkeitsbereich der als »Arbeitsgebiet I« bezeichneten Operativeinheit der Deutschen Volkspolizei, die strukturell wie das MfS arbeitete, fiel.[67]

Die Gründung der neuen Kirchenabteilung beim MfS im Dezember 1954 gehörte zum Prozess von dessen Wiederaufwertung zu einem Ministerium, nachdem es im Juli 1953 zu einem dem Innenministerium unterstellten Staatssekretariat heruntergestuft worden war.[68] Im Blick auf die Kirchenpolitik des

---

66 Pingel-Schliemann bezeichnet die Abteilung XX/4 als »Übereifrige[n] Erfüllungsgehilfe[n]« im MfS mit in den 1980er Jahren über die Vorgaben hinausgehenden Aktionen bis zur Planung von Morden (vgl. Pingel-Schliemann, Zersetzen, 281–287).

67 Das Referat III »Religionsgemeinschaften und Sekten« der Abteilung XX/4 des MfS stellte eine Kontrollinstanz dieser Operativeinheit der Volkspolizei dar. U. a. durch personelle Unterwanderung derselben versuchte das MfS im Laufe der Zeit aber zunehmend, »auch aktiv die [...] Zielsetzung und Methodik der ›operativen Arbeit‹ gegenüber den Freikirchen und sonstigen kleinen Religionsgemeinschaften mit zu bestimmen« – bis zu dem im Sommer 1988 vom MfS unterbreiteten, aber nicht mehr umgesetzten Vorschlag, die »Bearbeitung« der Freikirchen und kleineren Religionsgemeinschaften ganz in dessen Verantwortungsbereich einzugliedern (Beaupain, Freikirche, 186–200, Zitat 193). Zu den Minderheitskirchen in der DDR s. Kap. 6.

68 Die Wiedererhebung in den Rang eines Ministeriums erfolgte im

SED-Staates war sie kennzeichnend für die wachsende Bedeutung des MfS als Akteur. Dabei bestand die ›Kooperation‹ mit den für die Kirchenpolitik zuständigen Gremien auf allen Verwaltungsebenen wesentlich in der personellen Verzahnung in Gestalt des Einsatzes von Inoffiziellen Mitarbeitern und Offizieren im besonderen Einsatz durch das MfS mit dem Ziel einer Kontrolle dieser Gremien. Auf diese Weise stellte das MfS »neben und außerhalb der bereits vorhandenen Parallelstruktur von Partei und Staat« in der Gestaltung und Umsetzung der SED-Kirchenpolitik einen mächtigen Apparat dar, »dessen umfassendes Steuerungs- und Manipulationspotential« zudem »keiner rechtlich-normativen Beschränkung unterlag«.[69]

Darüber hinaus strebte das MfS eine möglichst flächendeckende, direkte »Unterwanderung der Kirche mit dem Ziel, Einfluss auf innerkirchliche Entscheidungen und Entwicklungen zu nehmen«, an.[70] Gemäß der Strategie der »Differenzierung« wurden Kirchenmitglieder dabei pauschalen Schwarz-Weiß-Kategorisierungen unterworfen.[71] Die primäre Strategie

---

November 1955. Die temporäre Abwertung war nicht, wie meist angenommen, eine Bestrafung des MfS für »vermeintliches Versagen während des Volksaufstandes im Juni 1953«, sondern eine strukturelle »Anpassung an das sowjetische Vorbild« (Anhalt, Macht, 11). Den Ministern für Staatssicherheit (bis 1957 Ernst Wollweber; 1957–1989 Erich Mielke) blieb die Mitgliedschaft im Politbüro als eigentlichem Machtzentrum der SED aber bis in die 1970er Jahre verwehrt. Mielkes Eintritt in das Politbüro (1976) verdankte sich der persönlichen Förderung durch Honecker und ging mit einem erheblichen Ausbau des MfS einher.

69 Vollnhals, Abteilung, 98.

70 Frank, Weg, 49.

71 Übliche Kategorien waren »loyal« oder »progressiv« bzw. »fort-

bestand – entsprechend der ausgeprägt zentralistischen Denkweise im MfS – in Versuchen der Gewinnung kirchenleitender Personen für die eigenen Ziele.[72] Unter Ausnutzung spezifischer psychischer Konstellationen und in Anwendung der Taktiken der »Differenzierung« sollten hier singuläre Vertrauens- bzw. sogar Seelsorgeverhältnisse suggeriert werden.[73] Ein besonders erfolgreiches ›Einfallstor‹ bildeten die juristischen Mitglieder von Kirchenleitungen, was dem MfS einen »Zugriff auf das kirchliche Rechtssystem eröffnete«.[74] Auffallend intensiv durchdrungen werden konnten die Kirchenleitungen von Greifswald und Thüringen, besonders wenig die Mecklenburger Kirchenleitung.[75]

---

schrittlich«, »realistisch«, »reaktionär« und »feindlich-negativ«. Sie sollten stets als MfS-Sprache kenntlich gemacht und nicht mit historischen Klassifizierungen im wissenschaftlichen Sinn verwechselt werden.

72 Vgl. Pingel-Schliemann, Zersetzen, 341–344; u. Frank, Weg, passim.

73 Vgl. Vollnhals, Abteilung, 109f. Für die katholische Kirche hat Gregor Buß kürzlich Analoges festgestellt (vgl. Buss, Priester).

74 Vgl. Neubert, Instrumentalisierung, 334–337, Zitat 334. Entscheidende Erfolge stellten in den frühen Jahren u. a. die Anwerbungen von Gerhard Lotz (Thüringen), Konrad Müller (Sachsen) und Hans-Joachim Weber (Greifswald), in den späteren Jahren von Hartmut Mitzenheim (Thüringen), Detlef Hammer (EKKPS), Hans-Martin Harder (Greifswald), Ingeborg Schütz (EKiBB) und Manfred Stolpe (EKiBB und Kirchenbund) dar. Der Begriff »Einfallstor« bei Planer-Friedrich, Einfallstore. Zum Kirchenrecht in den protestantischen Landeskirchen in der DDR im Überblick s. Richter, Kirchenrecht.

75 Vgl. Frank, Weg; Frank, DDR-Kirchenpolitik; u. Pingel-Schliemann, Zersetzen, 341–349. Zur Entwicklung des IM-Netzwerkes

In zweiter Linie waren für das MfS Pfarrer, kirchliche Mitarbeiter und ab den 1970er Jahren in verstärktem Maße auch Synodenmitglieder von Interesse. Meist bereits in den späten 1950er Jahren im Zuge der beabsichtigten »Differenzierung« gegründete systemnahe evangelische Pfarrerorganisationen wie der Weißenseer Arbeitskreis, der Pfarrerbund, der Evangelische Pfarrertag, der Weimarer Arbeitskreis oder die Kirchliche Bruderschaft Sachsen, die sich personell teils mit der CDU überschnitten und vielfach mit der Nationalen Front (in den Arbeitsgruppen »Christliche Kreise«) als Zusammenschluss von Parteien und Massenorganisationen kooperierten, waren in hohem Maße vom MfS unterwandert.[76] Der Kurs der 1961 in Prag von tschechischen und westdeutschen Theologen gegründeten CFK wurde spätestens ab 1968 vollständig von den Geheimdiensten der Ostblockstaaten gelenkt. Die Kehrseite der Förderung staatsloyaler Pfarrer bildete die gezielte und vor allem in den 1950er Jahren im Zuge der Verfolgung der Jungen Gemeinden und der Durchsetzung der Jugendweihe[77] massive Diffamierung und Kriminalisierung von Pfarrern. Im Ergebnis von Schauprozessen kam es hier auch zu Verhaftungen, wie im Fall der Studentenpfarrer Johannes Hamel (Halle),

---

in den evangelischen Kirchen insgesamt vgl. Vollnhals, Abteilung, v. a. 98–111.

[76] Die Rolle dieser Gruppierungen wurde durch den Kurs des Kirchenbundes seit dem Ende der 1970er Jahre (vgl. Kap. 3.1 u. 5.1) partiell relativiert (vgl. Klein, Frieden, v. a. 185–188). Einen Spezialfall bildeten im Kontext systemnaher Pfarrerorganisationen die Arbeiterpfarrer und die Gossner-Mision (vgl. hierzu Brückmann/Jacob, Arbeiterpfarrer). Zur Relevanz finanzieller Anreize im Zuge der »Differenzierung« s. Beier, Sonderkonten.

[77] Vgl. hierzu Kap. 2.3.

Georg-Siegfried Schmutzler (Leipzig) und Martin Giersch (Weimar) sowie des Propstes Otto Maercker (Pampow in Mecklenburg). Insgesamt ist im Zuge einer weiter funktionierenden berufsständischen Selbstkontrolle der Pfarrerschaft von einem relativ hohen Maß an Widersetzlichkeit gegen Instrumentalisierungen von staatlicher Seite auszugehen.[78]

In den frühen 1980er Jahren wurden in Verschärfung und Spezifizierung der Richtlinien der 1970er Jahre für Maßnahmen der »Zersetzung«[79] in der MfS-Hochschule in Potsdam-Eiche auf der Basis einer voluminösen Kollektivdissertation bzw. -habilitation zur ›politischen Untergrundtätigkeit‹ schließlich umfangreiche interne Instruktionen zur Bekämpfung von Basisgruppen v. a. in den protestantischen Kirchen als ›feindlich-negative‹ Kräfte erarbeitet. Hier hieß es u. a., dass »der Mißbrauch der Kirche in der DDR für die Sammlung und Zusammenführung feindlich-negativer Kräfte und die Formierung einer oppositionellen Bewegung eine besondere Bedeutung« erlangt habe: »Der Feind ist aktiv tätig, um die Kirchen in der DDR, insbesondere die evangelischen Kirchen zum Träger für eine scheinlegale, oppositionelle Bewegung zu nutzen. Er geht offenkundig davon aus, daß ihm die Kirchen in der DDR unter den gegenwärtigen Bedingungen die günstigsten und umfassendsten Möglichkeiten zur Schaffung einer äußerst breiten oppositionellen Bewegung bieten.«[80] Eine spezifische

---

78 Vgl. hierzu exemplarisch Halbrock, Pfarrer; u. Wagner, Friedensgebete, v. a. 26 f.

79 Vgl. Anm. 8.

80 Ministerium für Staatssicherheit. Hochschule. Sektion Politisch-operative Spezialdisziplin. Lehrstuhl VI. [Forschungskollektiv], Studienmaterial, 8. Zu der zugrundeliegenden MfS-For-

Zersetzungsstrategie im Blick auf die Gruppen war die der »Theologisierung«, d. h. der Versuch, die Arbeitsschwerpunkte von politischen Themen in Richtung auf theologische, also ›unpolitische‹, zu verschieben.[81] Dies implizierte den Versuch einer gezielten Instrumentalisierung auch theologischer Inhalte, wie er nicht erst in den späteren Jahren der DDR eine Rolle spielte.[82]

2.3 Erziehungsziel Atheismus

Die der kommunistischen Ideologie inhärente Religionsfeindlichkeit[83] prägte auch die SED-Kirchenpolitik in der DDR seit dem Ende der 1940er Jahre deutlich. In der Propaganda war in diesem Kontext – entsprechend dem in der Verfassung erhobenen Anspruch, Religionsfreiheit zu garantieren – meist aber nicht von einer Bekämpfung der Religion an sich die Rede, sondern von der Bekämpfung des kapitalistischen bzw. faschistischen ›Klassenfeindes‹, der Religion und Kirchen nutze, um die DDR als sozialistischen Staat von innen heraus zu schwächen. Gerade im Fall der protestantischen Kirchen konnte dies durch die organisatorische Verklammerung mit der EKD plausibel er-

---

schungsarbeit vgl. u. a. Silomon, Schwerter, 288 f. Im Herbst 1983 entstand in der Abteilung XX/4 des MfS »ein eigenes Referat zur Bekämpfung des ›politischen Untergrundes‹« (Vollnhals, Abteilung, 94).

81 Pingel-Schliemann, Zersetzen, 340.

82 Vgl. Albrecht-Birkner, Zwei-Reiche-Lehre; u. Neubert, Instrumentalisierung, 342–352.

83 Vgl. Beljakova/Bremer/Kunter, Gott.

scheinen. In verschärftem Maß griff die politische Argumentation seit dem Abschluss des Militärseelsorgevertrags zwischen der EKD und der Bundesregierung 1957. Der EKD-Ratsvorsitzende Otto Dibelius, aus der Perspektive des SED-Staates die Verkörperung der Einheit von evangelischer Kirche und aggressivem Kapitalismus, avancierte zum »NATO-Bischof«.[84]

Es lässt sich letztlich nicht sagen, ob der SED-Staat die Kirchen tatsächlich primär deshalb so intensiv bekämpfte, weil sie religiöse Einrichtungen waren oder weil sie in der ansonsten gleichgeschalteten Gesellschaft eigenständige Institutionen und damit im DDR-Kontext einen gewissen politischen Machtfaktor darstellten. Klar ist aber, dass das antireligiöse Vorgehen ein Grunddatum der gesamten DDR-Zeit darstellte, auch wenn dieses im Zuge der ab 1953 greifenden Doppelstrategie[85] eine im Laufe der Zeit zunehmend weniger offensichtliche Bekämpfung der Kirchen implizierte.[86] Die spezifisch antichristliche Frontstellung lässt sich gerade an der formal hohen Christentumsaffinität der Art und Weise atheistischer Indoktrination ablesen: Es wurden »10 Gebote für den neuen sozialistischen Menschen« (1958) propagiert und atheistische Passageriten nicht nur zu Hochzeiten und Beerdigungen, sondern auch zur Taufe und zu Konfirmation bzw. Firmung installiert.

---

84 Vgl. Kap. 4.6 u. 7.1.

85 S. Kap. 2.1.

86 In den 1950er Jahre waren Publikationen wie z. B. Scheler, Marxismus-Leninismus; u. Oleschtschuk (Oleščuk), Atheismus, Massenware. Intern blieb die aggressiv antikirchlich-atheistische Ausrichtung auch in späteren Jahren vollkommen eindeutig, wie z. B. die Publikationen von Olof Klohr zeigen (vgl. u. a. Klohr, Tendenzen).

In Kommunismusvisionen wurde mit biblischen eschatologischen und chiliastischen Bildern gearbeitet. In den 1960er Jahren wurde ein ›sozialistisches Menschenbild‹ entwickelt, bei dem es um einen in Abgrenzung zur christlichen Anthropologie profilierten Lebenssinn ging.[87]

Die Hauptzielgruppe atheistischer Indoktrination bildeten Kinder und Jugendliche.[88] Der Strategiewechsel von offensichtlichen zu sublimeren Strategien bei der Bekämpfung der Kirchen im Jahr 1953 lässt sich exemplarisch an der veränderten diesbezüglichen Taktik im Umgang mit jungen Menschen erkennen: Während 1952/53 Junge Gemeinden und Studentengemeinden massiv bekämpft und Christen in Schulen und Universitäten diffamiert sowie von diesen relegiert wurden,[89] markierte die Einführung der Jugendweihe 1954 als Akt des Treueschwurs 14-Jähriger zum atheistischen SED-Staat den Beginn einer weniger offensichtlichen, langfristig aber wesentlich wirksameren Einflussnahme auf Jugendliche. An der Durchsetzung der Jugendweihe und damit verbunden dem Ziel, die »Macht der Kirchen [zu] brechen«, war maßgeblich die zu diesem Zeitpunkt neu profilierte Abteilung für Kirchenfragen im MfS beteiligt.[90] Bereits von 1954 bis 1959 stieg der Anteil der Jugendlichen in der DDR, die an der Jugendweihe

---

87 Vgl. Albrecht-Birkner, Auseinandersetzungen. Einen Schlüsseltext hierfür bildet Steusslof, Menschenbild.

88 Vgl. Themenschwerpunkt DDR-Schulkonflikte u. Themenschwerpunkt »sozialistisch lernen«. Konfessionelle Schulen waren bereits vor Gründung der DDR verboten worden.

89 Vgl. Ueberschär, Gemeinde; u. Wentker, Kirchenkampf.

90 Anhalt, Macht; vgl. zur inhaltlichen Ausrichtung der Jugendweihe auch Morche, Weltall.

teilnahmen, im Durchschnitt von 17 auf über 80 Prozent; 1983 waren es zirka 98 Prozent. Parallel sanken die Konfirmandenzahlen schon in den 1950er Jahren rapide.

Die Fokussierung auf Kinder und Jugendliche als Hauptzielgruppe atheistischer Indoktrination hatte freilich schon in der SBZ begonnen. Als maßgebliche Plattform hierfür war in Umsetzung entsprechender sowjetischer Pläne im März 1946 die FDJ gegründet worden – als »Kampfreserve« und insofern Jugendorganisation der SED.[91] Die antikirchliche Stoßrichtung gerade der FDJ, die in den 1950er Jahren deutlich zum Tragen kam, wurde von den Kirchen von Anfang an gesehen und beklagt. Ein taktischer Schwerpunkt bestand hier in der Organisation eines staatlich gelenkten Freizeitangebotes für Jugendliche, das in erster Linie eine Alternative zu kirchlichen Angeboten bieten sollte. Organisiert wurden u. a. regelmäßige Pfingsttreffen – 1950, 1954 und 1964 noch als gesamtdeutsche Veranstaltungen durchgeführt. Die zeitliche Nähe zu den erfolgreichen gesamtdeutschen Kirchentagen der 1950er Jahre (Berlin 1951, Leipzig 1954) ist hier unübersehbar. In der nach sowjetischem Vorbild 1948 gegründeten, der FDJ zugeordneten Pionierorganisation für Kinder vom ersten bis siebten Schuljahr galten in der Phase der Zugehörigkeit zu den »Jungpionieren« zehn »Gebote«. Ein nachhaltig erfolgreiches Medium zur Implantierung christentumsfeindlicher Inhalte waren Pionier- und FDJ-Lieder.

FDJ und Pionierorganisation stellten faktisch eine Parallelstruktur zum Schulsystem dar, die für dessen antireligiöse Prägung neben der Dominierung des gesamten Lehrplans durch

---

91 Vgl. hierzu Mählert/Stephan, Hemden.

ideologische Inhalte von maßgeblicher Relevanz war.[92] Obwohl die Erteilung von Religionsunterricht in den Schulen durch die Verfassung von 1949 theoretisch noch garantiert war, wurde dies praktisch zunehmend verhindert und war am Ende der 1950er Jahre im Grunde nicht mehr möglich.[93] Die schulische und vorschulische Bildung, von 1963 bis 1989 Domäne von Honeckers Ehefrau Margot als Ministerin für Volksbildung, blieb während der gesamten DDR-Zeit ein maßgeblicher Ort der Bekämpfung der Kirchen – auch in Gestalt eines vielfach repressiven Umgangs mit Kindern aus christlichen Familien einschließlich der Verweigerung des Besuchs weiterführender Schulen und somit auch Universitäten.[94] Unter Berufung auf die im Schulgesetz von 1965, in der Verfassung von 1968 und im Jugendgesetz von 1974 theoretisch garantierten Rechte wie auch auf Bestimmungen gegen die Behinderung religiöser

---

92 Ca. 30 % aller Schulkinder bis 14 Jahre waren 1949 Mitglied der Pionierorganisation; 1989 waren es ca. 98 %. Der Anteil an Jugendlichen und jungen Erwachsenen zwischen 14 und 25 Jahren, die FDJ-Mitglied waren, betrug 1947 16 %; 1989 waren es ca. 88 %. Die atheistische Indoktrination setzte bereits weit vor dem Schulalter mit der Erziehung in Kinderkrippen und Kindergärten ein – und zwar umso effektiver, je mehr deren Besuch zusammen mit dem Drängen auf eine flächendeckende Berufstätigkeit der Frauen im Grunde normativ wurde.

93 So wurde im sogenannten Lange-Erlass (benannt nach dem Minister für Volksbildung Fritz Lange) von 1958 eine zweistündige Pause zwischen dem Schulunterricht und außerschulischen Veranstaltungen verordnet, was sich v. a. gegen den in kirchlicher Verantwortlichkeit als »Christenlehre« durchgeführten Religionsunterricht richtete (vgl. zur Christenlehre Kap. 5.3).

94 Vgl. u. a. Ernst-Bertram/Planer-Friedrich, Pfarrerskinder.

Handlungen im Strafgesetzbuch der DDR von 1968, auf die UN-Menschenrechtserklärung von 1948, auf die UNESCO-Konvention gegen die Diskriminierung im Bildungswesen von 1960 und schließlich auf die Menschenrechtsbestimmungen in der KSZE-Schlussakte von Helsinki von 1975 versuchten christliche Eltern, sich gegen diese Praktiken in konkreten Fällen zur Wehr zu setzen.[95]

Die Pfarrer blieben namentlich wegen ihrer Funktion als ›Schaltstelle‹ kirchlicher Einflussnahme auf Kinder und Jugendliche im Fokus des SED-Staates und somit auch die Theologischen Fakultäten bzw. Sektionen Theologie an den Universitäten. Über das Studium sollte »politische[r] Einfluß im ›fortschrittlichen Sinne‹ auf die künftigen Pfarrer und damit auf die Kirche insgesamt« ausgeübt werden.[96] 1964 erwog das Staatssekretariat für Hoch- und Fachschulwesen ein Verbot der Studentengemeinden als »Horte staatsfeindlicher Tätigkeit« an Universitäten.[97] Die Sprengung der mittelalterlichen Leipziger Universitätskirche St. Pauli im Mai 1968 war eine der eindeutigsten Symbolhandlungen im Kontext des auf dem Feld des Hochschulwesens ausgetragenen Kampfes gegen die Kirchen.[98] Dass gerade unter diesen Bedingungen eine systemkritische Generation heranwuchs, die keine Berührungsängste mit kirchlichen Kreisen hatte, sondern an dem dort gebotenen

---

95 Relevante Auszüge aus diesen Texten kursierten in hektografierter Form auch unter Pfarrern und kirchlichen Mitarbeitern.

96 Vgl. Stengel, Fakultäten, Zitat 99; s. auch die Übersicht bei Grelak/Pasternack, Theologie, 53–79.

97 In Auszügen abgedruckt bei Linke, Theologiestudenten, 151 f, Zitat 152.

98 Vgl. Winter, Gewalt.

diskursiven Freiraum gern partizipierte,[99] war zweifellos eine für den SED-Staat völlig unerwartete Entwicklung. Diese änderte allerdings nichts an der Tatsache, dass Religionslosigkeit im Laufe der DDR-Zeit für den größten Teil der Bevölkerung zum Normalfall wurde.[100] Allerdings kann das nicht ausschließlich und einlinig auf die atheistische Erziehung zurückgeführt werden.[101]

---

[99] Vgl. hierzu Kap. 5.4.

[100] 1946 bezeichneten sich 82 % der Bevölkerung in der SBZ als evangelisch und 12 % als katholisch. 1990 gehörten 25–30 % der DDR-Bevölkerung der evangelischen und 3–5 % der katholischen Kirche an (vgl. Tiefensee, Homo, 198).

[101] Vgl. Stengel, Vergangenheit, 126–143; Beyer/Kropff/Liedke, Ostdeutschland; u. Domsgen/Evers, Herausforderung.

3 Landeskirchlicher Protestantismus im Überblick

3.1 Entwicklungen im Gegenüber zum SED-Staat

Die Geschichte des Protestantismus in der DDR kann man ebenso wie die staatliche Kirchenpolitik je nach zugrunde gelegten Parametern unterschiedlich periodisieren. Bedingt durch die Dominierung der kirchlichen Handlungsspielräume im Allgemeinen wie vielfach auch der Tagesordnung im Speziellen durch das Agieren des SED-Staates, wird meist eine Periodisierung in weitgehender Analogie zu den kirchenpolitischen Einschnitten vorgenommen.[102] Dieses Schema wird signifikant nur dadurch durchbrochen, dass in der Regel die Gründung des BEK 1969 als eine kirchlich gesetzte Zäsur als Epochengrenze verstanden wird.[103]

Die Sinnhaftigkeit dieses Zugangs lässt sich hinterfragen, insofern gerade im kirchlichen Raum »auch Eigensinn jenseits der Diktatur anzunehmen« ist,[104] der seine Dynamiken nicht nur staatlich gesetzten Zäsuren verdankte. So kann man die

---

102 Vgl. z. B. Mau, Protestantismus.

103 Relativiert wiederum durch den Hinweis, dass die Bundesgründung lediglich eine Reaktion auf die durch die Verfassung von 1968 veränderten Rahmenbedingungen (vgl. Kap. 2.1) gewesen sei. Mau fasst zudem die Jahre 1986–1990 unter »Gesellschaftliche Diakonie zur friedlichen Revolution«, was aber weniger eine kirchlich gesetzte Zäsur als vielmehr kirchliche Reaktionen auf nicht staatlich gelenkte gesellschaftliche Veränderungen meint.

104 Vgl. Faulenbach, Stand, 30 f, Zitat 20.

Geschichte des Protestantismus in der DDR auch jenseits der Gründung des BEK unter dem Parameter sich verändernder Strukturen und Prägungen durch konkrete Akteure auf allen kirchlichen Ebenen erzählen. Hierbei kommt der Frage, wie Basisgruppeninitiativen vor allem der 1980er Jahre in diese Erzählung integriert werden oder auch nicht, eine strukturell bedeutende Rolle zu. Einen mit dieser Perspektive eng verbundenen strukturierenden Zugang bildet der Aspekt der Entwicklung theologischer und dabei insbesondere ekklesiologischer Konzepte in Theorie und Praxis, insofern diese einen Schwerpunkt innerhalb ostdeutscher protestantischer Profilbildungen ausmachten.[105]

Vielfach musste sich das, was auf staatlicher Seite Teil der Differenzierungspolitik war, aus kirchlicher Perspektive als Schaukelpolitik zwischen Entgegenkommen und verschärften Repressionen darstellen, die die Tagesordnung der Kirchen zunächst einmal dominierte.[106] Der in dieser Hinsicht erste und markanteste Einschnitt der 1950er Jahre war die Einführung der Jugendweihe 1954 und die in diesem Zusammenhang stehenden Repressionen gegenüber den Kirchen in den folgenden Jahren, nachdem ihnen im Juni 1953 ein Ende des repressiven Vorgehens zugesichert worden war. Kirchenleitungen und Gemeindeglieder wurden hiervon völlig überrascht. In welchem

---

105 Vgl. hierzu Kap. 5.1, 5.3 u. 7.1. Am Beispiel der Entwicklung des für den DDR-Protestantismus ebenfalls stark prägenden friedensethischen Ansatzes hat Justus Vesting die Jahre 1945–1965, 1966–1987 und 1987–1990 als drei Phasen unterschieden (Vesting, Zeugnis).

106 Vgl. zu dieser Politik und zu einzelnen der im Folgenden aufgegriffenen Beispiele Kap. 2.1–2.3.

Maße das Aufbrechen der in den evangelischen Kirchen zunächst strikt vertretenen Entweder-Oder-Haltung im Blick auf Jugendweihe und Konfirmation bis zum Ende der 1950er Jahre bereits eine Auswirkung erfolgreicher Differenzierungspolitik unter Federführung des MfS war, hat in der evangelischen Kirche wohl niemand außer den Inoffiziellen Mitarbeitern desselben im kirchlichen Raum selbst geahnt.[107]

Auch jenseits der offenen und versteckten Repressionen im Zusammenhang mit der Durchsetzung der Jugendweihe waren die 1950er Jahre nach 1953 ebenso wie zuvor von Maßnahmen vonseiten des SED-Staates geprägt, auf die die Kirchen nur reagieren konnten. Hierzu gehörten im ökonomischen Bereich insbesondere die Kürzung der Staatsleistungen um etwa ein Drittel ab 1953 und das Ende der Einziehung der Kirchensteuer über die Lohnsteuer ab 1956.[108] Auf die ideologischen Repres-

---

107 Vgl. zu diesem Prozess und der Schlüsselrolle einzelner Personen in der Thüringer Kirchenleitung, insbesondere des Juristen Gerhard Lotz, darin Anhalt, Macht, v. a. 21–24, 184–187, 195–197 u. 208. Im November 1959 verfasste Lotz in diesem Zusammenhang für das MfS eine Darstellung über die kirchliche Situation, in der er betonte, dass »in der kirchlichen Ostkonferenz« hinsichtlich der zuvor fast einhelligen Ablehnung des DDR-Staates »ein starker Einbruch erzielt worden« sei (202 f, Zitat 203). Die katholische Kirche blieb in Bezug auf die Ablehnung der Jugendweihe wie auch der FDJ und der Pionierorganisation die gesamte DDR-Zeit hindurch resistent.

108 Ab 1959 und noch einmal deutlich ab 1978 stiegen die Staatsleistungen aber wieder und erreichten 1981 einen Höhepunkt. Das von antikirchlichen Propagandakampagnen begleitete Ende der staatlichen Hilfe bei der Einziehung der Kirchensteuer führte zu einem vollständigen Einbruch der kirchlichen finanziellen Lage.

sionen, vor allem im Bildungswesen, wurde kirchlicherseits in der zweiten Hälfte der 1950er Jahre durchaus offensiv zu reagieren versucht, und zwar in Gestalt des sensiblen Vorwurfs des Verfassungsbruchs gegenüber dem SED-Staat.[109] Dass das in diesem Kontext erbetene Gespräch der ostdeutschen Kirchenleitungen mit staatlichen Vertretern, zu dem es im Juni und Juli 1958 dann tatsächlich kam, letztlich zum Rückzug des Vorwurfs des Verfassungsbruchs und zur Annahme eines sogenannten Kommuniqués durch die Kirchenleitungen führte, die staatlicherseits als Loyalitätserklärung verbucht werden konnte, resultierte aus der zermürbenden Gesprächstaktik. Freilich hatte im Vorfeld schon die Akzeptanz des Ausschlusses von Dibelius von den Gesprächen ein Einlenken der Kirchen bedeutet. Der SED-Staat hatte offizielle Beziehungen zur EKD damit abgebrochen.

Aus demselben Jahr datiert mit dem erfolgreichen Gründungsaufruf zur »Aktion Sühnezeichen« des Konsistorialpräsidenten und Synodalpräses der EKKPS Lothar Kreyssig auf der Synode der EKD zugleich eine erste offensive Initiative aus den ostdeutschen Kirchen.[110] Als Schuldbekenntnis und Aufruf zu aktivem Friedensdienst setzten der Aufruf und die damit entstehende Arbeit nachhaltige Impulse – sowohl innerhalb der

---

Zur offensiven ekklesiologischen Interpretation der veränderten Situation, zuerst durch Günter Jacob, vgl. Kap. 4.6 u. 5.3. Zur Relevanz der seit den 1950er Jahren greifenden erheblichen finanziellen Unterstützung der Kirchen in der DDR durch die EKD s. Kap. 7.1.

109 An dieser Stelle hat sich namentlich Mitzenheim noch deutlich kritisch gegenüber dem staatlichen Agieren geäußert (vgl. ANHALT, Macht, v.a. 173 f).

110 Vgl. zu Lothar Kreyssig Kap. 4.7.

EKD, wo sich zeitgleich die Diskussionen um den Abschluss des Militärseelsorgevertrages und die atomare Bewaffnung der Bundeswehr abspielten, als auch politisch, z. B. hinsichtlich der Wiederannäherung an Polen, auch wenn die Arbeit im Osten seit dem Mauerbau teils deutlich eingeschränkt wurde. Dass auch das »Kommuniqué« vom Juli 1958 von den ostdeutschen Kirchenleitungen keineswegs als pauschale Loyalitätserklärung gegenüber dem SED-Staat – und zwar nicht nur im Blick auf dessen Kirchenpolitik – verstanden wurde, lässt sich an vielen Beispielen zeigen. So protestierten die Bischöfe beispielsweise im Frühjahr 1960 gegen die Methoden bei der Zwangskollektivierung der Landwirtschaft. Zu derselben Zeit äußerte der Greifswalder Bischof Friedrich-Wilhelm Krummacher im Auftrag der Kirchlichen Ostkonferenz scharfe Kritik am Entwurf des neuen Arbeitsgesetzes.[111]

Vor dem Hintergrund der bis zu diesem Zeitpunkt gemachten Erfahrungen mit dem SED-Staat ist es sehr unwahrscheinlich, dass die von Ulbricht anlässlich seines Amtsantritts im Oktober 1960 verkündete Einheit christlicher und humanistischer Ziele auf kirchlicher Seite außer von einzelnen Ausnahmen wie Mitzenheim als glaubhaft oder gar vertrauenserweckend wahrgenommen wurde. Trotz der vorhandenen Skepsis und des Rechnens mit unerwarteten Repressionen ist der Mauerbau zweifellos als ein Schlag von unerwarteter Härte gegen die gesamtdeutsch angelegte kirchliche Arbeit erlebt worden. Die nächste große Herausforderung für die Kirchen stellte schon wenige Monate darauf, am 24. Januar 1962, die Einfüh-

---

111 Zu Ersterem s. Mau, Protestantismus, 74 f; zu Letzterem Albrecht-Birkner, Auseinandersetzungen, Abschnitt 1.

rung der allgemeinen Wehrpflicht dar. Dass diese Maßnahme mangels eines Wehrersatzdienstes nicht zuletzt junge Christen in Gewissensnöte brachte und bringen sollte, hatte sich beispielsweise in Ulbrichts schon kurz nach dem Mauerbau gehaltener Rede gegen die Junge Gemeinde und dem in diesem Zusammenhang von der FDJ vorgelegten Maßnahmenkatalog gezeigt.[112]

Die Landeskirchen reagierten auf die Einführung der Wehrpflicht unmittelbar. Es wurden nicht nur Seelsorgeanleitungen vorgelegt, sondern 1962 wurde u. a. auch eine Regelung für Wehrdienstverweigerer erbeten.[113] Die im Auftrag der KKL ausgearbeiteten und von dieser einhellig verabschiedeten »Zehn Artikel über Freiheit und Dienst der Kirche in der DDR« vom März 1963 nahmen dieses Anliegen auf.[114] Als in dieser Art einzige Äußerung der KKL in der DDR zu Fragen der politischen Ethik handelte es sich bei diesem Text um eine den Bereich des reinen Reagierens auf Entscheidungen des SED-Staates klar überschreitende theologische Programmschrift der ostdeutschen protestantischen Kirchen. Im Kirchlichen Jahrbuch der EKD wurde sie »als eine der bedeutsamsten kirchlichen Erklärungen im Raume der EKD seit dem Ende des zweiten Weltkriegs« bezeichnet.[115]

---

[112] Vgl. Eisenfeld/Schicketanz, Bausoldaten, 43–47.

[113] Die katholische Kirche hingegen betonte, dass es für Christen keine Bedenken gegen eine Teilnahme am Wehrdienst in der DDR gebe (ebd., 48).

[114] Es hieß, dass sich »die Kirche [...] für den gesetzlichen Schutz der Wehrdienstverweigerer aus Glaubens- und Gewissensgründen« einsetze (Zehn Artikel, 183).

[115] KJ 90, 1963, 181. Vgl. zu Vorgeschichte und Rezeption der Zehn Artikel Kap. 4.7, 5.2 u. 7.1.

Die offensive Haltung der evangelischen Kirchen gerade in der Wehrdienstfrage setzte sich auch nach der vor allem wehrpolitisch, militärökonomisch und allgemein politisch motivierten Einführung des waffenlosen Wehrdienstes im September 1964 fort. Insbesondere die Bischöfe von Sachsen, der EKiBB und der EKKPS kämpften weiter für einen tatsächlichen Wehrersatzdienst. Im Auftrag der KKL wurde 1965 eine Handreichung »Zum Friedensdienst der Kirche« »für Seelsorge an Wehrpflichtigen« erarbeitet.[116] Diese enthielt mit der Formulierung, dass die Wehrdienstverweigerung und der waffenlose Dienst ein im Vergleich zum Dienst mit der Waffe »deutlicheres Zeugnis des gegenwärtigen Friedensgebotes unseres Herrn« seien, ein in seiner Radikalität in der deutschen Nachkriegs-Kirchengeschichte einzigartiges friedensethisches Postulat. Es war an dieser Stelle erstmals die staatliche Seite, die nur reagieren konnte. Kurz- und mittelfristig wurde durch Differenzierungspolitik erreicht, dass die Handreichung innerkirchlich nur sehr zögerlich rezipiert wurde. Langfristig, vor allem in den 1980er Jahren, hat sie dennoch eine erhebliche Wirkung gehabt.[117]

Die im Kontext der Diskussion um die neue Verfassung im Februar 1968 in einem Brief der ostdeutschen Bischöfe (außer Mitzenheim) an Ulbricht getätigte Äußerung, man sähe sich »als Bürger eines sozialistischen Staates« »vor die Aufgabe gestellt, den Sozialismus als eine Gestalt gerechteren Zusammenlebens zu verwirklichen«, war vermutlich durchaus als

---

116 Zum Friedensdienst. Das folgende Zitat ebd., 256. Vgl. hierzu und zum Folgenden Eisenfeld/Schicketanz, Bausoldaten, 68–72 u. 81–105; u. Vesting, Zeugnis.

117 Vgl. hierzu Kap. 5.2 u. 5.4.

eine Forderung an den SED-Staat und nicht als reine Akklamation gemeint.[118] Indem man sich dieser Forderung unter Verweis auf das Darmstädter Wort von 1947 aber auch selbst unterstellte, bot man von kirchlicher Seite zugleich erstmals den Begriff »Sozialismus« als Brückenbegriff für einen potentiellen Konsens mit dem SED-Staat an. Dass Staatssekretär Seigewasser im Oktober desselben Jahres erklärte, es sei »den Geistlichen [...] mit gutem Rat zu helfen, wenn sie ›eindeutig die Position der Kirche im Sozialismus beziehen wollen‹«, spricht für die Absicht, den Sozialismusdiskurs mit den Kirchenleitungen aufzunehmen und von staatlicher Seite im Sinne einer Orientierung an dieser in Ungarn geprägten systemkonformen Formel zu prägen.[119]

Im Februar 1969 sprach Seigewasser deutlicher davon, dass die »Männer der Kirche« aus der Annahme der neuen Verfassung durch die Bevölkerung »die Schlußfolgerung ableiten« sollten, »daß sie dem geistlichen Auftrag der *Kirche im Sozialismus* nur dann gerecht werden«, »wenn sie den Sozialismus und seine humanistische Staatspolitik, insbesondere seine Außenpolitik nicht negieren«.[120] Die Bemerkung zur Außenpolitik hatte ihren Hintergrund in den Reaktionen der protestantischen Kirchen auf die Niederschlagung des Prager Frühlings und insbesondere die Beteiligung der DDR daran. Im September 1968 hatte Seigewasser eingeschätzt, »daß einige Kirchenleitungen unter dem Eindruck der Hilfsmaßnahmen vom

118 Sogenanntes »Wort aus Lehnin«, zitiert nach Mau, Realsozialismus, 58f; vgl. hierzu auch Winter, Bekenner, 145.

119 Wallmann, Kirchengeschichte, 306.

120 Zitiert nach Theologische Studienabteilung, Gebrauch, 2.

21. 8. 1968 für die ČSSR eine negative Haltung einnahmen und in bisher nicht dagewesenem Maße gegen unseren Staat aktiv werden. Offensichtlich wollen diese Kirchenleitungen die Gelegenheit nutzen[,] das Wächteramt gegenüber dem Staat herauszustellen«.[121] Diese Bemerkung bezog sich in besonderer Weise auf den Verwalter des Bischofsamtes in der EKiBB Ost Albrecht Schönherr, vor dem in diesem Zusammenhang als potentiellem Nachfolger von Krummacher in der Leitung der KKL ausdrücklich gewarnt wurde.

Bis zum Sommer 1968 war es Krummacher gewesen, der als der ›reaktionärste‹ unter den Bischöfen galt. Der Hintergrund hierfür war das Festhalten der letzten – wenn auch getrennt tagenden, aber doch gesamtdeutschen – Synode von 1967 an der Einheit der EKD, für das er in Fürstenwalde als Vorsitzender der KKL deutlich plädiert hatte. Ihm gegenüber holte Schönherr bis zum April 1969 in der Zuwendung von Sympathien vonseiten des SED-Staates (wieder) auf, weil er zu den Bischöfen gezählt wurde, die ein Festhalten an der »Fürstenwalder Linie« nach Inkrafttreten der neuen Verfassung nicht mehr für realistisch hielten und »deren Einfluß in den Landeskirchen« als »am stärksten« galt.[122] Hier bahnte sich ein grundlegender Strategiewechsel von der Protegierung Mitzenheims als exklusivem und hinsichtlich des Plädoyers für eine Kongruenz von Kirchen- und Staatsgrenzen wesentlich eindeutigerem ›Part-

---

[121] Vgl. hierzu Ruthendorf-Przewoski, Frühling, v. a. 213–218, Zitat 217. Vgl. Kap. 4.2, 4.3, 4.7 u. 4.9; zu Verständnis und Rolle des Wächteramts im BEK s. Kap. 5.2 mit Anm. 338.

[122] Vgl. Paul Verners Einschätzung zur Lage in den protestantischen Kirchen vom 7. 4. 1969, zitiert nach Mau, Realsozialismus, 219 f, hier 220.

ner‹ aufseiten der protestantischen Landeskirchen[123] zur Fokussierung auf den in Gründung befindlichen BEK und dessen potentiellen Vorsitzenden an.

Dass die am 10. Juni 1969 mit der Gründung des BEK in Kraft tretende Ordnung desselben nur bedingt eine Trennung von der EKD darstellte, resultierte aus Artikel 4,4 der Ordnung, wo es hieß: »Der Bund bekennt sich zu der besonderen Gemeinschaft der ganzen evangelischen Christenheit in Deutschland. In der Mitverantwortung für diese Gemeinschaft nimmt der Bund Aufgaben, die alle evangelischen Kirchen in der Deutschen Demokratischen Republik und in der Bundesrepublik Deutschland gemeinsam betreffen, in partnerschaftlicher Freiheit durch seine Organe wahr.«[124] Der SED-Staat hatte mit einer derartigen Option im Blick auf das Verhältnis zur EKD ebenso gerechnet wie mit der Tatsache, dass der mit der Bundesgründung erfolgte Schulterschluss der Landeskirchen weitergehende Differenzierungsmaßnahmen zwischen den Kirchenleitungen be- oder gar verhindern könnte. In seiner schon zitierten Situationseinschätzung vom April 1969 hatte Verner formuliert: »Dem Wesen nach geht es bei der Gründung des Bundes darum, die Möglichkeiten des Taktierens mit den Kirchen Westdeutschlands zu erhalten, als Bund den staatlichen

---

123 Mitzenheim hatte im Februar 1968 geäußert, dass »die Staatsgrenzen« der DDR »auch die Grenzen für die kirchlichen Organisationsmöglichkeiten« seien (zitiert nach Heckel, Vereinigung, 3, Anm. 2). Im Mai 1969 äußerte Lotz zu Art. 4,4 der Ordnung des BEK vor der Thüringer Synode, der Satz sei »juristisch überflüssig, inhaltlich nicht richtig und kirchenpolitisch mißdeutbar und deshalb schädlich« (zitiert nach Dietrich, Die Gründung, 30).

124 Ordnung des Bundes, 257.

Organen in größerer Geschlossenheit entgegentreten zu können, die fortschrittlichen Kräfte in den Kirchen der DDR durch den Bund zu bremsen und zu fesseln« und »als Bund zu vorteilhaften Vereinbarungen mit dem Staat« auf der Basis der neuen Verfassung zu kommen.[125]

Diese aus staatlicher Perspektive erheblichen strukturellen Probleme wie auch die Personalie Schönherr als Vorsitzender der KKL erklären, warum der BEK vom SED-Staat erst mit fast zweijähriger Verzögerung – am 24. Februar 1971 in Gestalt eines Empfangs des BEK-Vorstandes durch Seigewasser – anerkannt wurde. Es handelte sich also um eine erheblich verzögerte offizielle Reaktion, die aber nicht bedeutete, dass die Akteure auf staatlicher Seite die kirchliche Entwicklung bis zu diesem Zeitpunkt lediglich passiv beobachtet hätten. Zu erinnern ist an dieser Stelle z. B. an die Ende 1968 vom MfS geplanten »Zersetzungs- und Differenzierungsmaßnahmen« gegen die evangelische Kirche mit einem besonderen Fokus auf den »Bischöfe[n] der Landeskirche Berlin-Brandenburg, Dresden und der Konsistorialbezirke Greifswald und Görlitz«.[126] Auf ZK-Ebene spielten die Entmachtung Ulbrichts und der wachsende Einfluss Honeckers seit spätestens Januar 1971 eine wichtige Rolle. Darüber hinaus bestand offensichtlich ein direkter Zusammenhang zu der Anfang 1971 erfolgten Zustim-

---

125 Verner nach Mau, Realsozialismus, 220.

126 Material über die im Jahre 1968 sichtbar gewordenen Schwerpunkte auf Linie XX/4 und die sich in Auswertung der Hilfsmaßnahmen der sozialistischen Länder sowie den Beschlüssen der Partei ergebenden Aufgaben vom 9. 12. 1968 (BStU, MfS, HA XX/4, Nr. 3238, zitiert nach Ruthendorf-Przewoski, Frühling, 218).

mung des BEK zum sogenannten Antirassismusprogramm des ÖRK zur Unterstützung auch gewaltbereiter politischer Befreiungsbewegungen, insofern der SED-Staat dies sowohl als Akt der Abgrenzung von der EKD als auch als Unterstützung eigener außenpolitischer Präferenzen werten konnte.[127]

Dass die beginnende Ära Honecker keineswegs ein Ende der seit den 1950er Jahren bekannten Schaukelpolitik gegenüber den Kirchen bedeutete, zeigte sich bereits sechs Tage nach dem Empfang des BEK: Am 1. März 1971 trat eine neue Veranstaltungsverordnung in Kraft, der gemäß die Definition dessen, was »religiöse Handlungen« und somit den Kirchen erlaubt sei, in den Kompetenzbereich der Volkspolizei bzw. – bei überregionalen Veranstaltungen – des Ministeriums des Innern fiel.[128] Jenseits des in der Verordnung festgelegten Kanons religiöser Veranstaltungen mussten fortan in jedem Einzelfall kostenpflichtig Einzelgenehmigungen beantragt werden, was eine erhebliche Reglementierung freierer Formen kirchlicher Arbeit, insbesondere im Bereich der Kinder- und Jugendarbeit, implizierte. Das Papier stammte schon vom 26. November 1970 und war der KKL vor dem Inkrafttreten bekannt. Vor der Synode des BEK im Juli 1971 in Eisenach berichtete Schönherr, dass er

---

[127] Vgl., auch zur Relevanz dieses Schrittes für die Beziehungen zwischen BEK und EKD, Kap. 7.1.

[128] Verordnung über die Durchführung von Veranstaltungen. In § 3, Absatz 3e wurden als »religiöse Handlungen« definiert: »Gottesdienste, Messen, Metten, Vespern, Abendmahlsfeiern, Bibelstunden, Andachten, Beichten, Christenlehre, die Vorbereitung und Durchführung von Konfirmation, Kommunion und Firmung sowie Exerzitien, Taufen und Trauungen« (50). Die Verordnung löste die Veranstaltungsverordnung von 1951 ab.

bereits in seiner Rede anlässlich des Empfangs bei Seigewasser die erheblichen »Bedenken« der KKL angesichts der Veranstaltungsverordnung mitgeteilt habe.[129] In ihrem Beschluss zur Verordnung lehnte die Synode es unter Verweis auf ihre Aufgabe als »Kirchen der Reformation«, »den Laien für Zeugnis und Dienst im Rahmen seiner Gemeinde, aber auch in seinem beruflichen und familiären Alltag besser zuzurüsten«,[130] ab, sich auf den vorgegebenen Kanon erlaubter Veranstaltungen festlegen zu lassen. Gemäß diesem Beschluss kam es in der Folgezeit zu teils erheblichen Auseinandersetzungen um kirchliche Veranstaltungen mit Behörden vor Ort.

Es spricht für das Selbstbewusstsein des jungen BEK, dass er zu diesem Zeitpunkt davon ausging, »eine neue Stufe« im »Verhältnis zu unserem Staat« erreicht zu haben.[131] Dieser Eindruck verstärkte sich vermutlich noch, als die neue Veranstaltungsverordnung am 1. Juni 1973 zurückgenommen wurde. Diese Entwicklung bedeutete allerdings nicht, dass es den protestantischen Kirchen in dieser Zeit tatsächlich gelang, den SED-Staat in eine Defensive zu drängen. Vielmehr war dieser Vorgang ein Symptom der weitergehenden Schaukelpolitik, zu der aufseiten der KKL eine nun wachsende Bereitschaft gehörte, sich auf *do-ut-des*-Abläufe mit dem Staat einzulassen. Der entscheidende ›Schachzug‹ bestand an dieser Stelle in der der Zurücknahme der Veranstaltungsverordnung vorangegangenen offiziellen Anerkennung der Formel »Kirche im Sozia-

---

129 Konferenz der Evangelischen Kirchenleitungen, Beschluß, 58. Hier auch die folgenden Zitate.

130 Vgl. zu dieser Arbeitsausrichtung als Strukturmerkmal der protestantischen Kirchen in der DDR Kap. 5.3.

131 Zitiert nach Albrecht-Birkner, Weichenstellungen, 78.

lismus« durch die Synode des Bundes in ihrer Sitzung vom Mai 1973. Politisch implizierte dieser Schritt mehr als nur eine Akzentverschiebung gegenüber der auf den Synoden von 1971 und 1972 favorisierten Formel »Kirche für andere«: Man übernahm formal eine administrierte, auf System*konformität* zielende Formel, auch wenn man sie in den eigenen Kreisen anders interpretierte und vielfach gar nicht rezipierte. Der nach Falckes Referat von 1972 »Christus befreit, darum Kirche für andere« staatlicherseits geäußerten Erwartung, dass die protestantischen Kirchen diesen Text mit seinem potentiell system*kritischen* Sozialismusbegriff »nicht als Grundlage für die Arbeit der Kirchen in der DDR« bestätigen, war entsprochen worden.[132]

Die Frage, was ›den staatlichen Partnern zugemutet‹ werden könne und was nicht, bildete ab diesem Zeitpunkt ein wichtiges Kriterium der Arbeit der KKL. In welchem Maße diese Entwicklung bereits ein Ergebnis erfolgreicher Differenzierungsmaßnahmen war, ist ein im Grunde bis heute offener Diskussionsgegenstand – entsprechend den unterschiedlichen Erinnerungskulturen und Geschichtsnarrativen.[133] Deutlich ist, dass durch diese Maxime Distanzierungen entstanden, die für den Einzelnen folgenreich sein konnten. Ein eklatantes Beispiel hierfür in den 1970er Jahren ist der Görlitzer Bischof Hans-Joachim Fränkel, der zunächst bei klar systemkritischen Äußerungen blieb und in der Folge zum Ziel »schmutzigste[r]

---

[132] Vgl. zum gesamten Vorgang EBD., 77–87, Zitat 84; u. THUMSER, Kirche, sowie Kap. 4.7. Das Referat gehörte, obwohl es nicht publiziert werden durfte, zu den im ostdeutschen Protestantismus am intensivsten rezipierten theologischen Texten.

[133] Vgl. Kap. 1.1 u. 1.2.

Zersetzungsmethoden« wurde.[134] Zum Testfall über die EKKPS als direkt betroffener Landeskirche hinaus wurde die öffentliche Selbstverbrennung des Rippichaer Pfarrers Oskar Brüsewitz 1976 in Zeitz – mehr noch die kritischen Reaktionen sowohl aus kirchlichen als auch aus nichtkirchlichen Kreisen auf die den Verstorbenen diffamierende Berichterstattung über den Fall im SED-Organ »Neues Deutschland«.[135] Das nicht nur auf staatlicher Seite als ›Störfall‹ wahrgenommene Ereignis führte zunächst zur Verweigerung eines bereits geplanten Staat-Kirche-Gesprächs durch die SED-Regierung, für das von kirchlicher Seite auch die Thematisierung von Problemen im Bildungsbereich vorgesehen gewesen war – in Aufnahme des mit der Selbstverbrennung verbundenen politischen Anliegens von Brüsewitz.

Das im März 1978 schließlich doch durchgeführte Treffen zwischen führenden SED- und BEK-Vertretern ist andersherum als Versuch des Staates zu sehen, die durch das Ereignis von Zeitz entstandenen Irritationen im Verhältnis zu den protestantischen Kirchen nachhaltig zu überwinden. Dabei waren die Weichen bei der KKL seit den frühen 1970er Jahren so gestellt, dass man das Angebot zu einem scheinbar partnerschaftlichen Dialog nicht nur annahm, sondern sich auf Jahre hinaus auch auf dessen Ergebnis als Chiffre für ein vermeint-

---

134 Vgl. Ness, Görlitz, 61–71, sowie Kap. 4.9. Das Zitat bei Vollnhals, Abteilung, 92, Anm. 45.

135 Vgl. Krampitz, Fall; u. Stach, Vermächtnispolitik, v. a. 281–292. Zur Schlüsselrolle der EKKPS in dem Konflikt vgl. Kap. 4.7; zu den Reaktionen an der kirchlichen Basis wie auch aus dem nichtkirchlichen Bereich Kap. 5.4; zum deutsch-deutschen Aspekt Kap. 7.1.

lich gutes Staat-Kirche-Verhältnis behaften ließ.[136] Dass Probleme im Bildungsbereich hier nicht zur Sprache kamen, war nur eines der Symptome dafür, dass von einem tatsächlichen Dialog keine Rede sein konnte – auch wenn die den protestantischen Kirchen gemachten Zugeständnisse diesen Eindruck erwecken konnten und sollten.[137]

Die deutlichste Sprache hinsichtlich der aufseiten des SED-Staates mit dem Gespräch verbundenen Intentionen spricht das im Anschluss verfasste Rundschreiben Mielkes vom 19. April 1978. Der MfS-Chef gab hier auf der Basis der Richtlinie »zur weiteren politisch-operativen Bearbeitung politisch-klerikaler Kräfte« von 1975 unmissverständliche Anweisungen für einen intensivierten »Differenzierungsprozeß in den Kirchen und Religionsgemeinschaften« mit dem Ziel, dass »die realistisch denkenden Kräfte noch stärker an die humanistische Politik unserer Partei herangeführt, die Schwankenden gefestigt und feindlich-negative Personen bzw. Gruppen gespalten, zersetzt und paralysiert werden«.[138] Die Frage, ob und in welchem Maße man diese Pläne kirchenhistoriografisch als erfolgreich einstuft, unterliegt denselben erkenntnistheoretischen Prämissen wie die diesbezügliche Einordnung der genannten Weichenstellungen bereits der frühen 1970er Jahre.

---

136 Vgl. ALBRECHT-BIRKNER, Weichenstellungen, 92 f, und Kap. 5.1 u. 5.2.

137 Vgl. zu den Inhalten des Gesprächs MAU, Protestantismus, 132–136.

138 MIELKE, Information, 310 f. Laut dieser Anweisung sollte der Schwerpunkt dieser Maßnahmen jetzt auf den Kirchenleitungen von Sachsen und der EKKPS liegen.

Dass das Gespräch von 1978 keineswegs den Beginn eines partnerschaftlichen Dialogs mit den protestantischen Kirchen bedeutete, muss der KKL schon kurz darauf klar gewesen sein, denn am 1. September wurde – alle von kirchlicher Seite zuvor geäußerten Bedenken ignorierend – das Fach Wehrunterricht als reguläres Unterrichtsfach für Schüler der neunten und zehnten Klassen eingeführt. Mit der Volksbildung und der Militarisierung betraf es genau die Kernbereiche der Indoktrination, in denen den Kirchen ein Verhandlungs- oder Mitspracherecht stets verwehrt blieb. In dieser Situation rekurrierten KKL und BEK-Synode mit neuer Vehemenz auf die friedenstheologische Tradition der protestantischen Kirchen in der DDR. Bereits im Juni wandte sich die KKL mit einer »Orientierungshilfe« und einem Informationsbrief an die Gemeinden, in denen die Bedenken ausführlich erläutert wurden und Eltern, »die sich aus Gewissensgründen nicht in der Lage sehen, ihre Kinder an dem Unterricht teilnehmen zu lassen«, Unterstützung zugesagt wurde.[139] Das gegenüber dem Staatssekretär für Kirchenfragen geäußerte Votum der KKL für einen unbedingten »Vorrang« einer »klare[n] Orientierung auf Erziehung zum Frieden« machte sich die BEK-Synode im September 1978 zu eigen.[140]

---

139 Konferenz der Evangelischen Kirchenleitungen, Orientierungshilfe, 275. Weitere Schreiben der KKL in diesem Kontext bei Demke/Falkenau/Zeddies, Anpassung, 279–283. Strukturell bedeuteten diese Maßnahmen freilich eine weitergehende Beschränkung auf Einzelfall- statt auf politische Lösungen. Zur Relevanz der Wehrerziehung in der DDR s. Sachse, Krieg.

140 DDR-Synode einstimmig gegen Wehrkundeunterricht, 22–27, Zitat 23.

Von dieser kritischen Auseinandersetzung mit der Einführung des Wehrunterrichts 1978 zieht sich thematisch und strukturell eine die gesamten 1980er Jahre bestimmende Linie.[141] Das von der KKL 1978 beschlossene Bildungs- und Aktionsprogramm »Erziehung zum Frieden« wurde zu einem Rahmenkonzept der eigenen Arbeit ausgebaut. 1979 und 1985 – anlässlich der Jahrestage von Beginn und Ende des Zweiten Weltkriegs – publizierten BEK und EKD jeweils gemeinsam ein »Wort zum Frieden«. Die BEK-Synoden der 1980er Jahre waren in hohem Maße von der Friedensthematik geprägt. Die ab November 1980 in den Gemeinden jährlich durchgeführten Friedensdekaden als Gebets- und Aktionstage für den Frieden waren ebenfalls aus einer BEK und EKD übergreifenden Initiative entstanden, entwickelten in der DDR aber eine eigene und stärkere Dynamik. Zu deren Symbol wurde die auf einen Vorschlag des Dresdner Jugendpfarrers Harald Bretschneider zurückgehende stilisierte Darstellung einer Skulptur, die der UNO 1959 von der Sowjetunion geschenkt worden war: ein Mann, der ein Schwert zu einer Pflugschar umschmiedet – eine Verbildlichung von Micha 4,3.

Für die Friedensdekade 1981 in einer Auflage von 100.000 Stück als Textilaufnäher hergestellt, avancierte das Symbol »Schwerter zu Pflugscharen« zum Testfall des Staat-Kirche-Verhältnisses. Indem der SED-Staat es als Ausdruck einer feindlichen politischen Haltung wahrzunehmen und mit entsprechend harten Repressionen zu bekämpfen begann, entzog die

---

141 Vgl. hierzu Lepp/Nowak, Kirche, 149–160; u. Silomon, Schwerter. Zur Friedenstheologie als Strukturmerkmal der protestantischen Kirchen in der DDR s. Kap. 5.2, 7.1 u. 7.2.

KKL der Aufnäheraktion ab 1982 die Unterstützung. Auch zeitgleiche Initiativen von Pfarrern wie die Forderung des Dresdner Pfarrers Christoph Wonneberger nach Einführung eines Sozialen Friedensdienstes und der zusammen mit dem Kommunisten und Regimekritiker Robert Havemann von dem Berliner Pfarrer Rainer Eppelmann publizierte Berliner Appell »Frieden schaffen ohne Waffen« mit weiteren Vorschlägen gegen die fortschreitende Militarisierung erfuhren keine Unterstützung durch die Kirchenleitungen. Denn hier schien der Rahmen dessen, was in den 1970er Jahren im Staat-Kirche-Verhältnis fixiert worden war, überschritten zu sein.

Dies galt umso mehr, als die Friedensthematik zum Opener für gesellschaftskritische Stimmen geworden war, die sich in dieser Situation den protestantischen Kirchen assoziierten und sich vielfach in Basisgruppen organisierten.[142] Deren Themenspektrum erstreckte sich schon seit dem Ende der 1970er Jahre zudem auch auf andere für den SED-Staat höchst sensible Themenbereiche wie die katastrophale ökologische Situation und Menschenrechtsfragen. Seit 1983 arbeiteten der evangelischen Kirche assoziierte Basisgruppen zusammen im Netzwerk »Konkret für den Frieden«. Zum Kristallisationspunkt des Zusammenkommens von evangelischer Spiritualität und politischer Kritik wurden im Laufe der 1980er Jahre die in Leipzig ebenso wie an vielen anderen Orten der DDR durchgeführten montäglichen Friedensgebete. Ebenfalls auf eine Idee Wonnebergers zurückgehend, der dabei von den 1968 in Köln durchgeführten Politischen Nachtgebeten inspiriert war, bildeten sie vor diesem Hintergrund einen permanenten Aushandlungs-

142 Vgl. hierzu strukturell Kap. 3.2, material Kap. 5.4.

gegenstand zwischen Initiatoren vor Ort und Kirchenleitungen auf den verschiedenen Ebenen.

Gemäß ihrem Selbstverständnis handelte es sich sowohl bei den KKL- als auch bei den Basisgruppenaktivitäten mit politischer Relevanz im Wesentlichen um Initiativen mit reformerisch-positiven Intentionen für die DDR. Der SED-Staat aber nahm sie ganz im Gegenteil im Wesentlichen als »feindlich-negativ« wahr und versah sie in diesem Sinn mit dem Etikett »oppositionell«. Reformen gegenüber waren auch Kirchenleitungen aufgeschlossen – »aber nur so weit, wie es den mühsam ausgehandelten *Status Quo* zwischen Kirche und Staat unberührt ließ«[143], und genau dies war mit der Zuschreibung »oppositionell« nicht mehr der Fall. Die im kirchlichen Raum agierenden Basisgruppen hingegen sahen sich keineswegs an derartige Rahmenvorgaben im Staat-Kirche-Verhältnis gebunden. Der emeritierte Bischof der EKKPS Werner Krusche formulierte die Spannungen im zeitnahen Rückblick 1990 so: »Waren die Kirchenleitungen auf Konfliktmininierung aus, so ging es diesen Gruppen gerade um Konfliktinszenierung, weil sich nur so eine öffentliche Diskussion der Probleme erreichen ließ.«[144] Symptomatisch erscheint die Äußerung Werner Leichs als KKL-Vorsitzendem nach dem Olof-Palme-Friedensmarsch für einen atomwaffenfreien Korridor im September 1987, die kirchlichen Teilnehmer müssten lernen, »wo die Grenze der Zumutbarkeit läge für den staatlichen Partner«.[145]

Der Hintergrund für diese Äußerung war, dass der genehmigte Friedensmarsch aufgrund der internationalen Aufmerksamkeit

---

143 Wagner, Friedensgebete, 20.

144 Krusche, Solidarität, 19.

145 Zitiert nach Amberg, Staat, 29.

und des gleichzeitigen Besuchs Erich Honeckers in der Bundesrepublik erstmalig den Freiraum geboten hatte, auch eigene Transparente mit Forderungen z. B. nach einem Sozialen Friedensdienst oder Abschaffung des Wehrunterrichts zu zeigen. Wer gehofft hatte, dies als Anzeichen für mögliche Reformen im und womöglich mit dem SED-Staat deuten zu können, wurde allerdings bald enttäuscht. Im November 1987 wurden im Zusammenhang mit der Räumung der Umweltbibliothek in der Berliner Zionskirche mehrere von deren Mitarbeitern verhaftet.[146] Im Januar 1988 kam es im Zuge des Versuchs reformorientierter wie auch ausreisewilliger Gruppen und Personen, auf der üblichen öffentlichen Demonstration zum Gedenken an die Ermordung von Karl Liebknecht und Rosa Luxemburg auf ihre Anliegen aufmerksam zu machen, zu zahlreichen Verhaftungen. Kurz darauf folgte eine zweite Verhaftungswelle.

Im Hintergrund stand hier das Agieren des MfS, das mit der »Aktion Dialog« im August 1987 eine noch einmal intensivierte Strategie zur Kontrolle und Unterbindung aller DDR-kritischen Stimmen gestartet hatte. Dabei handelte es sich aber lediglich um eine weitere Stufe der in den 1980er Jahren ohnehin stark intensivierten Zersetzungsstrategien, die sich insbesondere gegen die Basisgruppen jeglicher Art richtete. Die damit verbundenen Differenzierungsabsichten im Blick auf ein Gegeneinander von Kirchenleitungen und Basisgruppen in den evangelischen Kirchen hatten ihren sinnfälligsten Ausdruck bereits im zeitlichen Zusammenfall der mit erheblichem staatlichen Einsatz inszenierten Lutherfeierlichkeiten und des Beginns

---

[146] Vgl. zu den Weichenstellungen des Jahres 1987 Passauer, Jahr; zur Ökologiebewegung Kap. 5.4.

massiv intensivierter Bekämpfung der Gruppen im Herbst 1983 gefunden.[147] Der Beginn des Jahres 1988 war nicht nur ein Höhepunkt hinsichtlich der Repressionen gegenüber ›oppositionellen‹ Gruppen und Einzelnen vonseiten des SED-Staates, sondern auch der Zeitpunkt der größten Spannungen zwischen den Kirchenleitungen und den im Raum der Kirche agierenden Basisgruppen.

Ebenfalls 1988 fanden in Dresden und Magdeburg aber auch die ersten Ökumenischen Versammlungen für Frieden, Gerechtigkeit und Bewahrung der Schöpfung in der DDR statt, die kirchenleitende und Basisinitiativen von der Intention her und auch praktisch miteinander verbanden und kirchlicherseits zudem nicht mehr auf die protestantischen Landeskirchen begrenzt waren.[148] Als sogenannter Konziliarer Prozess vom ÖRK angeregt, wurden die Versammlungen in der DDR von der Stendaler Ärztin Erika Drees sowie von Heino Falcke und dem Dresdner Pfarrer und Superintendenten Christof Ziemer initiiert und koordiniert. Die immense politische Sprengkraft der Ökumenischen Versammlungen wurde staatlicherseits früh erkannt. So hieß es als Resümee zur zweiten Vollversammlung im Oktober 1988 in Magdeburg beim MfS, die Vorlagen der Versammlung hätten »die Gesamtheit der insbesondere von den evangelischen Kirchen in der DDR und den unter ihrem Dach agierenden unterschiedlichsten Gruppierun-

---

[147] Vgl. Kap. 2.2 und Maser, Luther. Die Instrumentalisierung der Lutherfeierlichkeiten durch den SED-Staat war in Gestalt der Zusage umfangreicher Unterstützung der Kirchen bei den Festlichkeiten bereits Bestandteil des Gesprächs von 1978 gewesen.

[148] Vgl. hierzu Falcke, Einmischungen, 166–196; u. Ziemer, Prozeß, sowie Kap. 3.2, 4.7, 6.1 u. 7.2.

gen benannten sogenannten politischen und gesellschaftlichen Problemfelder bzw. Konfliktbereiche« beinhaltet und »damit den aktuellsten komplexen Forderungskatalog hinsichtlich gesellschaftspolitischer Veränderungen in der DDR« dargestellt.[149] Im Blick auf die dritte Vollversammlung im April 1989 in Dresden war auf staatlicher Seite dann nur noch von »Schadensbegrenzung« die Rede.

Auf die Gesamtzeit der DDR gesehen, kann also nicht davon die Rede sein, dass die Tagesordnung der evangelischen Kirchen im Sinne eines reinen Reagierens lediglich von der Kirchenpolitik des SED-Staates dominiert wurde. Schon seit den späten 1950er Jahren sind vielmehr ebenso eigene Akzentsetzungen der Kirchen zu beobachten, die sich insbesondere aus der den ostdeutschen Protestantismus prägenden friedenstheologischen Tradition speisten und als solche *per se* von hoher politischer Relevanz waren. Hierauf rekurrierte seit der Einführung des Wehrunterrichts 1978 auch die KKL – trotz der in den 1970er Jahren erfolgreichen Einschwörung auf einen möglichst systemkonformen »Kirche im Sozialismus«-Kurs und intensiver Differenzierungsaktivitäten seitens des MfS – mit neuer Vehemenz. Zeitgleich entwickelte sich eine von den evangelischen Kirchen ausgehende erhebliche Dynamik dadurch, dass in wachsendem Maße Basisgruppen zu Akteuren im Raum der evangelischen Kirchen wurden, die sich für Reformen in verschiedenen Bereichen der Gesellschaft engagierten. Indem sich diese Initiativen mit dem zivilgesellschaftlichen Aufbruch der späten 1980er Jahre verbanden, geriet der sich Reformen verweigernde SED-Staat nachhaltig in die De-

---

149 Zitiert nach Ziemer, Prozeß, 1464. Hier auch das folgende Zitat.

fensive. Für diese Verbindung spielten die Ökumenischen Versammlungen der Jahre 1988/89 als Forum der Artikulation politischer Kritik eine wichtige Rolle.

3.2 Innere Strukturen

Institutionell bildeten auf der Makroebene die acht Landeskirchen das maßgebliche Strukturmerkmal des landeskirchlichen Protestantismus in der DDR. Dabei verweist die Tatsache, dass sich drei von diesen dem lutherischen Bekenntnis zuordneten (Sachsen, Thüringen, Mecklenburg) und fünf als uniert verstanden (EKiBB, EKKPS, Greifswald, Görlitz, Anhalt), bereits auf die maßgeblichen konfessionellen Prägungen.[150] Die lutherischen Landeskirchen gehörten zunächst der VELKD an, bildeten bereits 1968 aber eine eigenständige VELK in der DDR.[151] Die unierten Landeskirchen gehörten ab 1953 zur EKU als gesamtdeutschem Kirchenbund und bildeten 1972 den »Bereich Ost« lediglich als selbstständige Organisationseinheit in der EKU.[152] In den einzelnen Landeskirchen waren die aus Laien,

150 Obwohl v. a. Anhalt und Görlitz sehr kleine Landeskirchen waren, entfiel der größere Teil flächenmäßig insgesamt auf die unierten Kirchen. Die reformierten Gemeinden in den lutherischen Landeskirchen der DDR (Bützow, Dresden und Leipzig mit Karl-Marx-Stadt) bildeten einen eigenen Kirchenbund, der mit den reformierten Kirchenkreisen der EKiBB und der EKKPS (s. Kap. 4.6 u. 4.7) zum Generalkonvent der reformierten Prediger und Gemeinden in der DDR zusammengeschlossen war (vgl. Gabriel, Gemeinden, 148–157). Zudem existierte eine altlutherische Kirche mit 27 Pfarrbezirken.

151 Vgl. Amberg, Staat.

Pastoren und Mitarbeitern zusammengesetzten Landessynoden das jeweils höchste Leitungsorgan und bildeten zusammen mit dem Bischof bzw. Kirchenpräsidenten und dem Konsistorium bzw. Landeskirchenamt oder Oberkirchenrat die Kirchenleitung. Trotz in der Praxis unterschiedlicher Ausgestaltung dieses Leitungsprofils war hiermit eine zum zentralistischen Zugriff des SED-Staates grundsätzlich querstehende demokratische Struktur gegeben.[153] Bereits 1945 war für die Belange der östlichen Landeskirchen innerhalb der EKD eine »Kirchliche Ostkonferenz« gegründet worden, die ab 1962 als KKL bezeichnet wurde. Im 1969 gegründeten BEK stellte sie das höchste Leitungsorgan dar, dem außer den acht Bischöfen jeweils ein Vertreter aus jeder Landeskirche, zwei Vertreter vom Sekretariat des BEK und das Präsidium der Bundessynode als leitendem kirchlichem Parlament angehörten. Die KKL wählte einen fünfköpfigen Vorstand mit einem Vorsitzenden.[154]

Soziologisch kennzeichnete den Protestantismus in der DDR eine doppelte Dynamik: einerseits die alle Kirchen betref-

---

152 Vgl. Kap. 7.1. Die EKU war 1953 aus der Evangelischen Kirche der Altpreußischen Union hervorgegangen. Die Anhaltische Kirche stand nicht in dieser Tradition, schloss sich 1960 aber ebenfalls der EKU an.

153 Vgl. Kap. 2.1; zur Praxis in den einzelnen Landeskirchen Kap. 4. Insbesondere das Agieren der Synoden wurde vom SED-Staat »mit nervöser Aufmerksamkeit« verfolgt und Synodale, die nicht kirchliche Mitarbeiter waren, auf ihren Arbeitsstellen unter Druck zu setzen und zu beeinflussen versucht (vgl. SCHULTZE, Berichte, 24–26, Zitat 24).

154 Die Bundessynode hatte 60, die KKL 26 Mitglieder. Vgl. zum BEK Kap. 5.1–5.3.

fende erhebliche Ausdünnung an Mitgliederzahlen[155] und andererseits eine im Laufe der Zeit deutlich zunehmende Sogwirkung auf Menschen, deren Interesse an der evangelischen Kirche sich in erster Linie deren Funktion als Kommunikations- und Schutzraum im repressiven Staat verdankte. Dabei spielte die Artikulation politischer Kritik im Raum der Kirche seit den 1970er Jahren eine dominierende Rolle. Eine Wirkung nach außen entgegen dem Mitgliederschwund und den Versuchen des SED-Staates, die Kirche auf einen von der Öffentlichkeit getrennten kultischen Raum zu begrenzen, lag dezidiert in der Absicht der evangelischen Kirche.[156] Die tatsächlich eintretende Sogwirkung war dennoch primär irritierend, eben weil die von außen kommenden Interessierten kaum Interesse an einer Kirchenmitgliedschaft und auch nur bedingt an der kirchlichen Verkündigung hatten. Krusche beschrieb diese Irritation 1990 als Unklarheit über die »kirchliche Identität« der Gruppen: Denn »zu ihnen gehörten Christen und Nichtchristen; unklar war auch ihre Motivation – ging sie vom Evangelium oder von ganz anderswoher aus?«[157] Dieses Phänomen prägte den Protestantismus in der DDR vor allem in den 1980er Jahren durch das nun verbreitete Entstehen und Agieren von Basisgruppen im kirchlichen Raum erheblich.[158]

155 S. Anm. 100.

156 Vgl. zu den ekklesiologischen Konzepten ab den 1960er Jahren Kap. 5.1–5.3.

157 KRUSCHE, Solidarität, 18.

158 S. Kap. 3.1 u. 5.4. Vgl. hierzu als zeitgenössische Reflexion FALKENAU, Sozialisation. Christian Halbrock identifiziert in seiner Untersuchung zum Bezirk Rostock (HALBROCK, Freiheit) gemischte Motivlagen, »sich am kirchlichen Umfeld zu orientieren,

Die Sogwirkung der evangelischen Kirchen in der DDR zeigte sich aber nicht erst in Gestalt der Basisgruppenaktivitäten. Als Ersatzöffentlichkeit und relativer Freiraum stellten sie für so manchen beispielsweise die einzige Alternative dar, wenn es darum ging, einen halbwegs adäquaten Beruf auszuüben. Das bedeutete auch, dass mancher Pfarrer unter anderen Bedingungen vielleicht Sozialarbeiter, Psychologe, Lehrer, Journalist oder Professor geworden wäre und seiner Amtsausübung entsprechend spezifische Akzente verlieh. Das Theologiestudium, vor allem an den nicht unter der marxistischen Doktrin stehenden Kirchlichen Hochschulen,[159] zog auch Studierende an, die im weitesten Sinn humanistische Bildung suchten und sich gar nicht als künftige Pfarrer im Dienst einer Kirche sahen. Ob man als kirchlicher Mitarbeiter auch im Falle der Praktizierung von weniger etablierten Arbeitsformen kirchlich akzeptiert und insofern im Schutzraum Kirche blieb oder nicht, hing von Einzelentscheidungen der jeweils zuständigen Kirchenleitungen ab, die zugleich Entscheidungen über Biografien waren.[160]

Krusche hat die strukturellen Veränderungen im Protestantismus in der DDR v. a. im Blick auf das Aufkommen der Basisgruppen als »Spannung zwischen Stabilisierungs- und Dyna-

---

wenn es darum ging, sich dem SED-Staat zu widersetzen« (446), als »Gesinnungsgemeinschaften« im intellektuellen Milieu (245 f). Er grenzt sich dabei ab von Aribert Rothe, der von Resten eines protestantischen bildungsbürgerlichen Milieus ausgeht (245).

159 Vgl. hierzu Kap. 5.3.

160 Als gegensätzliche Beispiele kann hier auf Lothar Rochau (Halle) und Walter Schilling (Braunsdorf) verwiesen werden.

misierungstendenz« klassifiziert.[161] Geht man davon aus, dass Religion immer eine »integrativstabilisierende und eine befreiendaufrüttelnde« Funktion erfüllt, kann man mit dem Dresdner Theologen und Soziologen Harald Wagner sagen, dass von den Kirchenleitungen eher Erstere und von den Basisgruppen eher Letztere wahrgenommen wurde.[162] Demgemäß wären die Basisgruppen in der DDR »nicht ›auch‹ Kirche, sondern ohne sie wäre die Kirche nur ein deformativer Restkörper« gewesen.

Gerade bei der Frage nach den von protestantischen Christen und Gremien in der DDR gesetzten Prioritäten hinsichtlich des Staat-Kirche-Verhältnisses spielten zweifellos generationale Aspekte eine große Rolle. Im Hintergrund kirchenleitenden wie pastoralen und gemeindlichen Handelns in den 1970er und 1980er Jahren standen die Erfahrungen eines gegenüber der Kirche gewalttätigen Staates in den 1950er Jahren. Dies konnte sowohl Angst vor Wiederholung einer solchen Situation für die Kirche als auch Dankbarkeit für und einen gewissen Stolz auf den vergleichsweise akzeptablen Status quo implizieren. Dieser Hintergrund erklärt das hohe Interesse vor allem von kirchenleitenden Verantwortungsträgern an der Vermeidung von Konflikten mit dem Staat, ungeachtet faktisch deutlich steigender Handlungsspielräume der Kirchen in den 1980er Jahren aufgrund der sich verändernden innen- und außenpolitischen Situation.[163] Für die nächste Generation

---

161 Krusche, Solidarität, 18.

162 Wagner, Friedensgebete, 21. Hier auch das folgende Zitat.

163 Vgl. Kap. 2.1. Manfred Falkenau formulierte 1984 im Blick auf den generationalen Aspekt, »daß Personen, die in der Debatte der 60er und 70er Jahre eine entscheidende Rolle spielten, in-

spielten die 1950er Jahre als eigener Erfahrungshorizont keine Rolle mehr. Sie wurde stärker geprägt von der Erfahrung v. a. psychischer Gewalt im Zuge der intensivierten Zersetzungsmaßnahmen des SED-Staates in den 1970er und 1980er Jahren.[164]

In generational weiterer Perspektive sind bis zum Beginn der 1980er Jahre auch noch unmittelbare Prägungen durch eigene Erfahrungen in der NS-Zeit, insbesondere die Mitwirkung in der BK, zu berücksichtigen, so z. B. bei dem Görlitzer Bischof Hans-Joachim Fränkel oder dem Bischof der EKiBB und bis 1981 Vorsitzenden der KKL Albrecht Schönherr. Die den DDR-Protestantismus prägende Rezeption von theologischen Traditionen der BK[165] beschränkte sich aber nicht auf diese Generation. Nicht zuletzt begründete auch mancher junge Pfarrer, der in den frühen 1950er Jahren aus der Bun-

---

zwischen kirchliche Leitungsämter innehaben, die sich von ihrer institutionellen Funktion her nicht sonderlich dazu eignen, kirchliche Strukturen grundsätzlich infrage zu stellen« (FALKENAU, Sozialisation, 2). Wagner betont, dass dieses kirchenleitende Handeln »als vorsichtiges Taktieren« einzuschätzen sei, »keinesfalls aber als Kumpanei, als komplizenhaftes Unterstützen eines Unrechtsregimes« (WAGNER, Friedensgebete, 20f).

164 Vgl. hierzu Kap. 1.1 (mit Anm. 8), 2.1 u. 3.1. Thomas A. Seidel hat diese Generation die »Kinder des Kalten Krieges« genannt (SEIDEL, Weg, 85). Zum Kontext oppositioneller Jugendkulturen in der DDR vgl. Kap. 5.4.

165 S. Kap. 5.3 u. 7.1. Diese in expliziten Äußerungen im Vordergrund stehende Prägung bedeutet nicht, dass andere Prägungen aus der und durch die NS-Zeit in den DDR-Kirchen nach 1945 flächendeckend verschwunden wären (vgl. hierzu Kap. 4; SEIDEL, Neubeginn, 93–110; u. DERS., Trümmern, v. a. 375–475).

desrepublik in die DDR zurückkehrte, dies mit der im Vergleich zur EKD stärker bekenntniskirchlichen Tradition der Kirchen im Osten Deutschlands und hat diese durch sein Wirken in der DDR-Kirche dann zweifellos auch mit gefördert.[166] Wenn Krusche 1990 meinte, es habe »sich bei uns in der DDR so etwas wie ein schwer verständlich zu machendes Wir-Gefühl entwickelt, das immer dann durchbrach, wenn allzu überheblich über die DDR geurteilt wurde«[167], hatte das viel mit dieser Selbstverortung in der bekenntniskirchlichen Tradition – durchaus in Abgrenzung zur EKD[168] – zu tun.

Die Betonung dieser Tradition war allerdings verbunden mit dem unbedingten Anliegen, als protestantische Kirche in der DDR nicht, wie Teile der BK dies getan hatten, auch illegale Strukturen auszubilden. So erläuterte z. B. Krusche 1996, dass die protestantische Kirche die Situation der Diasporakirche und die »Machtverhältnisse in der DDR nicht anerkannt« habe, »weil sie mit dem Ja zu einer Kirche ohne Macht + Einfluß konvergieren, sondern weil sie in der Verfassung festgeschrieben sind und wir sonst in die Illegalität und also in den Untergrund hätten gehen müssen«.[169] Mit dieser Haltung bediente man freilich zugleich Interessen, die auch auf staatlicher Seite – zumal mit der wachsenden internationalen Reputation der DDR in den 1970er Jahren – von hoher Relevanz waren.[170] Die Span-

---

166 Dies ist z. B. bei Heino Falcke deutlich zu sehen (vgl. Lepp, Wege, 167 f).

167 Krusche, Solidarität, 6.

168 Vgl. zu diesem Aspekt Kap. 7.1.

169 Krusche, Brief, Bl. 3a.

170 Vgl. Dohle, Grundzüge, 162. Ein solches Szenario hätte die Glaubwürdigkeit der nominellen Abgrenzung des SED-Staates

nungen um die aus den Basisgruppenaktivitäten hervorgegangenen Ansätze zur Herausbildung alternativer kirchlicher Strukturen im DDR-Protestantismus in den 1980er Jahren[171] sind auch in diesem Kontext zu sehen. Der Erfolg der Ökumenischen Versammlungen am Ende der 1980er Jahre hatte nicht zuletzt damit zu tun, dass mit diesen strukturell »ein ganz neues Handlungssubjekt auf die kirchenpolitische Bühne« getreten war, das sich durch die Anbindung an den ÖRK sowohl gegenüber Kirchenleitungen als auch gegenüber dem SED-Staat legitimieren konnte und praktisch Vertreter von Basisgruppen ebenso wie von Kirchenleitungen als gleichrangige Gesprächspartner zusammenführte.[172]

Die Anerkennung des verfassungsmäßig festgeschriebenen Status der Kirchen durch diese selbst bedeutete faktisch die Anerkennung eines rechtlosen Zustandes.[173] Im Zuge dessen avancierten Gespräche, durch die besondere Vertrauensverhältnisse zu Mitgliedern von Kirchenleitungen und eine tatsächliche Dialogsituation zwischen Kirche und Staat als ›Partnern‹ suggeriert werden sollten, zu einem auch kirchlicherseits weitgehend akzeptierten Medium der Kirchenpolitik.[174] Dies schloss eine Tendenz zur »Erosion des Rechtsverständnisses« ein und dabei teils auch eine Aufweichung des innerkirchlich

---

vom »Faschismus« als maßgeblichen Ideologiebestandteil relativieren können (vgl. Themenschwerpunkt Antifaschismus).

171 Vgl. Kap. 5.4.

172 Falcke, Einmischungen, 189. Die Ökumenischen Versammlungen waren formal angebunden an die ACK.

173 Vgl. Kap. 2.1.

174 Vgl. Kap. 2.2; Neubert, Instrumentalisierung, 331–337; u. Thumser, Kirche, 272–276.

eigentlich klaren Konsenses, dass eine Kooperation mit dem MfS keinesfalls eine Option war – weder für kirchliche Mitarbeiter noch für Gemeindeglieder.[175] So wurden z. B. Jugendlichen in den Jungen Gemeinden »Faustregeln« für »ein aufrechtes Verhalten gegenüber dem MfS« vermittelt.[176] Auf kirchenleitenden Ebenen hingegen glaubte mancher, durch solche Kontakte die Machtposition der Kirche – und auch die eigene – aufbessern zu können, ohne dabei jemandem zu schaden.[177] In gewisser Weise könnte man dabei von Erfahrungen in der ›Komfortzone‹ des MfS sprechen.

Zeitgleich lernte mancher kirchliche Mitarbeiter und manches Mitglied einer Basisgruppe in den Kirchen mit den »Zersetzungsmaßnahmen« ein vollständig anderes Gesicht desselben Geheimdienstes kennen und wurde mitunter zudem von Kirchenleitungen disziplinarisch reglementiert – weil sein Verhalten dem ›staatlichen Partner‹ nicht zumutbar schien.[178] Es ist

---

175 Vgl. Kap. 1.2; Zitat Neubert, Kirche, 19.

176 Stauss, Gemeinden, 86–88, Zitat 86.

177 Hagen Findeis beschreibt dies im Blick auf Manfred Stolpe, der seit 1970 als Inoffizieller Mitarbeiter erfasst war und 1978 die Verdienstmedaille der DDR erhielt, als »Habituelle Affinität zu den ›*Kameraden*‹ des MfS« (Findeis, Licht, 303–305, Zitat 303). Diese seien aus Stolpes Sicht »*die Macher*« gewesen, »*mit denen man etwas regeln konnte. Die waren völlig unideologisch*« (304). Die faktische »Asymmetrie der Kommunikation« aufgrund der »Position der Machtlosigkeit« der Kirche sei dabei ausgeblendet worden (305). Zur Struktur vgl. Fritze, Täter.

178 So berichtete z. B. Walter Schilling: »Ganz zerstören konnte das MfS den Widerstandswillen der jungen Leute nicht. Aber viele blieben auf der Strecke und wurden zutiefst verletzt, auch weil die Kirche sie nicht stützte, ihnen keinen Platz gab und durch die

evident, dass diese auseinandergehenden Wahrnehmungen des MfS im kirchlichen Raum selbst als ein Ergebnis erfolgreicher »Differenzierungspolitik« gesehen werden müssen. Harald Wagner spricht in diesen Zusammenhängen von einer »Manipulation der Weltwahrnehmung«, die bis in die Gegenwart weiterwirke, »solange uns die Mechanismen und die eigene Betroffenheit verborgen bleiben«.[179]

Forderung, daß ein kirchlicher Mitarbeiter die Verantwortung haben müsse, dem MfS in die Hände spielte, statt die Mündigkeit verantwortungsvoller junger Menschen anzuerkennen« (zitiert nach Pingel-Schliemann, Zersetzen, 342 f).

179 Wagner, Friedensgebete, 18–20, 22–25 u. 33, Zitate 18 u. 22 f.

4 Die Landeskirchen

4.1 Landeskirchengeschichte als Perspektive

Die Geschichte des landeskirchlichen Protestantismus in der DDR ist die Geschichte von acht höchst unterschiedlich geprägten und sich entwickelnden Landeskirchen,[180] die bislang nur teilweise geschrieben ist. Institutionell bildeten sie das 20. Jahrhundert hindurch und weitgehend bis in die Gegenwart die maßgeblichen Kontinuitäten.[181] Die Pommersche und die Schlesische Kirche blickten insofern bereits auf erhebliche Brüche zurück, als es sich lediglich um die vergleichsweise kleinen Teile der ehemaligen preußischen Kirchenprovinzen Pommern und Schlesien handelte, die 1945 im Gebiet Deutschlands verblieben waren. Diese in den Namen zunächst noch erkennbaren Kontinuitäten wichen auf staatlichen Druck 1968 den ›neutralen‹ Bezeichnungen »Evangelische Landeskirche Greifswald« und »Evangelische Kirche des Görlitzer Kirchengebietes«. Die Namensbestandteile »Pommern« und »Schle-

---

[180] Vgl. den Überblick in Kap. 3.2.

[181] Veränderungen haben sich erst mit den Umstrukturierungen der letzten Jahre ergeben: den Fusionen der Schlesisch-Oberlausitzer mit der Berlin-Brandenburgischen Kirche zur Evangelischen Kirche Berlin-Brandenburg-schlesische Oberlausitz (2004), der EKKPS mit der Thüringer Kirche zur Evangelischen Kirche in Mitteldeutschland (2009) und der Pommerschen mit der Mecklenburger und der Nordelbischen Kirche zur Evangelisch-Lutherischen Kirche in Norddeutschland (2012).

sien« hatte der SED-Staat stets als Ausdruck ›revanchistischer‹ Intentionen hinsichtlich einer Nichtanerkennung der Oder-Neiße-Grenze interpretiert.

Die erste Assoziation, die sich einstellt, wenn es um die Spezifik der ostdeutschen Landeskirchen geht, dürfte die Bezeichnung »Thüringer Weg« für den staatsnahen Alleingang der Thüringer Landeskirche vor allem in den 1960er Jahren sein. In wohl bewusster Analogie hierzu kam im Sommer 1989 im Zuge der Domeinweihung in Greifswald der Ausdruck »Greifswalder Weg« auf und hat sich mit den Publikationen der Historikerin Rahel Frank, geb. von Saß, zu einer historiografischen Kategorie für den politischen Alleingang der Greifswalder Landeskirche in den 1980er Jahren ausgeweitet.[182] Es darf freilich nicht übersehen werden, dass es sich bei diesen Bezeichnungen um Zuschreibungen handelt, die sich gezielter ›Differenzierungspolitik‹ zwischen den Landeskirchen durch den SED-Staat verdankten, und nicht um historiografisch neutrale Kategorien.[183] Ungeachtet dessen gibt es eine Tendenz, die Bezeichnung »Weg« historiografisch weiter auszudehnen und für die Beschreibung des Propriums auch anderer Landeskirchen zu verwenden. So ist inzwischen vom »Mecklenburger Weg« und vom »Sächsischen Weg« die Rede – als landeskirchlichen Optionen, die sich freilich speziell vom

---

182 Frank, Weg (Erstauflage 1998).

183 Die Bezeichnung »Thüringer Weg« ist mit dem Ziel der ›Differenzierung‹ offenbar vom SED-Staat an die Thüringer Landeskirche herangetragen worden (vgl. Koch-Hallas, Kirche, 345–347; u. Markschies, Bemerkungen, 210). Die Bezeichnung »Greifswalder Weg« findet sich erstmals im Sommer 1989 nahezu zeitgleich in kirchlichen und staatlichen Quellen (vgl. Frank, Weg, 14, Anm. 13).

»Greifswalder« bzw. »Thüringer Weg« als politischen Positionierungen in ihren jeweiligen Nachbarkirchen abgrenzten.[184]

Die Frage ist allerdings ohnehin, inwiefern man von *dem* Weg einer Landeskirche sprechen kann. In den genannten Fällen handelte es sich in erster Linie um politische Strategien von Kirchenleitungen bzw. einzelnen kirchenleitenden Personen. Die Annahme, dass diese Strategien gleichzusetzen seien mit dem, was ganze Landeskirchen – von den verschiedenen kirchenleitenden Organen über die Superintendenten, Pfarrer und Mitarbeiter bis zu den Gemeindekirchenräten sowie einzelnen Gemeindegliedern und unter kirchlichem Dach agierende Gruppen – vertraten, wäre ein Fehlschluss, der eben diese Perspektive des SED-Staates fortschreiben würde.[185] Der Kurs der Landeskirchen als ganzen kann nur als Ergebnis von Interaktionen zwischen der sich jeweils durchsetzenden kirchenleitenden Richtung und den an der Basis wie auch in den Leitungsgremien bereits vorhandenen Eigenprägungen verstanden werden, und zwar ebenso in politischer wie in theologischer, frömmigkeitsmäßiger oder soziologischer Hinsicht.

Dabei sind auch Dynamiken zu berücksichtigen, die das Mit- und teils Gegeneinander der Landeskirchen bzw. deren Leitungen betrafen und die der SED-Staat im Zuge seiner ›Differenzierungspolitik‹ nutzte und gezielt forcierte. Gleichwohl kann nicht von einer vollkommen geschlossenen Kirchenpolitik in und gegenüber den einzelnen Landeskirchen ausgegangen werden: Zwar kamen die Direktiven einheitlich aus Berlin, aber Art und Intensität von deren Umsetzung hingen doch von

---

184 Vgl. Engelbrecht, Weg; u. Frank, DDR-Kirchenpolitik.

185 Vgl. Kap. 2.1 und 3.2.

den Akteuren vor Ort ab. Indem seit der Einteilung der DDR in 14 Bezirke im Zuge der Verwaltungsreform von 1952 Bezirks- und Landeskirchengrenzen deutlich voneinander abwichen, bedeutete dies praktisch, dass unterschiedlich agierende Bezirksverwaltungen für ein und dieselbe Landeskirche zuständig waren. Das erschwerte teils durchaus die Koordination auch kirchenpolitischer Maßnahmen.[186]

Im Folgenden werden die acht Landeskirchen hinsichtlich ihrer jeweiligen besonderen Prägungen wie auch Kirchenleitungsstrategien in der DDR-Zeit kurz vorgestellt – zunächst die lutherischen, dann die unierten, jeweils von Nord nach Süd. Da der Forschungsstand zu den wie auch die Forschungsperspektiven auf die einzelnen Landeskirchen sehr unterschiedlich sind, lässt sich allerdings kein in jeder Hinsicht vergleichbares Bild erheben.

4.2 Die Evangelisch-Lutherische Landeskirche Mecklenburgs

Obwohl die Mecklenburgische Landeskirche erst 1933 aus der Mecklenburg-Strelitzer und der Mecklenburg-Schweriner Kirche entstanden war und ein deutliches wirtschaftliches West-Ost-Gefälle aufwies, trat sie in der DDR als ein vergleichsweise

---

186 Zudem hatte Berlin seit 1961 den Status eines Bezirkes. Karten mit der kirchlichen und der politischen Gliederung der DDR bei Mau, Protestantismus, vorderer Buchdeckel innen. Gegenüber den Kirchen besonders scharf agierten üblicherweise die Bezirksleitungen von Karl-Marx-Stadt (Chemnitz), Leipzig und Rostock, wovon die Landeskirchen Sachsen, Mecklenburg und Greifswald betroffen waren.

homogenes Gebilde in Erscheinung.[187] Dies war bedingt durch über Jahrhunderte gewachsene Pfarrerdynastien wie auch eine etablierte Leitungsstruktur aus Bischof, Oberkirchenrat, Landessynode mit Synodalausschuss, Landessuperintendenturen sowie Propsteien. Die traditionell betont hierarchische Struktur wurde bereits mit der Kirchenverfassung von 1952 durch die Einführung einer Rechenschaftspflicht des Oberkirchenrates gegenüber der Landessynode relativiert. Die Tendenz zur Aufwertung des synodalen Elements setzte sich fort und drückte sich auch aus in der Begrenzung der Amtszeit der Bischöfe auf zwölf Jahre mit der Einführung einer Kirchenleitung als eigenständigem Organ im Jahre 1972.[188] Federführend bei dieser Reform war der von 1971 bis 1984 amtierende Bischof Heinrich Rathke, der das »*Prinzip der ›brüderlichen Leitung‹*« mit einer bewussten »Förderung des Laienelements« anstrebte.[189]

Als Vorgänger von Rathke hatte von 1946 bis 1971 der vormalige Vorsitzende des Mecklenburgischen Bruderrates der BK Niklot Beste das Bischofsamt ausgeübt und von 1968/69 zudem den Vorsitz der KKL innegehabt. Trotz dieser personellen Anknüpfung an die bekenntniskirchliche Tradition erlangte die Barmer Theologische Erklärung in Mecklenburg nicht den Status einer formal anerkannten Bekenntnisschrift. Die Lehre aus der NS-Zeit hieß für Beste: »Einheit der Kirche und Unabhängigkeit gegenüber dem Staat.«[190] Diese Politik der

---

187 Vgl. zum Abschnitt über die Mecklenburgische Kirche v. a. Frank, DDR-Kirchenpolitik. Zur Neuorganisation nach 1945 und Entnazifizierung s. Seidel, Trümmern, 266–293 u. 414–417.

188 Vgl. hierzu auch Frank, Weg, 404.

189 Frank, DDR-Kirchenpolitik, 489.

Unabhängigkeit gegenüber dem SED-Staat blieb auch für Rathke und dessen Nachfolger Christoph Stier, der von 1984 bis 1997 Bischof und ab 1981 Mitglied der KKL war, maßgeblich. Hierzu gehörte eine klare Ablehnung des MfS und der Partei als Gesprächspartner[191] und somit auch die Tatsache, dass die Landeskirche im Zuge der ›Differenzierung‹ – in diesem Fall insbesondere zwischen der Mecklenburgischen und der Greifswalder Landeskirche – bei staatlichen Förderungen teils spürbar benachteiligt wurde.

Rathke formte seit den frühen 1970er Jahren maßgeblich die auf Dietrich Bonhoeffer zurückgeführte Leitlinie »Kirche für andere« als Signatur des Protestantismus in der DDR und somit auch in der Mecklenburgischen Landeskirche in Abgrenzung zur Formel »Kirche im Sozialismus« mit.[192] Sie prägte u. a. den anlässlich des Lutherjahres 1983 in Rostock durchgeführten Regionalkirchentag.[193] Rathke galt angesichts seiner kritischen Haltung zum SED-Staat, die die Unterstützung von Friedens-, Menschenrechts- und Umweltarbeit und Kritik an der Strafverfolgung pazifistischer Jugendlicher einschloss, als

---

190 Ebd., 34.

191 D. h., man beschränkte sich auf die offiziellen Kontakte zu den zuständigen staatlichen Behörden v. a. auf Kreis- und Bezirksebene (vgl. zu den verschiedenen kirchenpolitischen Akteuren Kap. 2.2).

192 Vgl. Albrecht-Birkner, Weichenstellungen, 78 u. 87; dies., Zwei-Reiche-Lehre, 276 f; u. Kirche für andere (auch zum Folgenden). S. hierzu auch Kap. 3.1, 5.1, 5.2 u. 7.1.

193 Kirchentage konnten in der DDR nur regional abgehalten werden. Im Lutherjahr 1983 fanden unter dem Thema »Vertrauen wagen« Regionalkirchentage außer in Rostock in Magdeburg, Frankfurt/Oder, Wittenberg, Eisleben, Erfurt und Dresden statt.

»feindlich-negativ«. Umso heikler war in den Augen der SED, dass Bundeskanzler Helmut Schmidt 1981 gerade Güstrow besuchen und Rathke treffen wollte. Die Bedenken bezogen sich allerdings auch auf die Tatsache, dass in Güstrow der aus dem kirchlichen Dienst ausgeschiedene Pfarrer Heiko Lietz lebte, der seit den 1970er Jahren in der unabhängigen Friedensarbeit engagiert war und gegen den das MfS mit intensiven Zersetzungsmaßnahmen vorging. Zu den massiven Sicherheitsvorkehrungen bei dem Besuch Schmidts gehörte deshalb auch, dass Lietz unter Hausarrest gestellt wurde. Stier setzte das kritische gesellschaftspolitische Engagement fort, wobei er die diesbezügliche Strategie später so beschrieb: »Wir wollten nicht Opposition sein, sondern Position beziehen. Wir wollten keine Abhängigkeiten eingehen, um uns Privilegien zu sichern, sondern wir wollten Unabhängigkeit und damit die Trennung von Staat und Kirche.«[194] Hier klingt der systemkritische Rekurs auf die lutherische Zwei-Reiche-Lehre im Sinne der Ausübung eines kirchlichen Wächteramtes an, der die politische Ethik der Mecklenburger Bischöfe im Grunde durchgehend kennzeichnete.

Der mangelnde ›Differenzierungserfolg‹ bei den Bischöfen brachte es mit sich, dass in Mecklenburg insbesondere die mittlere kirchliche Leitungsebene und zunehmend auch Pfarrer und Gemeinden im Fokus des MfS standen. Hier kam es teils zu erfolgreichen Anwerbungen, so im Fall des Wismarer Kaufmanns Siegfried Wahrmann, der nicht nur Präses der Mecklenburger Landessynode (1970–1987), sondern auch langjähriger Präses der Synode des BEK (1977–1985, seit 1973

---

[194] Zitiert nach Frank, DDR-Kirchenpolitik, 108.

bereits Stellvertreter) war.[195] In den 1980er Jahren nutzte das MfS u. a. traditionelle Konkurrenzen zwischen dem konservativeren Schwerin, wo auch die Kirchenleitung ihren Sitz hatte, und der stärker industriell geprägten Universitätsstadt Rostock aus. Die Einflussmöglichkeiten blieben insgesamt aber relativ gering, was durch klare Kompetenzverteilungen in der Kirchenleitung, u. a. zwischen dem Landesbischof und Oberkirchenratspräsidenten, einen starken Zusammenhalt unter den Pfarrern, z. B. durch Bruderschaften, und eine weitgehend geschlossene Ablehnung des SED-Staates als politischem Konsens bedingt war. Hinzu kam der ausgeprägt basisbezogene Kirchenleitungsstil, zu dem das Anliegen des Schutzes auch von Gemeinde- und Gruppenmitgliedern vor Übergriffen des SED-Staates gehörte.[196] Die Tatsache, dass die insgesamt strukturschwache Region durch die Grenzlage in besonderer Intensität von atheistischer Propaganda betroffen war, so dass die Säkularisierung hier wesentlich massiver griff als in den noch volkskirchlich geprägten südlichen Gebieten der DDR, hat diese politische Geschlossenheit eher noch verstärkt und die Landeskirche auch zu einem Vorreiter in der Erprobung neuer Formen von Gemeindearbeit werden lassen. So existierte hier schon seit dem Ende der 1940er Jahre die sogenannte Dorfmissionsbewegung, seit den 1960er Jahren kam die Umsetzung des Modells »missionarische Gemeinde«[197] im Lernfeld Neubaugebiete hinzu.

---

195 Vgl. zu Wahrmann EBD., v. a. 240–254.

196 Vgl. hierzu markant u. a. EBD., 299f u. 305–308.

197 Vgl. hierzu Kap. 5.3.

4.3 Die Evangelisch-Lutherische Landeskirche Sachsens

Die Sächsische Landeskirche bildete im Blick auf die Mitgliederzahlen die mit Abstand größte Landeskirche in der DDR mit der historischen Residenzstadt Dresden als Sitz der Kirchenleitung. Der Übergang vom Nationalsozialismus zur Zeit der SBZ/DDR war hier gezeichnet von weitergehenden innerkirchlichen Auseinandersetzungen bei einer insgesamt starken Prägung durch die sogenannte »Mitte«.[198] Erst 1947 konnte Hugo Hahn, als vormals führende Gestalt der BK aus Sachsen ausgewiesen und in Württemberg lebend, das Bischofsamt antreten, das er bis 1953 innehatte. Von 1945 bis 1947 hatte es der Dresdner Superintendent und spätere Leipziger Kirchenhistoriker Franz Lau verwaltet. Hahns Nachfolger wurde der von 1953 bis 1971 amtierende Gottfried Noth, der vormals Mitglied des Landesbruderrats der BK gewesen war. Seine Amtszeit war in den 1950er Jahren in besonderer Weise von den Auseinandersetzungen um die Jugendweihe geprägt, in denen Noth für den

---

[198] Vgl. Hein, Landeskirche; u. Rabe, Fronten, 242–273; zur Neuorganisation nach 1945 und Entnazifizierung s. Seidel, Trümmern, 293–349, 417–424 u. 481–592. Die Konkurrenz zwischen BK und ›Mitte‹ setzte sich in Sachsen in Gestalt der Konkurrenz von BK und Sächsischer Pfarrbruderschaft bis in die 1970er Jahre fort (s. Rabe, Fronten, 264–273; sowie Engelbrecht, Kirchenleitung, 177–184). Zur intensiven Diskussion um die Aufnahme eines Bezuges auf die Barmer Theologische Erklärung in die Verfassung der Sächsischen Kirche vgl. Winter, Geltungsformel, 146f. Für Sachsen liegt auch eine Studie zur kirchlichen Vertriebenenarbeit vor (Wustmann, Vertrieben), die zugleich die einzige monografische Studie zu diesem Thema für die östlichen Landeskirchen darstellt.

Kurs eines eindeutigen Entweder-Oder im Blick auf die Konfirmation eintrat. Gerade anhand der Jugendweihefrage vollzog sich die von Noth klar gesehene ›Differenzierung‹ zwischen der Sächsischen und der Thüringer Landeskirche.[199]

Noth wurde vom SED-Staat als ›reaktionär‹ und kaum beeinflussbar eingestuft, obwohl es gelungen war, mit dem Juristen und stellvertretenden Präsidenten des Landeskirchenamtes Konrad Müller in seinem unmittelbaren Umfeld einen Inoffiziellen Mitarbeiter des MfS zu platzieren.[200] Systemnahe Pfarrerorganisationen wie die 1961 durch den Pfarrer und Inoffiziellen Mitarbeiter des MfS Walter Feurich gegründete Kirchliche Bruderschaft Sachsen kritisierten Noth u. a. wegen seines Einsatzes gegen die Benachteiligung christlicher Schüler an den Schulen. Der Einfluss systemkonformer Positionen blieb in der Landeskirche insgesamt aber sehr begrenzt, so dass nicht zuletzt die Reaktionen von Pfarrern auf die vom Einmarsch in die Tschechoslowakei 1968 am stärksten betroffene Sächsische Kirche vergleichsweise sehr kritisch ausfielen.[201]

Einen Brennpunkt der Auseinandersetzungen zwischen Staat und Kirche bildete v. a. in den 1950er und 1960er Jahren

---

199 Vgl. hierzu ANHALT, Macht, 21–23, 187–189 u. 196f. Zur Jugendweiheproblematik generell Kap. 2.3.

200 Vgl. VOLLNHALS, Abteilung, 85. Müller wurde 1959 Präsident des Oberkirchenrates in Schwerin (vgl. FRANK, DDR-Kirchenpolitik, 130–136). Zur Einschätzung Noths ANHALT, Macht, 189.

201 Vgl. hierzu RUTHENDORF-PRZEWOSKI, Frühling, v. a. 360f, 367–378 u. 381–406. Noth hatte angesichts des Einmarsches in Prag zur Fürbitte aufgerufen. Besonderes Aufsehen erregte ein Protestbrief der Pfarrer und kirchlichen Mitarbeiter der Ephorie Pirna, zu deren Initiatoren v. a. junge Pfarrer wie z. B. Christof Ziemer gehörten.

die Industrie-, Universitäts- und Messestadt Leipzig, was mit der besonders repressiven Politik des Sekretärs der SED-Bezirksleitung Paul Fröhlich zusammenhing.[202] Leipzig fungierte z. B. hinsichtlich des raschen Erfolgs der Jugendweihepropaganda als sozialistische Vorzeigestadt. Hier wurde 1958 auch der systemnahe Pfarrerbund gegründet. Ausdruck des außergewöhnlich scharfen Vorgehens gegen die Junge Gemeinde und die Studentengemeinden war die Verurteilung des Leipziger Studentenpfarrers Georg-Siegfried Schmutzler 1957 zu fünf Jahren Haft, in deren Kontext auch zahlreiche Studierende nicht nur in Leipzig erhebliche Repressionen erlitten. Im Gegensatz zum persönlichen Einsatz Hahns im Fall des ebenfalls stark attackierten Amtsvorgängers im Stadtjugendpfarramt Heinrich Wallmann hielt sich die Kirchenleitung im Fall Schmutzler zurück. Die Sprengung der mittelalterlichen Universitätskirche in Leipzig am 30. Mai 1968 gegen zahlreiche Protestaktionen, u. a. von der Evangelischen und der Katholischen Studentengemeinde und von der Theologischen Fakultät, stellte eine Machtdemonstration des SED-Staates gegenüber der Kirche von überregionaler Bedeutung dar, der sich die sächsische Kirchenleitung wie auch die KKL letztlich ausgeliefert sahen.[203]

Für die Amtszeit Johannes Hempels als Bischof (1971–1994) liegt mit der »Studie zur politischen Kommunikation« des Theologen Sebastian Engelbrecht eine Arbeit vor, die das »Funktionieren des gesellschaftlichen Teilsystems ›Kirche‹ in

---

202 Vgl. zur kirchlichen Situation in den 1950er Jahren in Leipzig Wilhelm, Diktaturen, 203–460.

203 Vgl. Ruthendorf-Przewoski, Frühling, 361–367; u. Winter, Gewalt.

der DDR« am Beispiel Sachsens im Zeitraum von 1971 bis 1989 insgesamt in den Blick nimmt.[204] Bei Hempel veranschlagt er die Formel vom ›begrenzten politischen Mandat der Kirche‹ als maßgeblich für dessen politischen Kurs. Das darin zum Ausdruck kommende wächteramtliche Verständnis der Zwei-Reiche-Lehre führt Engelbrecht auf eine spezifisch sächsische theologiegeschichtliche Linie seit Franz Lau und dem Bischofswerdaer Arbeitskreis sächsischer Pfarrer zurück.[205] Dabei habe sich »die selbstgesetzte ›Grenze‹« bei Hempel im Blick v. a. auf die Friedensgebete bis zum Herbst 1989 »immer mehr zugunsten des politischen Redens und Handelns der Kirche« verschoben.[206] Hier ist auch die aktive Rolle Sachsens in den

---

204 Engelbrecht, Kirchenleitung, Zitat 12. Engelbrecht bietet einen ausführlichen Literaturbericht zur Sächsischen Landeskirche im Untersuchungszeitraum (S. 19–53). Hempel war zuvor Studentenpfarrer und Studiendirektor am Leipziger Predigerkolleg St. Pauli gewesen. Zu seiner Amtszeit als Vorsitzender des BEK 1982–1986 s. Kap. 5.2.

205 Vgl. zu Hempels Formel s. ebd., 95–121. Vgl. zur Auslegung der Zwei-Reiche-Lehre in Sachsen auch Albrecht-Birkner, Zwei-Reiche-Lehre, 261, 272 u. 279. Den von 1958 bis 1963 aktiven Bischofswerdaer Arbeitskreis, in dem u. a. Johannes Hempel, Werner Krusche und Dietrich Mendt mitarbeiteten, hatte Heinrich Wallmann mitinitiiert. 1960 hatte der Kreis die Handreichung »Der Christ in unserem Staat« vorgelegt (Engelbrecht, Kirchenleitung, 89–91). Zum Wächteramt s. Kap. 5.2 mit Anm. 338.

206 Ebd., 118–121, Zitat 121. Das Bild des SED-Staates von Hempel blieb deshalb ambivalent. In den 1970er Jahren neben Rathke und Krusche als »sozialismusfeindlich« eingeschätzt (Ruthendorf-Przewoski, Frühling, 483), fiel er in den 1980er Jahren zeitweise unter die Kategorie »realistisch«, ließ sich z. B. im Fall Rainer Eppelmann aber nicht gegen Gottfried Forck instrumen-

Ökumenischen Versammlungen der Jahre 1988/89 einzuordnen.[207] In den frühen 1980er Jahren waren die Reaktionen auf die in Dresden entstandenen friedensethischen Initiativen – die Aufnäheraktion »Schwerter zu Pflugscharen« und die Forderung nach einem Sozialen Friedensdienst oder das Friedensforum in der Dresdner Kreuzkirche 1982 – vonseiten der sächsischen Kirche noch restriktiv ausgefallen.

Strukturell war bei diesen Entwicklungen die seit den 1970er Jahren noch einmal aufgewertete Rolle der Synode als demokratischem innerkirchlichen Forum im Gegenüber zum Landeskirchenamt relevant. Im Ergebnis von Reformimpulsen der 1960er und 1970er Jahre, zu deren maßgeblichen Akteuren der Pfarrer und Oberkirchenrat Dietrich Mendt und der Oberlausitzer Ofensetzermeister und Synodalpräsident Johannes Cieslak gehörten und die auf die »mündige Gemeinde als Subjekt kirchlichen Handelns« zielten, wurde das synodale Verfassungsprinzip in Sachsen innerhalb der östlichen Landeskirchen offenbar am konsequentesten umgesetzt.[208] Kirchenkritische Laienmitarbeit war in Sachsen in Anknüpfung an die Strukturen der BK schon unmittelbar nach dem Ende der NS-Zeit eingefordert worden und hatte sich seit den 1950er Jahren unter Beteiligung der Herrnhuter Brüdergemeine im Lückendorfer Arbeitskreis in der Oberlausitz und seit den spä-

---

talisieren (vgl. Sachse, Forck, 114–116). Zu den Leipziger Friedensgebeten vgl. Dietrich/Schwabe, Freunde.

[207] Vgl., auch zu den im Folgenden genannten friedensethischen Initiativen, Kap. 3.1.

[208] Engelbrecht, Kirchenleitung, 134–140, 161–175, 342f, Zitat 342; u. Mendt, Denken, 212. Zum partizipatorischen Ansatz im ostdeutschen Protestantismus s. Kap. 5.3.

ten 1960er Jahren in der über Sachsen hinaus erfolgreichen Kirchentagskongressarbeit institutionalisiert.[209] Neue Formen von Gemeindearbeit wie die Hauskreisarbeit oder die in Karl-Marx-Stadt maßgeblich von dem Pfarrer und späteren Landesevangelisten Theo Lehmann veranstalteten »Gottesdienst[e] einmal anders« bildeten in Sachsen eine Brücke zu den v. a. im Erzgebirge lebendigen pietistischen Traditionen.[210]

4.4 Die Evangelisch-Lutherische Kirche in Thüringen

Die 1918 entstandene Thüringische Landeskirche[211] war in der NS-Zeit eine, wenn nicht die maßgebliche Hochburg deutschchristlicher, antisemitischer Theologie in der Deutschen Evangelischen Kirche. Der von 1945 bis 1970 amtierende Bischof Moritz Mitzenheim hatte der Lutherischen Bekenntnisgemeinschaft angehört und war seit 1943 deren Vorsitzender gewesen. Die Entnazifizierung ist in Thüringen sehr milde ausgefallen, was sich durch die weiterbestehende Schwäche der bekenntniskirchlichen Fraktion gegenüber der deutschchristlichen wie

---

209 Vgl. Beier, Gemeinde; Engelbrecht, Kirchenleitung, 164 f; u. Seidel, Neubeginn, 100. Zur Herrnhuter Brüdergemeine s. Kap. 6.2.

210 Vgl. Werner, Kirchen. Hierzu gehörten ein Netz aus knapp 700 Gemeinschaften und Bibelkreisen des 1899 gegründeten Sächsischen (landeskirchlichen) Gemeinschaftsverbandes (vgl. Engelbrecht, Kirchenleitung, 176), breitenwirksame Initiativen der charismatischen Gemeindeerneuerung (s. Kap. 5.4) sowie eine traditionell hohe Konzentration an freikirchlichen Gemeinden und Gemeinschaften (s. Kap. 6).

211 Bis 1948 »Thüringer evangelische Kirche«.

auch durch deren eigene politisch nicht unbelastete Vergangenheit erklärt. Dies implizierte eine mangelhafte kritische Auseinandersetzung mit der starken deutschchristlichen Tradition und letztlich die Wiedereinstellung aller deutschchristlichen Pfarrer. Über diesen Prozess im Zusammenhang mit der verfassungsmäßigen Neuordnung der Landeskirche und die sich hieraus ergebenden Weichenstellungen im Blick auf den als »Thüringer Weg« bezeichneten Kurs der Landeskirche liegen umfangreiche monografische Untersuchungen vor.[212] Unter Verweis auf die »›Einbruch‹-These, der zufolge die Deutschen Christen den Nationalsozialismus vermittels einer liberalen Verfassung in die Kirche ›eingeschleppt‹ hatten«, wurde in Thüringen 1951 eine Verfassung installiert, die dem Bischof eine in den östlichen Kirchen einzigartige Machtposition verlieh und die Rechte der Synode erheblich einschränkte.[213]

Einen eigenen Aspekt deutschchristlicher Kontinuitäten in Thüringen bildete das Weiterwirken antisemitischer Denkmuster, die im 1939 in Eisenach gegründeten »Institut zur Erforschung und Beseitigung des jüdischen Einflusses auf das deutsche kirchliche Leben« für die Deutsche Evangelische Kirche profiliert worden waren. Die für Thüringen entscheidende

---

212 S. Koch-Hallas, Kirche; u. Seidel, Übergang; vgl. auch Seidel, Neubeginn, 109 f. Zur Neuorganisation nach 1945 und Entnazifizierung s. Seidel, Trümmern, 350–375 u. 424–435. Zum sogenannten »Thüringer Weg« s. o. in diesem Kapitel.

213 Seidel, Übergang, 323 f, Zitat 323. Vgl. zu dieser bischofszentrierten Verfassung auch Koch, Jahre, 12 f. Die Barmer Theologische Erklärung wurde in der Verfassung nicht erwähnt (vgl. Winter, Geltungsformel, 143).

Personalie bildete dabei dessen Wissenschaftlicher Leiter, der Neutestamentler Walter Grundmann.[214] Durch seine nationalsozialistische Vergangenheit durch den SED-Staat leicht kompromittierbar, wurde Grundmann zum maßgeblichen Einfallstor der Durchsetzung der Thüringer Kirche mit MfS-Kooperateuren, die vielfach ebenfalls eine deutschchristliche Vergangenheit mitbrachten und sich mit dem Weimarer Arbeitskreis 1958 eine einflussreiche Plattform schufen.[215] Außer Grundmann gehörten hierzu v. a. der Jurist und Oberkirchenrat Gerhard Lotz und der Weimarer Superintendent Ingo Braecklein.[216] Der Theologe Thomas A. Seidel hat angesichts dieses Befundes die These aufgestellt, dass eine »besonders akzentuierte Kompromittiertheit der Kirche im Dritten Reich« mitverantwortlich gewesen sei »für ihre besondere Kompromissbereitschaft unter der SED-Diktatur«.[217] Der Erlanger Neutestamentler Lukas Bormann hat den Zusammenhang im Blick auf Grundmann als »Konstante im Denken und Handeln« hinsichtlich einer »dem Staat dienenden und dadurch möglichst machtvollen Kirche« interpretiert.[218]

Bischof Mitzenheim konnte erst allmählich für die ›Schauseite‹ der als »Thüringer Weg« deklarierten Differenzierungs-

---

214 Vgl., auch zum Folgenden, Bormann, Grundmann; Schuster, Lehre, 253–277; u. Seidel, Entnazifizierungs-Akte. Grundmann erhielt in der DDR keine Universitätsprofessur mehr, war ab den frühen 1950er Jahren aber an verschiedenen kirchlichen Ausbildungsstätten tätig.

215 Vgl. hierzu auch Dietrich, Arbeitskreis.

216 Zu Lotz als Schlüsselgestalt der geheimdienstlichen Einflussnahme auf die Thüringer Kirche s. Vollnhals, Oberkirchenrat.

217 Niethammer, Vorwort, 10.

218 Bormann, Grundmann, 632.

politik zwischen den Landeskirchen gewonnen werden.[219] In den frühen 1950er Jahren ermutigte er eher zur Widerständigkeit und setzte sich 1952/53 für unter Repressionen leidende Kinder und Jugendliche ein. Noch 1957 unterbreitete Mielke Vorschläge zum Sturz Mitzenheims, der von Braecklein abgelöst werden sollte.[220] Was Mitzenheim bei seinem Einschwenken auf einen systemnahen Kurs theologisch entgegenkam, war ein auch im lutherischen Flügel der BK bestimmend gewesenes, neulutherisches Verständnis von Zwei-Reiche-Lehre, das auf eine Trennung von Staat und Kirche im Sinne eines Interessenausgleichs hinauslief.[221] Der vom SED-Staat in den 1960er Jahren unter dem Stichwort »Politische Diakonie« publizistisch stark protegierte politische Alleingang Mitzenheims führte zu dessen weitgehender Isolierung in der KKL. Nur kurzzeitig, nach dem exklusiven Gespräch Mitzenheims mit Ulbricht auf der Wartburg in Eisenach im August 1964, stellte sich, jedenfalls aus der Sicht des MfS, das staatlicherseits erhoffte Nachahmungsbestreben bei den anderen Bischöfen ein.[222]

---

219 Thomas A. Seidel vermutet, dass dabei das Schicksal von Mitzenheims Bruder, des Thüringer Pfarrers Edgar Mitzenheim, eine Rolle spielte, der wegen Beteiligung am Aufstand vom 17.6.1953 verhaftet und zu sechs Jahren Zuchthaus verurteilt worden war (Seidel, Übergang, 324). Zur doppelgleisigen Kirchenpolitik des SED-Staates s. Kap. 2.1.

220 Vgl. Vollnhals, Abteilung, 87. S. zu Mitzenheims kritischer Position Anm. 109.

221 Vgl. hierzu und zum Folgenden Albrecht-Birkner, Zwei-Reiche-Lehre, 263 f, 266 u. 274 f.

222 Vgl. Ministerium für Staatssicherheit, Einzelinformation Nr. 723/64.

In die ausgehenden 1960er Jahre fielen die letzten großen Alleingänge der Mitzenheim-Ära: die Blockade einer gemeinsamen Stellungnahme der KKL zur neuen Verfassung der DDR wie auch zu den Ereignissen in Prag und das – allerdings nicht wirksame – Votum gegen den Passus zur ›besonderen Gemeinschaft‹ mit der EKD in der Verfassung des BEK. Weder inner- noch außerhalb der Landeskirche wurde der politische Alleingang der Thüringer Kirchenleitung aber gleichgesetzt mit dem Kurs der Landeskirche als ganzer. Gerade am Ende der 1960er Jahre regte sich aufseiten der Synode, der Superintendenten- und der Pfarrerschaft wie auch in den Gemeinden offenbar zunehmend Kritik an Mitzenheims politischem Kurs und Leitungsstil. Andererseits wandte man sich – auch aus anderen Landeskirchen – weiterhin mit der Bitte um Hilfe in konkreten Alltagsproblemen an ihn.[223]

Ingo Braecklein behielt während seiner Amtszeit als Bischof (1970–1978) den Kurs des »Thüringer Weges« bei, der zu diesem Zeitpunkt aber nicht mehr die Relevanz der 1960er Jahre hatte.[224] Von 1978 bis 1992 übte der vormalige Lobensteiner

---

[223] Vgl. Ruthendorf-Przewoski, Frühling, v. a. 71f, 409–411, 415–420, 423–426. S. auch Markschies, Bemerkungen, 211. Hans Krech, persönlicher Referent Werner Leichs in den 1980er Jahren, betont, dass das zerstörte Verhältnis zwischen Kirchenleitung und Basis in Thüringen eine Kontinuität zwischen NS- und DDR-Zeit dargestellt habe (Referat »Das Luthertum während der deutschen Teilung«, gehalten am 24. 2. 2016 vor der Historischen Kommission des Deutschen Nationalkomitees des LWB in Hannover).

[224] Vgl., auch zum Folgenden, Albrecht-Birkner, Weichenstellungen, 76f.

Superintendent Werner Leich das Amt des Bischofs aus. Er war wegen politisch negativer Einstellung nicht der Wunschkandidat von staatlicher Seite gewesen, galt aber bald als »realistisch bis staatsloyal«.[225] Als Vorsitzender des kirchlichen Lutherkomitees zum Lutherjubiläum von 1983 bemühte er sich um das Einbringen theologischer Inhalte, ohne auf euphemistische Äußerungen zum Staat-Kirche-Verhältnis zu verzichten.[226] Ob er tatsächlich als maßgeblicher Beschützer des Braunsdorfer Pfarrers und Nestors der kirchlichen Offenen Arbeit in der DDR Walter Schilling vor dem Zugriff des MfS anzusehen ist, ist hinterfragt worden.[227] Die Thüringer Kirche wies bis zum Ende der DDR erhebliche MfS-Belastungen auf.[228] Für die 1960er bis 1980er Jahre fehlen bislang umfassendere kirchenhistorische Untersuchungen zu dieser Landeskirche.[229]

---

225 Sachse, Forck, 116, auch zum Folgenden. Vgl. zum politischen Kurs der Landeskirche in den 1970er und 1980er Jahren Remy, Sekt.

226 Vgl. Albrecht-Birkner, Auseinandersetzungen, Abschnitt 4. 1983 erhielt Leich die Ehrendoktorwürde der Universität Jena. Zu seiner Amtszeit als Vorsitzender des BEK 1986–1990 s. Kap. 5.2.

227 Vgl. Lenski, Schweigekreis, 160f. Im Fall des Todes von Matthias Domaschk verzichtete Leich darauf, Aufklärungsbemühungen zu unterstützen (ebd., 152). Zu Schilling und zur Offenen Arbeit vgl. Kap. 5.4.

228 Vgl. Schilling, Bearbeitung.

229 Aus autobiografischer Perspektive s. Leich, Horizonte.

4.5 Die Evangelische Landeskirche Greifswald

Die Greifswalder Landeskirche[230] stellte mit einem Drittel der vormaligen Preußischen Kirchenprovinz Pommern ein in der Selbstwahrnehmung geografisch reduziertes Gebiet dar. Auch durch heftige Auseinandersetzungen in der NS-Zeit, v. a. zwischen einer relativ starken sogenannten »Mitte« und Anhängern der bruderrätlichen BK, und die Aufnahme zahlreicher Flüchtlinge war sie stark von den Folgen der NS-Zeit gezeichnet. Der »Willen zu einer eigenen Identität«, die eine eher inhomogene Kirche einen sollte, prägte die kleine und finanziell schwächste Landeskirche vor diesem Hintergrund von Anfang an erheblich.[231] Mit dem 1947 zum Generalsuperintendenten mit dem Titel »Bischof« berufenen und bis 1954 amtierenden Greifswalder Superintendenten Karl von Scheven setzte sich ein Vertreter der sogenannten »Mitte« durch.[232] Er hatte seinen Amtssitz in dem als Ersatz für das Stettiner nun in Greifswald errichteten Konsistorium. 1950 gab sich die Pommersche Kir-

---

230 Bis 1950 »Evangelische Kirche in Pommern«; 1950–1968 und ab 1991 »Pommersche Evangelische Kirche«. Zu den Hintergründen der Namensänderung 1968 s. Kap. 4.1.

231 Frank, Weg, 34–45, das Zitat von Eduard Berger (Bischof 1990–2001) S. 34; u. Metz, Weg, 108–110. Da es in Pommern aufgrund der üblichen Einnahmen aus Landbesitz keine Tradition der Kirchensteuerzahlung gab, führte der Wegfall der staatlichen Hilfe bei der Einziehung derselben zu besonders empfindlichen finanziellen Einbrüchen.

232 Vgl. zur Amtszeit von Schevens als Bischof Winter, Pfarrerleben, 166–225, hier 166–168. Zur Neuorganisation nach 1945 und (kaum erfolgten) Entnazifizierung s. Seidel, Trümmern, 163–192 u. 414.

che eine Verfassung, die ebenso die Bindung an die lutherischen Bekenntnisse wie die Zugehörigkeit zu den unierten Kirchen betonte. Auf die Barmer Theologische Erklärung bezog man sich lediglich, ihr wurde nicht der Rang einer Bekenntnisschrift zugesprochen.[233] Entsprechend ihrer doppelten konfessionellen Verortung wurde die Pommersche Kirche Mitglied der EKU und des LWB.

Der von 1955 bis 1972 als Bischof der Pommerschen Kirche amtierende Friedrich-Wilhelm Krummacher entstammte einer niederrheinischen reformierten Pfarrerdynastie, die in hohem Maße erweckt-konservative Mentalitäten geprägt hatte. Als Wehrmachtspfarrer in sowjetische Kriegsgefangenschaft geraten, wurde er zum NS-Gegner und gelangte als hochkarätiger Hoffnungsträger der Moskauer Kirchenpolitik in der SBZ nach Berlin. Seine rasche kirchliche Karriere in der EKiBB konnte hier nicht zum Bischofsamt führen, da Krummacher nicht Mitglied der BK gewesen war.[234] Die ihm gegenüber seitens des SED-Staates seit den frühen 1950er Jahren zunehmend entwickelte Skepsis schlug sich in einer unmittelbar mit seinem Amtsantritt als Bischof in Greifswald einsetzenden langfristigen und intensiven ›Bearbeitung‹ seiner Person durch das MfS nieder.

Dabei verstärkten sich im Laufe der Jahre die Versuche, Krummacher durch seine Rolle in der NS-Zeit zu kompromit-

---

233 Vgl. Winter, Geltungsformel, 145, 147 u. 161 (Anm. 46). Friedrich Winter betont den »vorwiegend lutherischen Charakter« der pommerschen Kirche (Winter, Krummacher, 237). In Pommern hielten sich in der DDR-Zeit auch noch etliche landeskirchliche Gemeinschaften.

234 Vgl. Winter, Generalsuperintendenten, 228.

tieren, was sich aus der Perspektive des SED-Staates aufgrund seiner Mitgliedschaft im Rat der EKD von 1961 bis 1969 zusätzlich nahelegte. Auf diese Weise sollte er im Zuge der Differenzierungspolitik des »Thüringer Weges« insbesondere als Vorsitzender der Kirchlichen Ostkonferenz bzw. der KKL (1960–1968) durch Mitzenheim abgelöst werden, was aber nicht gelang.[235] Ein in diesem Zusammenhang markantes internationales Signal war, dass Krummacher 1963 auf der Vollversammlung des LWB in Helsinki die Ehrendoktorwürde verliehen und er in diesem Kontext als »Wächter der lutherischen Kirche« gefeiert wurde.[236] In der DDR wurden er und der Görlitzer Bischof Fränkel 1967 nicht zu den staatlichen Lutherfeiern eingeladen. In den späten 1960er Jahren wurde Krummacher zurückhaltender in der Äußerung kritischer Positionen, was das MfS als Erfolg seines Vorgehens gegen ihn wertete.

Hier vollzogen sich bereits Weichenstellungen für die Amtsausübung Horst Gienkes als Bischof (1972–1989).[237] Gienke wurde mit Amtsantritt als Inoffizieller Mitarbeiter des MfS registriert und 1974 vom Rat des Bezirkes Neubrandenburg eingeschätzt als der »beste[] Mann zur Zeit in der DDR als Bi-

---

235 Vgl. Kap. 3.1 sowie Bräuer, Bischof; u. Mäkinen, Mann. Mit Hans-Joachim Weber wurde auch im Greifswalder Konsistorium ein Jurist als wichtiger MfS-Zuträger platziert. 1953 war Krummacher noch die theologische Ehrendoktorwürde der Berliner Humboldtuniversität verliehen worden.

236 Vgl. Mäkinen, Mann, 133–136; das Zitat im Artikel zum Interview des SPIEGEL mit Krummacher in Helsinki (Ausgabe 35 vom 28. 8. 1963).

237 Vgl. Frank, Weg, 42 f (zum Folgenden ebd., Kap. 5, 7 u. 8); u. Nixdorf, Kirche, 150–153 (zum Folgenden ebd., 153–169).

schof«, weil sich »[m]it der positiven Entwicklung in der evangelischen Kirche [...] der innere Gegensatz in der Kirche überhaupt« verschärfe und die »Haltung Gienkes [...] Reaktionäre auf den Plan« rufe.[238] Die Strategie der ›Differenzierung‹ zwischen den Landeskirchen setzte sich hier mit Fokus auf der Greifswalder Kirche fort. Den Inoffiziellen Mitarbeitern in der Kirchenleitung – außer dem Bischof waren das Siegfried Plath als theologischer und später auch Hans-Martin Harder als juristischer Leiter des Konsistoriums – wurde durch das MfS erfolgreich und nachhaltig der Eindruck vermittelt, sie handelten nicht im Interesse des Staates, sondern in ihren eigenen sowie genuin kirchlichen Interessen.[239]

Während Gienkes Amtszeit verschoben sich die Leitungsstrukturen der Greifswalder Kirche immer stärker in Richtung einer Dominierung der Kirchenleitung durch das Konsistorium, was zu wachsenden Spannungen auch zwischen Bischof und Synode führte. Vor allem die Laien in der Kirchenleitung und die Greifswalder Stadtpfarrer wehrten sich gegen diese Dominierung. Es war die demokratische Struktur der Synode, die für Gienke einen Fremdkörper darstellte und deren Einfluss er deshalb zunehmend ›kleinzuhalten‹ versuchte[240] – in Interessen-

---

238 Zitiert nach FRANK, DDR-Kirchenpolitik, 480.

239 Vgl. FRANK, Weg, Kap. 9. Auch Christoph Ehricht, seit 1984 Oberkirchenrat mit Zuständigkeit für die Jugend- und Studentenarbeit, Friedens- und Umweltarbeit sowie ökumenische Kontakte, war seit 1987 Inoffizieller Mitarbeiter des MfS. Lediglich auf den 4. Oberkirchenrat, Wolfgang Nixdorf, traf dies nicht zu.

240 Vgl. markant GIENKE, Dome, 225 u. 300f. Analog war am Ende der 1980er Jahre seine Sicht auf die Ökumenischen Versammlungen (vgl. hierzu FALCKE, Einmischungen, 189f).

konvergenz mit dem SED-Staat bzw. dem MfS. Im Gegenzug hat sich der Synodalpräses Dietrich Affeld vergeblich um eine auch in der Kirchenordnung verankerte Intensivierung des Einflusses der Laien in der Greifswalder Kirche und insofern um eine verstärkte innerkirchliche Demokratisierung bemüht.[241] Gienke hat sich mehrfach von Beschlüssen der Landes- wie auch der Bundessynode distanziert und diese am Ende der 1980er Jahre gar nicht mehr besucht. Auf BEK-Ebene war dies zugleich Ausdruck wachsender Spannungen zwischen den anderen Landeskirchen und der Greifswalder Kirche, die spätestens ab 1987 den politischen Alleingang praktizierte. Dessen Höhepunkt und sinnfälligsten Ausdruck bildete die Einweihung des renovierten Greifswalder Doms am 11. Juni 1989 unter Teilnahme Honeckers am Festgottesdienst und kurzfristiger Ausladung des Bischofs der EKiBB Gottfried Forck vom Empfang beim Greifswalder Oberbürgermeister durch das Staatssekretariat für Kirchenfragen wie auch die ideologische Instrumentalisierung des Ereignisses in der SED-Presse.[242]

Der erfolgreiche ›Differenzierungsprozess‹ fand in der Greifswalder Landeskirche auch darin seinen Niederschlag, dass das »Verhältnis zwischen Basis und Kirchenleitung« »ein grundsätzliches Problem« darstellte, das sich mit der Entstehung der Basisgruppen in den 1980er Jahren noch »verschärfte« und aus dem im November 1989 der Misstrauensantrag der Landessynode gegen Gienke resultierte.[243]

---

241 Affeld war bereits 1970 vom MfS angeworben worden, hatte aber wohl kaum interessante Informationen geliefert und kündigte die Kooperation 1985 auf.

242 Vgl. hierzu Frank, Weg, Kap. 7; u. Garbe/Nixdorf, Dom.

243 Vgl. Frank, Weg, Kap. 6, Zitat 284.

4.6 Die Evangelische Kirche in Berlin-Brandenburg

Die EKiBB als von der Fläche her mit Abstand größte der ostdeutschen Landeskirchen hatte unter diesen in mehrfacher Hinsicht einen Sonderstatus. Diese Tatsache ergab sich in den 1950er und 1960er Jahren daraus, dass die EKiBB noch bis 1972 personell eine ungebrochene Einheit mit der EKD verkörperte: Von 1945 bis 1966 war Otto Dibelius und von 1966 bis 1972 Kurt Scharf Bischof der EKiBB einschließlich Berlin-West. Dies stand in deutlichem Gegensatz zu dem Umstand, dass die Bischöfe seit 1961 nicht mehr nach Ostberlin reisen durften und sich somit dauerhaft durch sogenannte Verweser bzw. Verwalter des Bischofsamtes im Osten vertreten lassen mussten (1961–1963 und 1966 Fritz Figur; 1963–1966 Günter Jacob; 1967–1972 Albrecht Schönherr). Hier kam eine nachhaltige Renitenz der Landeskirche hinsichtlich der Akzeptanz der Teilung Berlins als Vorgabe für eine analoge kirchliche Ordnung zum Ausdruck. Angesichts der drohenden Spaltung war bereits 1959 vorsorglich aber eine »Notverordnung über einstweilige regionale Synoden« in Ost und West beschlossen worden. In den 1960er Jahren entstanden im Ostteil der EKiBB heftige Spannungen über die Frage, ob man auf der Basis der Notverordnung an der Einheit festhalten oder im Gegenteil eine Trennung und somit den »Ausbau der Ostregion zu einer eigenständigen Kirche« forcieren sollte.[244]

---

[244] Vgl. hierzu Besier, Kirche, 843–880; Furian, Aushöhlung, Zitat 180 (Abdruck der Notverordnung ebd. S. 181–183); Heinrich, Ordnungen, 823–826; u. Radatz/Winter, Einheit, 106–111. Zur Neuorganisation nach 1945 und (milden) Entnazifizierung s. Seidel, Trümmern, 136–163 u. 406f. Die Darstellung Friedrich

Maßgebliche Protagonisten der Einheitsoption waren außer Figur der Nauener Superintendent Reinhard Steinlein sowie der Pfarrer und (ab 1970) Zossener Superintendent Hans-Otto Furian. Als Vorkämpfer der Trennungsoption sind v. a. Jacob und Schönherr sowie als persönlicher Referent Jacobs und Konsistorialrat (ab 1964) Manfred Stolpe zu nennen. Der SED-Staat hat diesen Prozess parallel zum Drängen auf eine Loslösung der östlichen Landeskirchen von der EKD[245] kontinuierlich im Sinne der Trennungsoption zu beeinflussen versucht. Wegen dieser Verknüpfung war die Diskussion um die Einheit der EKiBB keine nur regional bedeutsame Frage. Die entscheidende Personalie dieser Verknüpfung bildete die Wahl Schönherrs zunächst zum Verwalter des Bischofsamtes in der EKiBB (1967–1972), dann zum Vorsitzenden der KKL und des BEK (1969–1981) und schließlich zum Bischof der nun eigenständigen Kirchenleitung der EKiBB im Osten (1972–1981). Ab 1972 waren die Kirchenleitungen in Ost- und Westberlin mit je einem eigenen Konsistorium organisatorisch vollständig getrennt.

Das Streben etlicher Theologen der EKiBB nach einer stärkeren Ausrichtung der kirchlichen Arbeit im Osten an den veränderten Rahmenbedingungen hatte sich bereits seit 1945, und zwar im Kontext grundlegender Kirchenreformforderun-

Winters (ab 1964 Dozent für Praktische Theologie am Berliner Sprachenkonvikt, ab 1973 Propst in der EKiBB, ab 1986 Präsident der Kirchenkanzlei der EKU in Ostberlin) unterliegt offensichtlich den Interessen des in apologetischer Perspektive schreibenden historischen Akteurs.

245 Vgl. hierzu Kap. 3.1. Zur zeitgleichen Diskussion um die Trennung der EKU s. Kap. 7.1.

gen, formiert. In der Tradition des bruderschaftlichen Leitungsmodells der BK hatten sie den restaurativen Kurs von Bischof Dibelius beim Wiederaufbau der Kirche in der EKiBB und das damit verbundene konsistoriale Kirchenleitungsprinzip in der Tradition des Preußischen Oberkirchenrates kritisiert. 1947 war ein »Freier Konvent« von Pfarrern entstanden, der sich »für die geistliche Freiheit der Kirche *und ihre Reform*« einsetzte.[246] Einer der schärfsten Kritiker von Dibelius' Kurs war Günter Jacob, seit 1946 Generalsuperintendent der Neumark und Niederlausitz in Cottbus. Besonders bekannt wurde seine 1956 vor der Synode der EKD gehaltene Rede »Das Ende des konstantinischen Zeitalters der Kirche«.[247]

---

[246] Vgl. hierzu Gundlach, Rechtsstaat; Heinrich, Ordnungen, 772 f; Mendt, Denken, 211; u. Seidel, Neubeginn, 98–100, Zitat 99. Im Ergebnis der Diskussion um die Aufnahme der Barmer Theologischen Erklärung in die Verfassung der EKiBB war von einem »auch fernerhin gebotene[n] Zeugnis der Kirche« die Rede (s. Winter, Geltungsformel, 143–145, Zitat 144). Zum konsistorial dominierten Verfassungsprinzip der EKiBB gehörte die Mitgliedschaft der Generalsuperintendenten (der Kurmark, der Niederlausitz, von Berlin I [West] und II [Ost] und seit 1963 zusätzlich von Eberswalde) in der Kirchenleitung, gegenüber der die Synode stets eine vergleichsweise schwache Position einnahm. Mit beratender Stimme nahm auch der Moderator des Moderamens der reformierten Synode als Vertretung des deutsch-reformierten und des deutsch-französischen Kirchenkreises (zu Ersterem gehörte seit 1948 auch die ursprünglich als Freie evangelische Gemeinde gegründete reformierte Gemeinde in Görlitz) an den Sitzungen der Kirchenleitung teil (vgl. Gabriel, Gemeinden, 152–155). Zur Rolle der Berliner Stadtmission und der Landeskirchlichen Gemeinschaften in der EKiBB s. Radatz/Winter, Einheit, 176–178.

Das Erscheinen von Dibelius' Schrift »Obrigkeit?« im Jahr 1959, in der er der DDR-Regierung eine Qualifizierung als ›Obrigkeit‹ im Sinne von Röm 13 absprach, verlieh den Reformbestrebungen noch zusätzliche Impulse.[248] Diese hatten ein neues Forum in dem 1958 gegründeten Weißenseer Arbeitskreis (»Kirchliche Bruderschaft in Berlin«) gefunden, zu deren Initiatoren der Seelower Superintendent und (ab 1959) Studentenpfarrer an der Berliner Humboldtuniversität Siegfried Ringhandt und Schönherr, zu diesem Zeitpunkt Direktor des Predigerseminars in Brandenburg, gehörten. Das Anliegen einer Emanzipierung von Dibelius und somit von der EKD führte sie in diesem Arbeitskreis zusammen mit Theologen wie dem an der Humboldtuniversität tätigen Hanfried Müller und dem Studienleiter der Evangelischen Akademie Berlin-Brandenburg Gerhard Bassarak, die als Inoffizielle Mitarbeiter mit dem MfS kooperierten. Ringhandt wurde zunächst Vorsitzender des Kreises, 1960 löste Schönherr ihn ab (bis 1967).[249]

In den 1960er Jahren zeigte sich deutlich die faktische politische Ambivalenz der Dibelius-kritischen Theologen in der EKiBB. Gegen Ringhandt ging das MfS ab 1960 mit intensivierten Zersetzungsmaßnahmen vor, wogegen die 1950 begonnene operative Bearbeitung von Jacob 1962 eingestellt wurde.[250] Schönherr und Jacob, die sich zunächst auch inten-

---

247 Jacob, Zeitalters.

248 Dabei spielte die Rezeption des von Karl Barth verfassten »Brief[es] an einen Pfarrer in der DDR« (Zollikon 1958, ^{3}1959) eine Rolle (vgl. hierzu und zum Folgenden Albrecht-Birkner, Zwei-Reiche-Lehre, 254 u. 262–262 f).

249 Vgl. Winter, Bekenner, 117–121.

250 Als Propst im Ostberliner Konsistorium (1963–1971) galt Ring-

siv in der CFK engagiert hatten, galten als ›realistisch-kooperativ‹ – bis die Kirchenleitung der EKiBB-Ost am 5. September 1968 eine Kanzelabkündigung zum Einmarsch in Prag verabschiedete, die unter indirekter Anspielung auf das Münchner Abkommen von 1938 eine vorsichtige Solidaritätserklärung mit den tschechischen Gemeinden enthielt und auf die der SED-Staat äußerst verärgert reagierte.[251] Diese Verärgerung bezog sich nicht nur auf die Rolle der Kirchenleitung an diesem Punkt, sondern auch auf die flächendeckende Verteilung der Kanzelabkündigung durch die Superintendenten und deren tatsächliche Verlesung in den Gemeinden durch die meisten Pfarrer trotz Verboten von staatlicher Seite. »[E]rstmalig in der gesellschaftlichen Entwicklung unserer Republik« hätten sich, so hieß es, »einheitlich mit ganz wenigen Ausnahmen die Superintendenten eines ganzen Kirchenbereiches […] gegen die Weisung der staatlichen Organe« aufgelehnt.[252] Der Synode wurde vorgeworfen, eine »organisierte[] Struktur der ideologischen Diversion« in der DDR schaffen zu wollen. Die Landes-

---

handt als der »reaktionärste Vertreter« der Kirchenleitung (vgl. EBD., 130–132 u. 134–152, Zitat 147). 1968 gehörte er zu den Mitverfassern des Briefes aus Lehnin (s. hierzu Kap. 3.1). Zu Jacob s. Hansjörg Buss: Günter Jacob (1906–1993). Kirchenverständnis, Zeitdiagnose und kirchliches Handeln (https://www.uni-saarland.de/fileadmin/user_upload/Fachrichtungen/fr32_EvTheologie/Personen/Huettenhoff/Beitrag-Jacob-Buss.pdf, abgerufen am 21. 1. 2018).

251 Vgl., auch zum Folgenden, RUTHENDORF-PRZEWOSKI, Frühling, 223–269. Zur sich verändernden Einschätzung Schönherrs durch den SED-Staat 1968/69 s. auch Kap. 3.1. Zur CFK s. Kap. 2.2.

252 Zitiert nach EBD., 249. Das folgende Zitat EBD., 245, Anm. 229.

kirche erwies sich hier also als in hohem Maße renitent, und zwar auf allen Ebenen.

Im Kontext der Diskussion um die bis 1979 andauernde Neufassung der Grundordnung der EKiBB Ost setzte sich die Kirchenreformdebatte in den 1970er Jahren fort. Durch den sich nun v. a. aus der personellen Überschneidung in Gestalt Schönherrs und Stolpes ergebenden Sonderstatus der EKiBB geschah dies in enger Verflechtung mit den Debatten um den Kurs des BEK. Das Grundanliegen von Superintendenten und Pfarrern bestand weiterhin in der Aufwertung synodal-bruderschaftlicher Elemente in der hierarchisch-konsistorial bestimmten Kirchenleitung, das in der neuen Grundordnung aber nur auf der unteren und mittleren Kirchenleitungsebene zum Tragen kam. Dieses Anliegen bestimmte auch die in dieser Landeskirche teils besonders kritische Wahrnehmung des BEK-Kurses.[253] So warf Superintendent Steinlein Schönherr nach dem Gespräch von 1978 »Geheimdiplomatie« vor und trat aus der Kirchenleitung und der Synode der EKiBB aus.[254]

Schönherrs Nachfolger im Amt des Bischofs der EKiBB Gottfried Forck (1981–1991), vom MfS als ›politisch-negativ‹ eingestuft, war nicht der Wunschkandidat des SED-Staates. Die Synodalen verbanden mit ihm mehrheitlich offenbar einen Wechsel vom »politischen« zum »unpolitischen Seelsorger«,

---

[253] Vgl. Besier, Kirche, 899–910; Heinrich, Ordnungen, 825; u. Radatz/Winter, Einheit, 178–194 u. 219 (apologetisch verzeichnet). Schönherr hatte sich bei den Wahlen von 1967 und 1972 nur ganz knapp durchsetzen können. Vgl. zum Kurs des BEK unter Schönherr Kap. 3.1 u. 5.1–5.2.

[254] Vgl. Besier, Kirche, 900; in der Erinnerung von ihm selbst Steinlein, Jahre, 119–126.

wogegen Forck »bis zu diesem Zeitpunkt bereits ein dezidiert politisches Verständnis seiner Ämter entwickelt hatte«.[255] Im Zuge der Etablierung eines Zentrums zunehmend regimekritischer Friedens- und Menschenrechtsarbeit gerade im Berliner Raum in den 1980er Jahren vertrat er deutlicher als andere Bischöfe die Option des Offenhaltens kirchlicher Räume für diese Gruppen wie auch Einzelpersonen und deren Unterstützung.[256] Zum Testfall staatlicher Loyalität der Kirchenleitung in diesem Kontext avancierten in den frühen 1980er Jahren die federführend von Rainer Eppelmann als Pfarrer der Samariterkirchengemeinde und Mitverfasser des Berliner Appells verantworteten, vom SED-Staat als ›konterrevolutionär‹ eingestuften Bluesmessen (1979–1986).[257] Im Gegensatz zu Eppelmann wurden die Mitbegründerinnen der international vernetzten Initiative »Frauen für den Frieden« Bärbel Bohley und Ulrike

---

[255] Vgl. zur Wahl und Amtszeit Forcks Besier, Kirche, 910–934; u. Sachse, Forck, 43–308, Zitate 48, sowie 336–343 (Nachwort von Beatrix Forck). Elf Jahre zuvor war die Wahl Forcks zum Kirchenpräsidenten von Anhalt erfolgreich verhindert worden.

[256] Dies wird etwa an der von der Kirchenleitung der EKiBB 1984 erlassenen »Orientierung für die Arbeit mit Gruppen« deutlich (s. Sachse, Forck, 119). Entscheidungen dieser Kirchenleitung in den 1980er Jahren waren freilich stets das Ergebnis der ›Aneinanderbindung‹ verschiedener politisch-ethischer Positionen, wie sie durch Forck als Bischof, Stolpe als Konsistorialpräsidenten, Winter als Propst (bis 1986, ab 1988 Furian) und Günter Krusche als Generalsuperintendenten von Berlin vertreten wurden (vgl. Sachse, Forck, 46–48).

[257] Vgl. Moldt, Haß; Sachse, Forck, 55–66 u. 114–119; u. aus kirchenleitender Perspektive Winter, Bluesmessen. Zum Berliner Appell s. Kap. 3.1.

Poppe im Dezember 1983 verhaftet. Das fürsorgliche Engagement der Kirchenleitung fiel hier zögerlicher aus. Die Veranstaltungen der Gruppe wurden zwar nicht, wie staatlicherseits gefordert, untersagt – die inhaltliche Kontrolle durch die Kirchenleitung in Gestalt theologischer Kritik, die auf eine deutlichere Entpolitisierung zielte, wurde allerdings als bevormundend-paternalistisch wahrgenommen.[258]

Ab 1986 wurde Berlin zu einem Schwerpunkt emanzipatorischer Bestrebungen der Basisgruppen »vom fürsorglich-paternalistischen kirchenleitenden Handeln«, in dem sich schützende und politisch neutralisierende Absichten faktisch vermischten.[259] In diesem Zusammenhang entstanden hier überregionale Aktivitäten wie die »Initiative Frieden und Menschenrechte«, die ganz auf das ›kirchliche Dach‹ verzichtete, wie auch der AKSK und – im Kontext des Evangelischen Kirchentages 1987 und des parallel durchgeführten »Kirchentags von Unten« – die »Kirche von Unten« als oppositionelle Plattformen in der Kirche.[260] Forck und Furian galten in der Perspektive des SED-Staates als diejenigen, die »das Unruhepotential weiter pflegten« – gegen oppositionelle Bestrebungen

---

258 Vgl. Sengespeick-Roos, Normale. In Reaktion auf derartige Kritik hieß es z. B. in einem Brief von Irmela Kirchner und Christa Sengespeick an Propst Winter vom 7. 9. 1984: »Die Möglichkeit der Verführung sehen wir darin, daß der Staat uns den Platz der Theologie vorschreiben will. Er will den Ort der Theologie bestimmen und die Kirche steht in der Gefahr, ihn anzunehmen. Dann jedoch nehmen wir Christus als den Herrn der Geschichte nicht mehr ernst!« (88–90, Zitat 90).

259 Sachse, Forck, 120.

260 Vgl. zu diesen Initiativen Kap. 5.4.

arbeiteten (mit dem MfS) v.a. Günter Krusche und Stolpe.[261] Forck wurde nach Möglichkeit von offiziellen staatlichen Gästelisten gestrichen.

Im Ergebnis der insgesamt zögerlichen und auf eine Regelüberprüfung verzichtenden Aufarbeitung der MfS-Verstrickungen in der brandenburgischen Kirche stellte die Kirchenleitung im Blick auf Stolpe fest, dass die von diesem »zwischen 1969 und 1989 zu Angehörigen des MfS unterhaltenen Kontakte angesichts ihrer Art und ihres Umfangs nicht mit seinen Pflichten und Aufgaben als Kirchenbeamter im Einklang standen«.[262] Jedoch würden »[i]n Würdigung der gesamten Wirksamkeit« Stolpes und »in Wahrnehmung ihres pflichtgemäßen Ermessens« von der Kirchenleitung »keine disziplinarrechtlichen Maßnahmen« eingeleitet. Mit dieser Entscheidung war in der EKD ein Präzedenzfall weiterwirkender ›Differenzierung‹ geschaffen, dessen Tragweite kaum überschätzt werden kann.

---

261 Vgl. Besier, Kirche, 922 (Zitat) u. 926; u. Radatz/Winter, Einheit, 172–174.

262 Vgl. Schröter, Bearbeitung, 193. Hier auch das folgende Zitat. Die Kirchenleitung folgte damit dem Votum des Vorprüfungsausschusses der EKD. Zur Reaktion Forcks auf die Aufdeckung von MfS-Verstrickungen in der Kirchenleitung der EKiBB s. Anm. 19.

4.7 Die Evangelische Kirche der Kirchenprovinz Sachsen

In der EKKPS, hinsichtlich der Mitgliederzahlen die zweitgrößte Landeskirche in der DDR, spielten bei der Neukonstituierung nach 1945 in besonderem Maße Kontinuitäten zur bruderrätlichen Tradition der BK eine Rolle. Dies betraf ebenso die Kirchenleitung einschließlich des vormaligen Vorsitzenden des Provinzialbruderrates Ludolf Müller als erstem Bischof (1947–1955) wie Teile der Pfarrerschaft, die sich nach 1945 in der »Bruderschaft der ehemaligen Hilfsprediger und Vikare der Bekennenden Kirche« organisierten. An BK-Traditionen knüpfte zudem der 1955 gegründete »Bruderkreis« an, der mit der BK-Bruderschaft kooperierte.[263] Die verfassungsmäßige Neuorganisation kennzeichnete entsprechend dieser Tradition das Bemühen um Einschränkung hierarchischer Strukturen. Hierzu gehörte die Einteilung der EKKPS in acht Propstsprengel, insofern die Pröpste hier, anders als in der Mecklenburgischen, der Greifswalder und der Brandenburgischen Kirche, nicht nur seelsorgerliche, sondern – im Sinne von Regionalbischöfen – zugleich kirchenleitende Funktionen wahrnahmen.[264]

---

[263] Vgl. Falcke, Bedrängnis; u. Schultze, Berichte. Zur Neuorganisation nach 1945 s. Seidel, Trümmern, 192–229. Die BK-Kontinuitäten führten trotz flächendeckender Einzelfallprüfungen aber nicht zu stringenteren Entnazifizierungsmaßnahmen als in den anderen östlichen Landeskirchen (vgl. ebd., 407–412). In der Grundordnung der EKKPS wurde 1950 die Bezugnahme auf die Barmer Theologische Erklärung wie in der EKiBB formuliert (vgl. Anm. 246).

[264] Vgl. zur dezentralisierenden Tendenz bei der Neuordnung der

Geradezu als Verkörperung der Kontinuität zur bruderrätlichen BK wurde über die EKKPS hinaus der Hallenser Studentenpfarrer Johannes Hamel wahrgenommen, der im Zuge des Kampfes des SED-Staates gegen die Junge Gemeinde 1953 in einem Schauprozess wegen »Boykotthetze« verurteilt und inhaftiert worden war.[265] Vor dem Hintergrund dieser Erfahrungen avancierte er in den 1950er Jahren zum prominentesten Sprecher bewussten und glaubhaften Lebens als Christ in der DDR. Als Dozent für Praktische Theologie am Katechetischen Oberseminar Naumburg (1955–1976)[266] und federführende Gestalt von »Bruderschaft« und »Bruderkreis« der EKKPS publizierte er in Berlin (West) das Taschenbuch »Christ in der DDR«, das bis 1960 sechs Auflagen erreichte und zudem in Genf in französischer und in New York und London in englischer Sprache erschien. Zwei Jahre später folgte in demselben Westberliner Verlag »Christenheit unter marxistischer Herrschaft«.[267] Mit

EKKPS allgemein Seidel, Neubeginn, 96; s. auch Noack, Ungeduld, 148. Im Gegensatz zu Thüringen konnte hier an eine seit 1873 »verfassungsrechtlich ausgebaute Mittelebene« angeknüpft werden (Richter, Kirchenrecht, 76). Seit der Zusammenlegung der EKKPS mit der Thüringer Kirche zu EKM führen die Pröpste den Titel »Regionalbischof«. Mitglied der Kirchenleitung und der Synode der EKKPS war auch der Senior des aus fünf Gemeinden bestehenden reformierten Kirchenkreises (vgl. Gabriel, Gemeinden, 155 f).

265 Vgl. zu Hamel Findeis, Licht, 70–121; Thulin, Verhaftung; u. Winter, Hamel. Die Freilassung erfolgte im Zuge des im Juni 1953 eingeführten temporären Entspannungskurses (vgl. zu den Ereignissen des Jahres 1953 Kap. 2.2, 2.3 u. 3.1).

266 Zu den Kirchlichen Hochschulen in der DDR s. Kap. 5.3.

267 Hamel, Christ; u. ders., Christenheit.

seinem in diesen Publikationen ausgesprochenen unbedingten Plädoyer nicht nur für eine Akzeptanz des SED-Staates an sich, sondern auch für eine Annahme der für Christen in diesem Staat gegebenen spezifischen Rahmenbedingungen als »die von Gott gewollte Stätte ihres Wirkens« hat Hamel auch auf lange Sicht landeskirchliche protestantische Mentalitäten in der DDR erheblich geprägt.[268]

Auch der Jurist Lothar Kreyssig, zunächst Konsistorialpräsident (1946/47) und dann langjähriger (hauptamtlicher) Präses der Synode (1947–1964) bildete in der EKKPS eine markante Brückengestalt zur bruderrätlichen BK. Über die Landeskirche hinaus bekannt wurde er durch den auf EKD-Ebene erstmals 1954 und erfolgreich 1958 eingebrachten Aufruf zur Gründung der »Aktion Sühnezeichen«, deren Vorsitzender er bis 1970 war.[269] Als überkonfessionelle Initiative, realisiert in enger Kooperation mit dem Leiter der Arbeitsstelle für pastorale Hilfsmittel im bischöflichen Amt Magdeburg Günter Särchen, implizierte diese zugleich ein dezidiert ökumenisches Anliegen.[270] Auch Müllers Nachfolger im Bischofsamt Johannes Jänicke (1955–1968) hatte in Ostpreußen noch aktiv in der bruderrätlichen BK mitgewirkt. Im Zuge des antikirchlichen Vorgehens des SED-Staates in seiner Amtszeit, wozu auch die Verhaftung des Konsistorialpräsidenten Kurt Grünbaum und des Oberkonsistorialrats Siegfried Klewitz 1957 wegen ›illegaler Geldeinschleusung‹ gehörte, vertrat Jänicke in dezidiertem Gegensatz v. a. zur Thüringer Nachbarkirche einen klar ab-

---

268 Vgl. Schröder, Versuch, 1171–1173, Zitat 1172; s. auch Falcke, Bruderkreis, 33–38; u. Winter, Hamel, 132f.

269 Vgl. hierzu Kap. 3.1.

270 Vgl. zu Kreyssigs ökumenischem Ansatz Noack, Ungeduld.

grenzenden Kurs von der marxistischen Ideologie. Die EKKPS hielt – wie die Sächsische Kirche – auch lange an einem Entweder-Oder-Kurs im Blick auf Jugendweihe und Konfirmation fest, wobei die enge territoriale Verzahnung mit der Thüringischen und der Anhaltischen Kirche diesbezügliche Konfliktlagen vor Ort verschärfen konnte.[271]

Die Auseinanderentwicklung von provinzsächsischem Bruderkreis und Weißenseer Arbeitskreis, die zunächst kooperiert hatten, zwischen 1958 und 1964 war symptomatisch und weichenstellend für die gegensätzlichen theologischen und politischen Optionen, die sich im Protestantismus in der DDR in gleichermaßen dezidierter Anknüpfung an bekenntniskirchliche Traditionen herausbildeten. Maßgeblich auf Hamel gingen die »Zwölf Artikel evangelischer Lehre über Freiheit und Dienst der Kirche« als erster Entwurf einer bewusst an Barmen orientierten programmatischen Äußerung zu Grundfragen politischer Ethik in den frühen 1960er Jahren zurück. Diese flossen in die 1963 von der KKL verabschiedeten »Zehn Artikel über Freiheit und Dienst der Kirche in der DDR« ein, die prägend wurden für ideologiekritische Positionen im Protestantismus der DDR, die sich theologisch auf das Wächteramt der Kirche gegenüber dem Staat beriefen. Die daraufhin und in direkter Auseinandersetzung mit dem provinzsächsischen Bruderkreis vom Weißenseer Arbeitskreis verfassten »Sieben Sätze von der Freiheit der Kirche zum Dienen« wurden maßgebliche Basis eines Selbstverständnisses von Kirche, demgemäß diese der Gesellschaft primär zu dienen und auf ein politisches Wächteramt zu verzichten habe.[272]

---

271 Vgl. SCHULTZE, Berichte; u. DERS., Kontext.

Der Kurs der EKKPS war von dieser Weichenstellung auch auf kirchenleitender Ebene geprägt, denn im Gegensatz zur dezidiert kirchenleitungskritischen Intention des Weißenseer Arbeitskreises in der EKiBB verstanden sich Bruderkreis und Kirchenleitung der EKKPS bezüglich politisch-ethischer Optionen als kooperierende Akteure. Provinzsächsische Theologen spielten eine führende Rolle bei der Erstellung der Handreichung »Zum Friedensdienst der Kirche« von 1965.[273] Nach dem Einmarsch in Prag versuchte Bischof Jänicke 1968, im Bischofskonvent ein »Wort an die Gemeinden« einzubringen, konnte sich aber nicht durchsetzen. In einem Brief an die Kirchen in der ČSSR stellte man sich aber hinter den Brief aus Brandenburg. Evangelische und katholische Pfarrer aus Merseburg schrieben gemeinsam ein Protesttelegramm an Willy Stoph als Vorsitzenden des Ministerrates, Einzelprotest kam außer von Hamel von Hans-Jochen Tschiche, zu diesem Zeitpunkt Pfarrer in der Altmark.[274]

Nachdem es staatlicherseits nicht gelungen war, die Bischofswahlen zu beeinflussen, amtierte mit Werner Krusche von 1968 bis 1983 ein Bischof in der EKKPS, der – selbst aus

---

272 Vgl. FALCKE, Bruderkreis, 58–65; u. WINTER, Hamel, 137. Zu den Zehn Artikeln s. Kap. 3.1, 5.2 u. 7.1. Zur Rezeption beider Texte im ostdeutschen Protestantismus s. ALBRECHT-BIRKNER, Weichenstellungen, 87–89. Eine Zwischenstufe bei der Entstehung der Zehn Artikel bildete die ERKLÄRUNG DES BRUDERKREISES über »Leben und Dienst der Kirche« und »Freiheit und Ordnung der Kirche«. Zum Wächteramt s. Kap. 5.2 mit Anm. 338.

273 Vgl. EISENFELD/SCHICKETANZ, Bausoldaten, 87–93; FALCKE, Bruderkreis, 65; u. SCHULTZE, Berichte, 202, 213 f u. 424. Zur Bedeutung dieser Handreichung s. Kap. 3.1.

274 Vgl. RUTHENDORF-PRZEWOSKI, Frühling, 322–329 u. 341–354.

Sachsen stammend und lutherisch wie auch pietistisch geprägt – den bisherigen Kurs der Landeskirche fortsetzte und dabei eine systemkritische Lesart der Zwei-Reiche-Lehre einbrachte. Mit Krusches Amtsantritt geriet die EKKPS zunehmend in das Visier staatlicher Stellen einschließlich des MfS. Anfang der 1970er Jahre wurde Krusche vorgeworfen, »ein Wächteramt einer privilegierten Kirche ›gegenüber einem Staat mit ›liberalisiertem‹, ›demokratisiertem‹ und ›vermenschlichtem‹ Sozialismus‹« im Sinne des Prager Frühlings »errichten zu wollen«, »die ideologische Unterwanderung des ›Bundes‹ zu organisieren und die sozialistische Entwicklung ideologisch zu stören«.[275] Einer der maßgeblichen Träger des provinzsächsischen theologischen und politischen Kurses der 1970er Jahre war Heino Falcke, der mit seinem Referat »Christus befreit, darum Kirche für andere« 1972 einen nachhaltigen Impuls im Sinne dieses Kurses auch auf der BEK-Ebene einbrachte.[276] In einem programmatischen Vortrag vor der Synode der EKKPS hat Krusche die mit dem Motto »Kirche für andere« verbundene Intention 1973 als Fortschreibung der »Konzeption einer missionarischen Gemeinde« gerade auch für die »Diaspora-Kirche« in der DDR verteidigt und diese dabei dezidiert als »lernbereite Kirche« charakterisiert.[277] Als ein wichtiger theologischer Im-

---

[275] Vgl. Ebd., 329–337, Zitate 336f. Vgl. zu Krusche auch Findeis, Licht, 122–158.

[276] Vgl. Kap. 3.1. Falcke war zu diesem Zeitpunkt Direktor des Predigerseminars der EKU in Gnadau.

[277] Krusche, Gemeinde, Zitate 94 u. 101. Vgl. Kap. 5.1 u. 5.3. Krusche wurde schon vor seinem Amtsantritt als Bischof in den östlichen Landeskirchen breit rezipiert (vgl. exemplarisch Albrecht-Birkner, Auseinandersetzungen, Abschnitt 2). Er war ab 1954 Pfarrer

pulsgeber ist hierbei der Rektor des Gnadauer Pastoralkollegs und spätere Magdeburger Propst Christoph Hinz anzusehen.

In Krusches Amtszeit fielen mehrere markante Auseinandersetzungen um Pfarrer in der EKKPS, die hinsichtlich der Äußerung politischer Kritik besonders offensiv waren und dies auch mit offeneren Arbeitsformen in der Kirche verbanden. Beginnend mit dem Protest von 1968 betraf dies über Krusches Amtszeit hinaus Hans-Jochen Tschiche und mit dessen Eintritt in die Leitung der Evangelischen Akademie Sachsen-Anhalt 1975 massive Versuche der Kriminalisierung der Arbeit dieser Akademie.[278] Charakteristisch für die Haltung der Magdeburger Kirchenleitung in diesem Konflikt war, dass sie Tschiche zwar mehrfach riet, die Pfarrstelle zu wechseln, auf die staatlicherseits erwarteten Disziplinarverfahren aber verzichtete und die Arbeit der Akademie letztlich deckte. Im Vordergrund stand dabei der Schutz von Person und Amt – auch im Fall von Äußerungen und Aktionen, die die Kirchenleitung selbst nicht guthieß.[279]

---

in Dresden, von 1958 bis 1966 Studiendirektor am Predigerseminar in Lückendorf und anschließend für zwei Jahre Dozent am Theologischen Seminar Leipzig gewesen. Zu seiner Amtszeit als Vorsitzender des BEK 1981/82 s. Kap. 5.2.

278 Vgl. Ruthendorf-Przewoski, Frühling, 347–354; u. Tschiche, Boykottnest.

279 Während es nach innen dabei hieß, dass Tschiches Äußerungen »nicht von der Gesamtkirche als evangelische Verkündigung zu akzeptieren« seien, äußerte Krusche nach außen im Blick auf den Fall Tschiche durchaus, dass »die Pfarrer unserer Kirche […] mit Recht von der Kirchenleitung« erwarteten, »daß sie sich zu ihnen stellt, wenn sie wegen der rechten Verkündigung der Wahrheit des Evangeliums angegriffen werden« (zitiert nach Ruthendorf-Przewoski, Frühling, 350 u. 353).

Strukturell vergleichbar war zunächst der Fall des Rippichaer Pfarrers Oskar Brüsewitz, der wegen als staatsfeindlich angesehener Aktionen jahrelang unter Beobachtung stand, nahm mit dessen öffentlicher Selbstverbrennung am 18. August 1976 in Zeitz aber eine völlig andere Wendung.[280] Die Kirchenleitung der EKKPS distanzierte sich scharf von den »Fakten, Gerüchten und freien Erfindungen« über Brüsewitz in der DDR-Presse und wies in ihrer Gegendarstellung insbesondere darauf hin, dass sie sich von ihm nicht »losgesagt« habe und sich »auch nicht der Anfrage« entziehe, »die Pfarrer Brüsewitz mit seinem Handeln an uns stellen wollte«.[281] Tatsächlich sind von Krusche und Hinz im Rahmen einer öffentlichen Sitzung der Synode der EKKPS im Oktober 1976 »Spannungen zwischen Kirchenleitung und Pfarrerschaft und ihr Zusammenspiel« ebenso deutlich thematisiert worden wie »[s]ichtbar gewordene Probleme in unserer Gesellschaft« und »[o]ffenkundige Schäden in unserer Kirche«.[282] Aufseiten des MfS wurde in Auswertung der Synode gemutmaßt, dass diese der Versuch gewesen sei, »konterrevolutionäre Ansätze mit einer Plattform zu versehen«.[283] Ähnlich hieß es 1977 im Urteil des MfS,

---

280 Vgl. zum Fall Brüsewitz Kap. 1.3, 3.1, 5.4 u. 7.1 sowie Krampitz/Tautz/Ziebarth, Erinnerungen; u. Schultze/Bäumer, Signal. Die Kirchenleitung hatte auch Brüsewitz lediglich einen Pfarrstellenwechsel nahegelegt.

281 Bäumer, Redaktionen, 91.

282 Bericht der Kirchenleitung, 359f. Ein Artikel von Krusche zum zehnjährigen Todestag von Brüsewitz wurde in der Magdeburger Ausgabe der Kirchenzeitung kurzfristig gegen einen anderen Artikel ausgetauscht (vgl. Schultze, Berichte, 513f). Im Hintergrund ist hier das Agieren des Pressepfarrers und Inoffiziellen Mitarbeiters des MfS Jürgen Kapiske zu vermuten.

dass Krusche und die Magdeburger Kirchenleitung »einen potentiellen Störfaktor« in der DDR-Gesellschaft darstellten und »den Ursprung von feindlichen Aktivitäten gegen das sozialistische Bildungswesen, gegen die Wehrbereitschaft, gegen das sozialistische Bewusstsein breiter Schichten der Bevölkerung und speziell zu Menschenrechtsfragen im Sozialismus« bildeten.[284]

Auch in der im Vorfeld zur Zweiten Ökumenischen Versammlung im Oktober 1988 in Magdeburg vorgenommenen Einschätzung des MfS wird der EKKPS eine herausgehobene Rolle im BEK zugeschrieben. Konkret hätten außer Krusche und Falcke der Wittenberger Pfarrer Friedrich Schorlemmer, der Magdeburger Pfarrer Reiner Bohley sowie der Mathematiker und Synodalpräses Reinhard Höppner einen »wesentlichen Einfluß auf eine verstärkte politische Ausstrahlung der Evangelischen Kirchen in der DDR ausgeübt«.[285] Zugleich konstatierte das MfS eine »Kräftepolarisierung« in der Kirchenleitung, im Zuge derer sich »realistische Kräfte« wie u. a. Christoph Demke – seit 1983 Bischof der EKKPS – und Konsistorialpräsident Martin Kramer durchgesetzt hätten.[286]

---

283 Zitiert nach Krampitz, Fall, 566.

284 Zitiert nach Schultze, Berichte, 22.

285 Ministerium für Staatssicherheit, Lageeinschätzung, 1595. Das folgende Zitat 1595 f. Bohley wurde noch einmal gesondert unter der Kategorie »Feindlich-negative Kräfte in der Kirchenleitung« beschrieben (1596). Zu den Ökumenischen Versammlungen s. Kap. 3.1.

286 Demke war zunächst Sekretär der Theologischen Kommission und ab 1981 als Nachfolger Stolpes Leiter des Sekretariats des BEK gewesen.

Insgesamt hat die EKKPS in den 1980er Jahren in unterschiedlicher Weise von sich reden gemacht. Ein sinnfälliger Höhepunkt subversiv widerständiger Friedensarbeit war das Umschmieden eines Schwertes zu einer Pflugschar auf dem Kirchentag in Wittenberg im September 1983 als Initiative Schorlemmers.[287] Die Verhaftung und Verurteilung des Halleschen Diakons Lothar Rochau und die Zerschlagung der Offenen Jugendarbeit in Halle-Neustadt durch das MfS infolge der Distanzierung der Kirche von Rochau im Sommer 1983 – also gegen Ende der Amtszeit von Krusche – hingegen hatte im BEK Irritationen ausgelöst.[288] Bei diesen Vorgängen spielte der Einfluss von Detlef Hammer, seit 1974 juristischer Konsistorialrat und seit 1981 Oberkonsistorialrat in Magdeburg sowie hauptamtlicher Offizier im besonderen Einsatz beim MfS, eine maßgebliche Rolle.[289]

---

287 Vgl. Hildebrandt/Tautz, Protestanten; u. Hohmann, Schwerter.

288 Gegenüber den anderen Bischöfen versuchte der SED-Staat, den Fall Rochau als argumentativen Hebel im Blick auf weitere unliebsame Pfarrer wie Eppelmann, Schilling und Wonneberger zu benutzen (vgl. Sachse, Menschen, 114–116). Vgl. zum Fall Rochau wie auch zur Verhaftung von Katrin Eigenfeld in diesem Kontext Hartmann, Kirchenkreis.

289 Vgl. zu Hammer Schultze/Zachhuber, Spionage. Als besonders gravierender Fall von Kooperation mit dem MfS ist in der EKKPS zudem der des Erfurter Studentenpfarrers Detlev Haupt bekannt geworden (vgl. LStU Sachsen-Anhalt, Raucher).

4.8 Die Evangelische Landeskirche Anhalts

Die Anhaltische unierte Kirche auf dem Gebiet des vormaligen Herzogtums Anhalt mit Sitz des Landeskirchenrates in Dessau stand in der NS-Zeit unter deutschchristlicher Führung, wobei sich die Kirchenleitung 1937 den Thüringer Deutschen Christen angeschlossen hatte. Der von der zunächst amerikanischen Besatzungsmacht 1945 eingesetzte Dessauer Oberbürgermeister Friedrich Walther, selbst Mitglied der BK, beauftragte den Juristen Udo Müller und den Pfarrer Georg Fiedler, ebenfalls Angehörige der BK, mit der Neubildung der Kirchenleitung. 1946 nahm eine aus Vertretern der fünf Kirchenkreise neu gewählte Synode (Landeskirchentag) ihre Arbeit auf und wählte den neuen, BK-dominierten Landeskirchenrat mit Müller als vorsitzendem Oberkirchenrat (bis 1949). Im Zuge der Entnazifizierung wurden alle fünf Superintendenturen (Kreisoberpfarrämter) neu besetzt.[290] Als ein über die personelle Neuordnung hinausgehendes schwerwiegendes Problem wurde »die Reinigung der Pfarrerschaft vom D. C.-Geiste« angesehen, insofern »alle jungen Geistlichen« und »etwa die Hälfte sämtlicher Pfarrer« den Deutschen Christen angehörten.[291] Die Verfassung von 1920 blieb in Geltung und wurde

---

290 Vgl. hierzu Seidel, Trümmern, 67–93.

291 Fiedler, Bericht, 285. Vgl. hierzu Seidel, Trümmern, 397–405. J. Jürgen Seidel konstatiert in Auswertung zahlreicher Erklärungen ehemaliger deutschchristlicher Pfarrer in Anhalt, dass »eine Schulderkenntnis außerhalb des Denkhorizonts vieler damaliger [...] Pfarrer lag«, »ein Teil der bisher deutschchristlichen Pfarrer *keine* bewußte persönliche innere Abwendung vom N.S. erlebte und dies auch nicht für nötig hielt« und eine »persönliche Über-

durch Kirchengesetze von 1957 und – nach dem Beitritt der Anhaltischen Kirche zur EKU 1960 – von 1962 lediglich partiell überarbeitet.[292]

Mit den folgenden leitenden Oberkirchenräten (ab 1957 bezeichnet als Kirchenpräsidenten) Waldemar Schröter (1950–1960) und Martin Müller (1961–1970) wurde weiterhin direkt an die BK-Tradition in der Anhaltischen Kirche angeknüpft.[293] Mangels kirchenhistorischer Untersuchungen zur Anhaltischen Landeskirche in der DDR-Zeit insgesamt ist über den damit verbundenen Kurs der Landeskirche aber nur wenig bekannt. Offensichtlich plädierte Anhalt wie die Thüringische Kirche in den späten 1950er Jahren im Gegensatz zur EKKPS für die Vereinbarkeit von Jugendweihe und Konfirmation.[294] In den 1960er Jahren galten Kirchenleitung und Synode als ›loyal‹ bzw. ›progressiv‹, obwohl Müller den Verfassungsentwurf von 1968 sowie – implizit – auch die Vorgänge in Prag kritisierte und sich noch in den späten 1960er Jahren für eine Einheit der EKD aussprach. Zugleich wurde staatlicherseits registriert, dass es vonseiten einiger Pfarrer und Gemeindeglieder Widerstände gegen den Kurs des Landeskirchenrates und eine stärkere Ausrichtung an der EKKPS sowie scharfe Kri-

---

nahme von Verantwortung« unter »Berufung auf die Kirchenleitung« ablehnte (EBD., 404f).

292 Die Barmer Theologische Erklärung fand auch im Zuge der Überarbeitungen keine Erwähnung (vgl. WINTER, Geltungsformel, 143).

293 W. Schröter war Mitglied und M. Müller Vorsitzender des Landesbruderrates in Anhalt gewesen. Zu Müller vgl. KIRCHENGESCHICHTLICHE KAMMER, Müller.

294 Vgl. FALCKE, Bruderkreis, 50f, Anm. 46.

tik an den Ereignissen in Prag gab. Staatssekretär Seigewasser votierte 1968 dafür, »die anhaltische Kirche näher auf den ›Thüringer Weg‹ hin zu orientieren«.[295]

Die Wahl Eberhard Nathos zum Kirchenpräsidenten der Anhaltischen Kirche anstelle von Gottfried Forck im Jahre 1970 verbuchte der SED-Staat als Ergebnis erfolgreicher Beeinflussung, insofern Natho im Gegensatz zu Forck als ›progressiv‹ eingeschätzt wurde. Soviel sich anhand vorliegender Informationen rekonstruieren lässt, war die Amtszeit Nathos von intensivem Streben nach einer exklusiven Staatsnähe der Kirchenleitung der kleinen Landeskirche – vor allem zum Rat des Bezirkes Halle – geprägt, das von staatlicher Seite auch honoriert wurde.[296] Natho gehörte gemeinsam mit Gienke sowie Christa Lewek, Referentin für »Kirche und Gesellschaft« im Sekretariat des BEK, z. B. zu einer DDR-Delegation, die unter der

---

295 Vgl. hierzu Ruthendorf-Przewoski, Frühling, 219–223, Zitat 219.

296 Hier ist deutlich die staatlicherseits auch gegenüber Thüringen sowie Greifswald erfolgreich praktizierte Differenzierungsstrategie erkennbar. So erhielt Natho z. B. 1971 die Verdienstmedaille der DDR und 1989 die theologische Ehrendoktorwürde der Universität Halle. Natho war zuvor Pfarrer in Güsten und dort für die CDU (aber nicht als deren Mitglied) auch Stadtverordneter gewesen. Er amtierte als Kirchenpräsident bis 1994. Vgl. zu Nathos Wahl, Wiederwahlen und Amtspraxis Besier/Wolff, Pfarrer, 27 f, Anm. 121; u. Findeis, Licht, 216–274 u. 491 [Lit.], sowie mehrere markante Artikel im SED-Organ »Neues Deutschland«, z. B. in der Ausgabe vom 29. 9. 1974 (anlässlich des 25-jährigen Jahrestages der DDR) und verstärkt in den 1980er Jahren (online verfügbar). Eine kirchengeschichtliche Aufarbeitung scheint durch Lücken in der landeskirchlichen Aktenüberlieferung erschwert zu sein (vgl. Ruthendorf-Przewoski, Frühling, 218, Anm. 77).

Leitung des SED-Funktionärs Albert Norden im Oktober 1973 am »Weltkongreß der Friedenskräfte« in Moskau teilnahm.[297] Im Blick auf die Selbstverbrennung von Brüsewitz äußerte Natho gegenüber dem Rat des Bezirkes Halle 1976, »für die Kirche würden einige Pfarrer und Amtsträger gefährlich werden, die den Freitod von Oskar Brüsewitz zu einer Belastung des Staat-Kirche-Verhältnisses mißbrauchen wollten«.[298] Ähnlich wie im Fall der Greifswalder implizierte der Kurs der Anhaltischen Kirche teils eine Abgrenzung vom BEK.[299]

Landeskirchenintern bedeutete diese Staatsnähe offensichtlich einen autoritativ-reglementierenden Leitungsstil, insbesondere gegenüber systemkritischen Positionen und Initiativen. So ging Natho auf dem Dessauer Kirchentag im Juli 1981 gegen Aktivitäten für einen Sozialen Friedensdienst in der DDR vor.[300] Symptomatisch für den Kurs der Anhaltischen Kirchenleitung war wohl auch die Reaktion des langjährigen Präses der Synode und Vorsitzenden der Evangelischen Akademie Sachsen-Anhalt Gerhard Kootz auf den staatlichen Druck betreffend die Arbeit der Akademie und speziell deren Leitung durch Tschiche. Im Gegensatz zur EKKPS arbeitete Kootz unter Verweis darauf, dass es nicht das »Anliegen der kirchlichen Ar-

---

[297] Vgl. Schultze, Berichte, 318, Anm. 13.

[298] Zitiert nach Besier/Wolff, Pfarrer, 33, Anm. 155.

[299] Vgl. Findeis, Licht, 258, Anm. 47.

[300] Vgl. zu Nathos Sicht auf ›politisch alternative Gruppen‹ ebd., 262–270; u. Lindemann, Anhalt, 7; zum Dessauer Kirchentag von 1981 Findeis, Licht, 266; sowie Lindemann, Anhalt, 3. Das exklusive Treffen des Anhaltischen Landeskirchenrates mit Staatssekretär Gysi im Oktober 1981 in Halle (vgl. Neues Deutschland, Ausgabe vom 27. 10. 1981) dürfte in diesen Zusammenhang gehören.

beit sein kann, Menschen zu sammeln, die in Opposition zu unserem Staat stehen«, auf eine Amtsenthebung Tschiches und ein Änderung des inhaltlichen Profils der Akademie hin.[301] »Vor allem junge Theologen und Menschen in den Jungen Gemeinden«, so der Zerbster Pfarrer Albrecht Lindemann, hätten »nach anderen Formen« gesucht und »sich z. T. von der kirchlichen Hierarchie in ähnlicher Weise reglementiert« empfunden »wie im staatlichen Raum«.[302]

So gibt es mehrere Hinweise darauf, dass auch im Fall Anhalts keineswegs vom Kurs der Kirchenleitung auf den Kurs der Landeskirche insgesamt geschlossen werden kann. 1970/71 beispielsweise wurden in Dessau Jugendgottesdienste durchgeführt, im Rahmen derer auch massive Gesellschaftskritik laut wurde.[303] Deutlich formierten sich Basisinitiativen 1987 – zunächst in Gestalt von Einladungen der unter Auftrittsverbot stehenden Liedermacher Stephan Krawczyk und Freya Klier zu Konzerten nach Bernburg und Wörlitz durch die jeweiligen Gemeindekirchenräte, dann in Form der Gründung des AKSK Anhalt.[304] Unmittelbare Impulse für die seit dem

---

301 Vgl. Tschiche, Boykottnest, 83–88, Zitat 85. Kootz fuhr fort: »Wenn sich solche Menschen an die Kirche wenden, müßte sich die Kirche dafür einsetzen, diese wieder an den Staat heranzuführen, anstatt sich weiter von ihm zu entfernen« (ebd.). Kootz war von 1963 bis 1970 und von 1976 bis 1987 Präses der Anhaltischen Synode.

302 Lindemann, Anhalt, 7.

303 Vgl. Radeloff, Protestanten.

304 Vgl. Findeis, Licht, 253 f, Anm. 37; Lewek, Wendezeitkapitelchen, 78–80; Lindemann, Anhalt, 4, 6 f; sowie Rat des Bezirkes Halle, Information. Der Bernburger Gemeindekirchenrat berief sich dabei auf die von Forck in der EKiBB autorisierte Orientie-

20. Oktober 1989 in Dessau durchgeführten »Gebete um Erneuerung« als Ausgangspunkte friedlicher Demonstrationen gingen vom Dessauer Kreisjugendkonvent aus. In Bernburg, Nienburg und anderen Orten fanden Friedensgebete statt. Nachdem sich Natho noch Ende Oktober 1989 von den Protesten in der DDR distanziert hatte, entschloss sich der Landeskirchenrat in Aufnahme eines entsprechenden Beschlusses der Landessynode Anfang November zu einer Unterstützung des gesellschaftlichen Wandlungsprozesses. Auf der Synode hatte der AKSK Anhalt ein Flugblatt verteilt, in dem schwere Vorwürfe gegen den Leitungsstil in der Anhaltischen Kirche erhoben worden waren.[305]

4.9 Die Evangelische Kirche des Görlitzer Kirchengebietes

Die Görlitzer als kleinste Landeskirche in der DDR[306] entstand aus den fünf von fünfzig Kirchenkreisen der vormaligen Preußischen Kirchenprovinz Schlesien, die westlich der Neiße lagen und nach 1945 bei Deutschland verblieben. Bereits im Früh-

---

rung hinsichtlich der Durchführung kirchlicher Veranstaltungen (vgl. Sachse, Menschen, 201f). Zum AKSK in der DDR s. Kap. 5.4.

305 Vgl. zu den Ereignissen des Jahres 1989 in Anhalt Findeis, Licht, 268, Anm. 65; Kirchengeschichtliche Kammer, Gebet; Lindemann, Anhalt, 4f, 7–13; u. Radeloff, Revolution.

306 Bis 1968 »Evangelische Kirche von Schlesien« (seit 1946 selbstständig), dann »Evangelische Kirche des Görlitzer Kirchengebietes«; ab 1992 »Evangelische Kirche der schlesischen Oberlausitz«. Zu den Hintergründen der Namensänderung 1968 s. Kap. 4.1.

jahr 1945 hatte sich im Konsistorium in Breslau (Wrocław) in Ablösung der deutschchristlichen Kirchenleitung unter der Leitung von Ernst Hornig eine aus BK-Vertretern bestehende Kirchenleitung konstituiert, die bis zu ihrer Ausweisung im Dezember 1946 hier auch noch amtieren konnte. Die mit der Ausweisung notwendig gewordene Verlegung des Konsistoriums nach Görlitz, wo die Kirchenleitung am 1. Mai 1947 ihren Dienst aufnahm, war mit erheblichen Problemen verbunden. Diese resultierten zum einen aus der Tatsache, dass die Oberlausitzer Pfarrerschaft erhebliche Vorbehalte gegenüber der BK-dominierten Kirchenleitung hatte, zumal Hornig und der ebenfalls in der neuen Kirchenleitung tätige Fränkel für den innerhalb der gespaltenen schlesischen BK kompromissloseren sogenannten Naumburger Flügel standen. Die Oberlausitzer Pfarrerschaft sah die näherliegende Option deshalb darin, die im Sommer 1945 installierte kommissarische Verwaltung des Görlitzer Gebietes durch die EKiBB in eine dauerhafte Angliederung zu überführen. Zum anderen standen der Errichtung einer Schlesischen Landeskirche im Görlitzer Gebiet Interessen der v. a. in den westlichen Besatzungszonen lebenden ehemaligen Schlesier entgegen, die die Schlesische Kirche als eine quer zu den landeskirchlichen Strukturen wie auch Zonengrenzen stehende landsmannschaftliche Diaspora-Kirche errichten wollten. Dies wurde aus rechtlichen Gründen aber ebenso von der EKD wie von den BK-Bruderräten abgelehnt.[307]

---

[307] Zur Entstehung der Schlesischen Landeskirche und der Amtszeit Hornigs als Bischof liegen mehrere Arbeiten vor. Vgl. v. a. Fränkel, Kirche; Jacobs, Bleibendes; u. Seidel, Trümmern, 229–265 [Lit.]. Ein wesentlicher Aspekt der Spannungen war in beiden Fällen, dass die in bekenntniskirchlicher Tradition stehende Kir-

Hornigs Amtszeit als Bischof (1946–1963) war zunächst vom spannungsvollen Prozess der Errichtung einer eigenständigen landeskirchlichen Struktur geprägt. Erst nach dem Erlass von Notverordnungen konnte 1949 eine Synode für das Görlitzer Kirchengebiet gebildet werden, die sich geistlich zugleich für die weiterhin in Polen lebenden deutschen Gemeindeglieder wie auch für die aus Schlesien stammenden Deutschen in den westlichen Gebieten verantwortlich erklärte. Die in Polen am Beginn der 1950er Jahre noch existierenden zirka einhundert deutschen Gemeinden, die bis 1957 von zwei deutschen Pfarrern und darüber hinaus von etlichen Laienpredigern betreut wurden, wurden mit Lesepredigten versorgt. 1951 wurde eine Verfassung verabschiedet, in der in Anknüpfung an die Barmer Theologische Erklärung die Wahrung des Wächteramtes der Kirche als Aufgabe des Bischofs wie auch der Synode verankert wurde.[308] Erst 1952 wurde Hornig durch Dibelius offiziell in sein Amt eingeführt.

Seit der Gründung der DDR gerieten Hornig wie auch der 1952 zum Oberkonsistorialrat berufene Fränkel aufgrund systemkritischer Äußerungen zunehmend in den Fokus des SED-

---

chenleitung im Zuge der Entnazifizierung von allen nicht aus der (strengeren Richtung der) BK kommenden schlesischen Pfarrern Schuldanerkenntnis und Buße verlangte, was insbesondere bei den in den westlichen Besatzungszonen untergekommenen Pfarrern erhebliche Irritationen auslöste (vgl., auch zu den langfristigen Spannungen zwischen östlichen und westlichen Schlesienbildern, Schott, Territorium; zur Entnazifizierung Seidel, Trümmern, 413; u. als Beispiel für ein Amtsenthebungsverfahren aus der Perspektive des Betroffenen Ness/Graetz, Rotbuch).

308 Vgl. Fränkel, Kirche, 194. Zum Wächteramt s. Kap. 5.2 mit Anm. 338.

Staates und bald auch des MfS. Dabei avancierte der Ausdruck »Wächteramt« auf staatlicher Seite zur »kürzestmögliche[n] Formel für Anspruch und Anliegen der Kirche«.[309] In öffentlichen Erklärungen ebenso wie in Briefen an Staatssekretär Eggerath nahm die Görlitzer Kirchenleitung vielfach kritisch zu Maßnahmen des Staates Stellung, insbesondere zu dessen Friedenspolitik im Sinne der SED einschließlich der Ereignisse vom 17. Juni 1953. Anlässlich der Niederschlagung des Volksaufstandes in Ungarn fand in Görlitz 1956 ein Friedensgottesdienst statt. Das bereits 1950 einsetzende Drängen auf eine Namensänderung der Landeskirche unter Verzicht auf die Bezeichnung »Schlesien« wurde zurückgewiesen. Die Kirchenleitung setzte sich kritisch mit der DDR-Bildungspolitik auseinander[310] und trat für ein klares Entweder-Oder im Blick auf Jugendweihe und Konfirmation ein. Vom Rat des Bezirkes Dresden wurde Hornig z. B. 1957 vorgeworfen, dass die Pfarrer der Schlesischen Landeskirche durch »feindliche Kräfte vom Westen her« beeinflusst seien, die »das Verhältnis zwischen Staat und Kirche zu stören versuchen«, wobei sich der Bischof

---

309 Vgl. hierzu EBD., 194–197; NESS, Kirche, Zitat 38; u. JACOBS, Bleibendes, 56–72.

310 Ein markantes Beispiel hierfür ist die Kritik am Gedicht »Die schlesischen Weber« als Pflichtlernstoff in der Schule, wozu die Görlitzer Synode 1959 in einer Eingabe an die Regierung formulierte: »Wir verwahren uns dagegen, daß unsere Kinder gezwungen werden, Flüche gegen Gott zu lernen und damit zum Ungehorsam gegen seine Gebote gezwungen werden. Wir erwarten, daß die in der Verfassung garantierte Glaubens- und Gewissensfreiheit auch hier respektiert wird« (zitiert nach NESS, Kirche, 37).

»vehement vor seine Pfarrer und Mitarbeiter« stellte.[311] Bis 1960 spitzten sich die Konflikte so weit zu, dass es in MfS-Operativplänen hieß, die schlesische Kirche habe »›keine Daseinsberechtigung in unsrem Staat‹ mehr, Hornig und Fränkel müssen abgeurteilt werden«.

Mit Hornigs Nachfolger Fränkel (1964–1979) setzte sich die unmittelbare Anknüpfung an die BK-Tradition personell fort. Dies implizierte im ersten Jahrzehnt von Fränkels Amtszeit auch eine Fortsetzung der vehement systemkritischen Haltung der Görlitzer Kirchenleitung unter expliziter Berufung auf die Barmer Theologische Erklärung und das Wächteramt der Kirche. Einen ersten Höhepunkt dieser Auseinandersetzung bildete das Jahr 1968. Unmittelbar nach dem Einmarsch in Prag ließ Fränkel den Pfarrern des Görlitzer Kirchengebietes eine Fürbitte zur Verlesung im Gottesdienst zukommen, was staatlicherseits aufgrund mangelnden Zugriffs innerhalb der Landeskirche nicht verhindert werden konnte. Zudem schrieb Fränkel im Auftrag der Kirchenleitung im Dezember 1968 einen Brief an Ulbricht, in dem er sich für Verhaftete einsetzte.[312] 1972 lautete die Einschätzung des Staatssekretariats für Kirchenfragen: »Das Gebiet der Kirche Görlitz unter Leitung von Bischof Fränkel muß als das politisch negativste in der DDR eingeschätzt werden. Es ist bisher nicht gelungen, im

---

[311] Zitiert nach Jacobs, Bleibendes, 66f. Das folgende Zitat 70. Dem MfS gelang es erst in den späten 1960er Jahren, die Görlitzer Kirchenleitung mit Inoffiziellen Mitarbeitern zu unterwandern.

[312] Vgl. hierzu Ruthendorf-Przewoski, Frühling, 269–301; der Brief im Wortlaut sowie weitere Beispiele systemkritischer Äußerungen bis 1970 bei Fränkel, Kirche, 197–201 u. 203f.

Bereich dieser Landeskirche echte Differenzierungen unter den Geistlichen zu erreichen.«[313]

Einen weiteren Höhepunkt von über die Landeskirche hinausreichender Relevanz erreichten die Staat-Kirche-Auseinandersetzungen um Fränkel 1973. Sie machten sich in der Hauptsache fest an zwei von Fränkel gehaltenen Grundsatzvorträgen: im März anlässlich der Synodaltagung in Görlitz und im November auf Einladung des sächsischen Landesbruderrates in der Annenkirche in Dresden.[314] In beiden Vorträgen gab Fränkel unter Rekurs auf die Barmer Theologische Erklärung wie auch die Zehn Artikel von 1963[315] breit angelegte, sehr kritische Statements zur Lage von Kirche und Christen in der DDR unter Rekurs auf die Menschenrechte, in dem er wachsende Repressionen nach innen bei zunehmender Anerkennung von außen diagnostizierte. In diesem Zusammenhang äußerte er sich ebenso kritisch zum Führungsanspruch der SED wie zu einer zu starken Anpassung der Kirchen an den SED-Staat. Mit dem Rekurs auf den Kirchenkampf zog er in seinem Dresdner Vortrag hinsichtlich des abzuwehrenden ideologischen Absolutheitsanspruchs direkte Parallelen zwischen der NS- und der SED-Herrschaft.

Im Rahmen des vom MfS bereits 1972 angelegten Operativen Vorgangs »Märtyrium« wegen »Dringende[n] Verdacht[s] der mündlichen Hetze und Aufwiegelung gegen die DDR« wurden gegen Fränkel jegliche Formen von Zersetzungsmaßnah-

---

313 Zitiert nach Ruthendorf-Przewoski, Frühling, 301.

314 Fränkel, Wort (Görlitz, März, 1973); u. ders., Kirchenkampf (Dresden, November 1973). Vgl. hierzu Naumann, Verhältnis; u. Ness, Görlitz.

315 S. Kap. 3.1.

men zum Einsatz gebracht, wobei ein wesentliches Ziel die innerkirchliche Isolation war.[316] Die bei Fränkel in der zweiten Hälfte der 1970er Jahre dann zu beobachtende theologisch-politische Wandlung muss zweifellos in diesem Zusammenhang gesehen werden.[317] Noch 1973 hatte Fränkel selbst Richtlinien für die Pfarrer des Görlitzer Kirchengebiets für den Umgang mit dem MfS aufgestellt, die auf eine Pflicht zur Dekonspiration hinausliefen.[318] Diese Regeln hat jedenfalls sein Nachfolger im Bischofsamt Hans-Joachim Wollstadt (1979–1985) auf sich selbst angewendet und eine durch Fränkel angebahnte MfS-Kooperation auf diese Weise beendet.[319]

Über Wollstadts wie auch die Amtszeit seines Nachfolgers Joachim Rogge (1986–1994), der seit 1985 als Inoffizieller Mitarbeiter des MfS geführt wurde,[320] liegen bislang keine kirchenhistorischen Darstellungen vor. Rogge wurde v. a. durch seine Veröffentlichungen zur Reformationsgeschichte bekannt. Die Quellenstudie von Roland Brauckmann und Christoph Bunzel gibt zahlreiche Hinweise auch auf Basisinitiativen und deren Unterstützer in der Görlitzer Kirche seit dem Ende der 1970er Jahren, wobei als maßgebliche Akteure u. a. die Offene Jugendarbeit in Hoyerswerda, die Reformierte Gemeinde

---

316 Vgl. Ness, Görlitz, 59–70, Zitat 47. 1974 wurde Gerhard Lotz vom MfS mit der Ausarbeitung eines Maßnahmeplans zur Beeinflussung Fränkels beauftragt.

317 Vgl. Brauckmann/Bunzel, Rückblick, 53–79; abgrenzend gegen »die ungebrochene monokausale Sicht des Staatssicherheitsdienstes« Pietz, Suche, Zitat 72.

318 Vgl. Brauckmann/Bunzel, Rückblick, 45–47.

319 Vgl. zur Amtszeit von Wollstadt ebd., 79–107.

320 Zur Amtszeit von Rogge ebd., 108–170.

in Görlitz und Einrichtungen des Diakonischen Werkes, wie z. B. der Teekeller Görlitz, genannt werden. Erwähnt werden in diesem Zusammenhang mehrere Verhaftungen mit anschließendem Freikauf in die Bundesrepublik, so des Stadtjugendwartmitarbeiters in Görlitz Uwe Reimann (1979), des Leiters der Offenen Jugendarbeit Hoyerswerda und Mitbegründers der Initiative Sozialer Friedensdienst Roland Brauckmann (1982) sowie des Rothenburger Diakons Ralf Rudow (1986). Die Aufarbeitung der MfS-Verstrickungen der Görlitzer Kirche wird aus der Perspektive der Opfer als unzureichend empfunden.[321]

---

[321] Vgl. EBD., 169–180.

5 Kirche als Lerngemeinschaft – Solidarische Kirche

5.1 Die Lernmetapher im BEK und die »Kirchwerdung des Bundes«

Mit dem Ausdruck »Lerngemeinschaft« etablierte sich im BEK der Selbstanspruch eines dezidiert hierarchiefreien und dynamischen Kirchenverständnisses. Deutlich greifbar wird dies anhand der ersten Selbstbeschreibung des Kirchenbundes in Gestalt einer historischen Dokumentation, die 1981 in der Evangelischen Verlagsanstalt in Ostberlin unter dem Titel »Kirche als Lerngemeinschaft« erschien.[322] Die Tatsache, dass diese Dokumentation zugleich eine Festschrift für Schönherr anlässlich dessen Eintritts in den Ruhestand war, bestätigt formal die von Krusche im Vorwort formulierte Feststellung, dass Schönherrs letzte zwölf Dienstjahre und die ersten zwölf Jahre des Bestehens des BEK als »ein Lernweg« untrennbar zusammengehört hätten (7). Hinsichtlich des konkreten Terminus verwies Krusche, der Schönherr 1981 in der Leitung des BEK abgelöst hatte, auf das von diesem 1974 vor der Bundessynode gehaltene Referat »Kirche als Lerngemeinschaft«, in dem Schönherr die Christen als »Schüler Jesu« charakterisiert hatte (9). In der Dokumentation abgedruckt war das zweite auf der Synode von 1974 gehaltene Grundsatzreferat – von dem Studienleiter des Templiner Pastoralkollegs Horst

---

[322] Sekretariat des Bundes der Evangelischen Kirchen in der DDR, Kirche. Seitenangaben hieraus im Folgenden im Text in Klammern.

Kasner zum Thema »Kirche als Gemeinschaft von Lernenden« (99–113).[323]

Bereits 1979 hatte Schönherr eine erste Überblicksdarstellung zur Geschichte der protestantischen Kirchen in der DDR vorgelegt, die strukturierend mit den immer wiederkehrenden Fragen »Was haben wir gelernt? Was müssen wir noch lernen?« arbeitete.[324] Das Wahrnehmen politischer Verantwortung und vor allem die Aufgabe, »[i]n der sozialistischen Gesellschaft verantwortlich mit[zu]leben« (376), nahmen hier thematisch den breitesten Raum ein. Insgesamt lief der Text auf ein Plädoyer für das Selbstverständnis als »Kirche im Sozialismus« in der Tradition der von Ulbricht 1960 propagierten Übereinstimmung von Christentum und humanistischen Zielen des Sozialismus und die Fiktion eines auf kirchlicher *und* staatlicher Seite sich fortsetzenden Lernprozesses mit dem Gespräch von 1978 als »Krönung und neuer Anfang« (Erich Honecker) hinaus (379).[325] Im Gespräch und in der Kooperation von »Staatsorganen und Kirchenleuten«, so wünschte Schönherr, mögen »eine Unbefangenheit und Natürlichkeit Platz greifen [...], die

---

323 Horst Kasner – der Vater von Angela Merkel – gehörte zum ›progressiven‹ Flügel des Weißenseer Arbeitskreises, in dem er mit Schönherr zusammengearbeitet hatte.

324 Schönherr, Auftrag. Seitenangaben hieraus im Folgenden im Text in Klammern.

325 Vgl. zu den hier genannten Ereignissen im Staat-Kirche-Verhältnis Kap. 3.1. Zum Zusammenhang zwischen der Formel »Kirche im Sozialismus« und dem Verzicht auf ein Wächteramt der Kirche gegenüber dem Staat zugunsten der Einnahme einer Haltung des »Lernens« von der (im Sinne Dietrich Bonhoeffers) ›mündig gewordenen‹ Welt vgl. Thumser, Kirche, 263–268. Zum Wächteramt s. Kap. 5.2 mit Anm. 338.

es erlaubt, so offen und wahrhaftig miteinander zu reden, daß man seine Gründe und Ziele ohne Befürchtungen nennen kann« (380).

Die Metapher des Lernens, so wird hier deutlich, stand im Besonderen für die Fiktion der Herausbildung eines vermeintlich partnerschaftlichen Gegenübers zum SED-Staat seit den 1970er Jahren mit einer deutlichen Tendenz zur Übernahme ideologischer Prämissen desselben. In diesem Sinn hat Krusche das Narrativ »Lernen« als Leitbild des BEK 1988 fortgeschrieben. Er betonte, dass das Gespräch von 1978 »einen beiderseitigen Lernprozeß in Gang gesetzt« habe, und zeigt an fünf »Lernfeldern« auf, »wie der Lernvorgang ausgesehen« habe.[326] Erneut beschwor er »den Weg, für den das Gespräch am 6. März 1978 einen wichtigen Markstein« darstelle, »auch wenn das Verhältnis zwischen ihr [der Kirche, d. Vf.in] und dem Staat auf eine harte Probe gestellt worden ist und auf beiden Seiten Fragen an die Durchschaubarkeit, Verläßlichkeit, Berechenbarkeit und Fairneß des anderen aufgebrochen sein werden«. Während dies bei Krusche jedenfalls differenzierte Äußerungen zum Verhältnis von Kirche und Gruppen implizierte,[327] rekurrierte Manfred Stolpe im Rahmen seiner historischen Darstellung zur evangelischen Jugendarbeit in der DDR zeitgleich auf die Metapher des Lernens, um vor »politi-

---

[326] Krusche, Lernweg, 40, das folgende Zitat 59. 1991 formulierte Krusche retrospektiv erneut markant: »Gott hat uns zu einer Gemeinschaft von Lernenden gemacht« (Krusche, Weg- und Arbeitsgemeinschaft, 137), stellte hier aber nicht mehr den engen Zusammenhang zu einem gegenseitig verstandenen Lernen im Staat-Kirche-Verhältnis her.

[327] Vgl. zu den Gruppen Kap. 5.4.

sche[m] Mißbrauch in kirchlichen [Jugend-]Gruppen« als potentieller Störung des von ihm stark harmonisierend dargestellten Staat-Kirche-Verhältnisses geradlinig zu warnen.[328]

In der Wahrnehmung der Gliedkirchen wie auch einzelner Pfarrer implizierte der unter der Metapher des Lernens etablierte Kurs des BEK ein durchaus hierarchisches Agieren.[329] Dies war bereits in der konsistorialen Leitungsstruktur des BEK angelegt: Die KKL als ein in deutlicher Mehrheit von Hauptamtlichen besetztes Gremium dominierte schon deshalb stärker als die Synode das Tagesgeschehen, weil sie alle zwei Monate und ihr Vorstand sogar monatlich tagte, wogegen die Synode lediglich ein Mal pro Jahr zusammenkam. Die Außenwahrnehmung des BEK war im Wesentlichen vom Vorstand des BEK geprägt, wobei die Tatsache, dass dessen Vorsitzender zudem meist auch Vorsitzender der KKL war, zusätzlich die Fokussierung auf Einzelpersonen förderte.[330] Zurückhaltende und kritische Stimmen aus der Kirche zum Gespräch vom

---

[328] Stolpe, Jahrzehnte, 167. Angesichts der Tatsache, dass Stolpe die einzige personelle Kontinuität in der KKL von der Gründung des BEK bis zum Ende der DDR war (1969–1981 als Leiter des Sekretariats des BEK, 1982–1990 als Stellvertretender Vorsitzender der KKL), ist davon auszugehen, dass bei der Etablierung der Lernmetapher für den Kurs des BEK dessen Verständnis von Kirchenrecht »als der sozialistischen Gesellschaft dienende Ordnung«, dem theologische Überlegungen nachzuordnen seien, keine geringe Rolle gespielt hat (vgl. Richter, Kirchenrecht, 40f, Zitat 40).

[329] Vgl. zu dieser Wahrnehmung exemplarisch Eppelmann, Haus, 224.

[330] Vgl. hierzu Mendt, Denken; zu den institutionellen Strukturen des BEK Kap. 3.2.

März 1978 als Kulminationspunkt des zum ›Lernprozess‹ deklarierten Staat-Kirche-Verhältnisses erhoben sich insbesondere deshalb, weil Schönherr hier praktisch im Alleingang und Ergebnis einer ›Geheimdiplomatie‹ als Repräsentant des BEK aufgetreten war, ohne sich zuvor im Bund abzustimmen. Der sächsische Bischof Hempel nahm dies zum Anlass, gegenüber Schönherr seine Sorgen hinsichtlich eines Zuges zu zentralistisch-autoritativen Strukturen im BEK in Analogie zu den staatlichen zum Ausdruck zu bringen.[331]

Diese Entwicklungen im BEK vollzogen sich vor dem Hintergrund einer intensiven Diskussion um die »Kirchwerdung des Bundes«, der in der Selbstwahrnehmung ein hoher Stellenwert zukam.[332] Auf der Basis des in der Ordnung des BEK 1969 formulierten Ziels der Gliedkirchen, »in der Einheit und Gemeinsamkeit des christlichen Zeugnisses [...] zusammenzuwachsen«,[333] war im Frühjahr 1973 von der KKL an die Kom-

---

331 Vgl. hierzu Albrecht-Birkner, Weichenstellungen, 93–97; Frank, DDR-Kirchenpolitik, 48 f; u. Onnasch, Spitzengespräch, 8. In der Berichterstattung im SED-Organ »Neues Deutschland« war Schönherr der Ausdruck »Kirche im Sozialismus« untergeschoben und so der Zusammenhang zwischen dem Gespräch und dieser Formel hergestellt worden (vgl. Rathke, Weg, 156 f). Zu den Reaktionen in der EKiBB s. Kap. 4.6.

332 In beiden in der DDR erschienenen Dokumentationen zur Arbeit des BEK stand dieses Thema an erster Stelle (vgl. Sekretariat des Bundes, Kirche, 11–61; u. Bund der Evangelischen Kirchen in der DDR, Dokumente, 13–19 u. 23–42), wurde in der jüngeren Publikation unter dem Titel »Schritte auf dem Weg zur Einheit« aber in breiterem Maß mit der Dokumentation von Kontakten zwischen dem BEK und den Freikirchen kombiniert (vgl. hierzu Kap. 7.2).

333 Ordnung des Bundes, 255.

mission für Theologie des Bundes sowie Mitglieder des Rates der EKU Ost und der VELKDDR der Auftrag ergangen, ein Arbeitspapier zu den theologischen Aspekten dieses Zusammenwachsens zu erarbeiten. Auch die Bundessynode beschäftigte sich 1973 mit der Weiterentwicklung des Bundes und setzte dies bis 1981 fort. Jenseits der in diesen Kontext gehörenden theologischen Lehrgespräche zwischen der EKU und der VELKDDR[334] ging es dabei um Fragen der Leitungsstruktur, wobei die im BEK dominierenden konsistorialen Strukturen teils als größtes Hindernis im Prozess der »Kirchwerdung« gesehen wurden.[335] Wohl kaum zufällig war gemäß einem Beschluss der BEK-Synode von 1977 bei der maßgeblichen Delegiertenversammlung, die 1979 in Eisenach zusammenkam, denn auch von der Suche »nach Wegen der Vertiefung der Kirchengemeinschaft mit den Mitteln synodaler Arbeit« die Rede.[336] Nachdem das Projekt »Vereinigte Evangelische Kirche in der DDR« 1984 an der Ablehnung der Synode der EKiBB endgültig gescheitert war, einigten sich die Gliedkirchen 1985 auf eine »Gemeinsame Erklärung« als – aber doch *eine* – »Evangelische Kirche in der DDR«.[337]

---

[334] Vgl. hierzu Kap. 7.2.

[335] S. Mendt, Denken.

[336] Sekretariat des Bundes, Kirche, 49–61, Zitat 49.

[337] Vgl. hierzu auch Beier, Kirchwerdung, 151–457; u. Radatz/Winter, Einheit, 204–206.

5.2 »Gesellschaftliche Diakonie« und Wächteramt

Jenseits der mit der Akzeptanz der Formel »Kirche im Sozialismus« durch den BEK gegebenen politischen Implikationen und der darauf aufbauenden ›Spitzenpolitik‹ begann die 1974 als theologisch-soziologisches Institut des Kirchenbundes gegründete Studienabteilung unter dem eher ›harmlos‹ daherkommenden Stichwort »Gesellschaftliche Diakonie« bereits in den 1970er Jahren mit der Erarbeitung gesellschaftskritischer Studien, die einem wächteramtlichen Selbstverständnis als Kirche entsprachen.[338] Da diese in der DDR nicht publiziert werden durften, als hektographierte Vervielfältigungen »zum innerkirchlichen Dienstgebrauch« aber sehr wohl zugänglich waren, bieten sie unmittelbare Einblicke in Themen und Meinungen, die im BEK virulent waren – abseits der KKL-Präsen-

---

338 Der Begriff »Wächteramt« meint eine kritische Begleitung staatlicher Politik als Teil öffentlicher Verantwortung der Kirche nach dem Vorbild alttestamentlicher Prophetie – unter dem Kriterium, dass der Staat die ihm gemäß göttlichem Auftrag zukommenden Funktionen (Sorge für Frieden und Ordnung) erfüllt. Er wurde in der reformierten Tradition der Lehre von der Königsherrschaft Christi geprägt, lässt sich aber ebenso aus der lutherischen Zwei-Reiche-Lehre ableiten (s. v. a. These 5 der Barmer Theologischen Erklärung). In der Perspektive des SED-Staates stand der Begriff seit den 1950er Jahren für jeglichen Anspruch der Kirche auf ein politisches Mandat. Im Zuge der Etablierung des Ausdrucks »Kirche im Sozialismus« in den frühen 1970er Jahren drängte er deshalb darauf, ihn endgültig aufzugeben (vgl. Kap. 5.1 mit Anm. 325, Kap. 3.1, 4.2, 4.3, 4.7 u. 4.9; sowie Albrecht-Birkner, Zwei-Reiche-Lehre; Schneider, Barmen, 52–54; u. Thumser, Kirche, 261–263).

tation gegenüber dem SED-Staat.[339] Die Studienabteilung kann als ›Denkfabrik‹ des BEK angesehen werden.

Zum Bereich »Gesellschaftliche Diakonie« der Studienabteilung gehörte zum einen das Referat Friedensfragen, in dem – als Referent im Sekretariat des BEK bereits seit 1971 – bis 1990 federführend der katholische Theologe Joachim Garstecki tätig war und für die friedensethischen, -theologischen und -pädagogischen Äußerungen des BEK verantwortlich zeichnete. Diese umfassten ebenso umfangreiche praxisorientierte Handreichungen und Materialsammlungen zum BEK-Programm »Erziehung zum Frieden« wie programmatische Stellungnahmen zu Fragen des Friedens mit in den 1980er Jahren zunehmender Fokussierung auf das Problem der Abschreckung.[340] Die besondere Relevanz der Arbeit des Referats Friedensfragen für den BEK in den 1980er Jahren spiegelt sich in der Tatsache, dass die meisten Tagungen der Bundessynode zwischen 1982 und 1988 mehr oder weniger zentral dem Friedensthema gewidmet waren.[341] Die markanteste Äußerung der Synode in diesem Kontext war die »Absage an Geist, Logik und Praxis der

---

339 Vgl. Grelak/Pasternack, Theologie, 223–226. Da die Texte nicht publiziert wurden, sind sie auch gegenwärtig nur in den kirchlichen Archiven, teils auch in den Bibliotheken der Landeskirchenämter zugänglich.

340 Vgl. Rahmenkonzept »Erziehung zum Frieden« sowie Bund der Evangelischen Kirchen in der DDR, Dokumente, 217–286; Demke/Falkenau/Zeddies, Anpassung, 272–346; u. Garstecki, Gewaltfreiheit, 65–187. Zur Relevanz friedenstheologischer Positionen im ostdeutschen Protestantismus s. Kap. 3.1, 7.1 u. 7.2.

341 Hinzu kamen – durch die Einbindung in den Konziliaren Prozess – ab 1983 die Themen Schöpfungsverantwortung und globale Gerechtigkeit. Vgl. hierzu Kap. 3.1 u. 7.2.

Abschreckung« von 1987, die in ihrer theologischen und politischen Konsequenz an die Handreichung zur Seelsorge an Wehrpflichtigen von 1965 anknüpfte.[342]

Zum Themenbereich »Gesellschaftliche Diakonie« arbeitete in der Studienabteilung unter der Leitung zunächst von Götz Planer-Friedrich und ab 1985 von Ehrhart Neubert zudem das Referat Sozialethik, das umfangreiche soziologische Studien mit gesellschaftskritischem Profil zur Lebenssituation der DDR-Bevölkerung vorlegte.[343] Vorreiter hinsichtlich gesellschaftskritischer Äußerungen im BEK war in den 1970er Jahren dessen Ausschuss »Kirche und Gesellschaft«. Die von diesem 1973 vorgelegte Studie »Zeugnis und Dienst der evangelischen Christen und Kirchen in der sozialistischen Gesellschaft der DDR« wie auch das 1976 erarbeitete Statement zum Verhältnis des christlichen Glaubens zu Ideologien, an denen federführend Heino Falcke und Siegfried Ringhandt beteiligt gewesen waren, wurden allerdings auch innerkirchlich nicht freigegeben.[344]

Strukturell ist also festzuhalten, dass die mit der Akzeptanz der Formel »Kirche im Sozialismus« und der Etablierung der Lernmetapher scheinbar festgelegte systemkonforme Ausrichtung des BEK ab 1973/74 lediglich so etwas wie die gegen-

---

342 S. hierzu Kap. 3.1.

343 Vgl. hierzu Albrecht-Birkner, Auseinandersetzungen, Abschnitt 4.

344 Vgl. Albrecht-Birkner, Weichenstellungen, 86f. Falckes 1978 vor dem Ausschuss »Kirche und Gesellschaft« gehaltenes Referat »Unsere Verantwortung für Umwelt und Zukunft des Menschen« fand aber Eingang in die erste Dokumentation der Arbeit des BEK (Sekretariat des Bundes, Kirche, 250–259).

über dem SED-Staat repräsentative Außendarstellung desselben war. Aus staatlicher Perspektive stand diese – entsprechend der eigenen zentralistischen Denk- und Arbeitsweise – freilich durchaus für einen Zugriff auf die im Kirchenbund verbundenen Evangelischen Landeskirchen insgesamt.[345] Bereits im unmittelbaren Umfeld der Leitungsorgane des BEK setzte sich aber eine dezidiert wächteramtliche Perspektive auf den SED-Staat fort, wie sie auf den Synoden von 1971 und 1972 unter den Maximen »Zeugnis- und Dienstgemeinschaft« und »Kirche für andere« artikuliert worden war und theoretisch und praktisch eine Anknüpfung an die Tradition der »Zehn Artikel über Freiheit und Dienst der Kirche in der DDR« von 1963 bedeutete.[346] Schönherrs Feststellung von 1988, dass der BEK sich primär an den »Sieben Sätze[n] von der Freiheit der Kirche zum Dienen« des Weißenseer Arbeitskreises – an denen er selbst mitgearbeitet hatte – orientiere, ist vor diesem Hintergrund als zumindest sehr einseitig einzuordnen.[347]

Letzteres gilt umso mehr, wenn man die 1980er Jahre einbezieht, die außer von markanten wächteramtlichen Äußerungen der Bundessynode auch von verschiedenen Vorsitzenden des BEK und der KKL geprägt waren. Werner Krusche wurde 1982 von Johannes Hempel und dieser 1986 von Werner Leich abgelöst. Jeder brachte eigene Profile aus den jeweiligen lan-

---

345 Vgl. Kap. 2.1.

346 Vgl. hierzu Kap. 3.1 u. 4.7 sowie Sekretariat des Bundes, Kirche, 161–221.

347 Vgl. Schönherr, Jahren. Schönherrs Mitwirkung an den »Sieben Sätzen« hat innerkirchlich teils auch Misstrauen ihm gegenüber ausgelöst (vgl. Mäkinen, Krummacher, 133, Anm. 55).

deskirchlichen Kontexten ein.[348] Obwohl Krusche als stellvertretender Vorsitzender des Vorstandes der KKL deren Kurs seit 1977 mitgeformt hatte und ihn später auch im Sinne des Gesprächs von 1978 tradierte,[349] bedeutete der Amtswechsel von Schönherr zu ihm für den SED-Staat – zumal in den in Krusches Amtszeit fallenden Auseinandersetzungen um den Aufnäher »Schwerter zu Pflugscharen«, den Berliner Appell und die Forderung nach einem Sozialen Friedensdienst – zunächst einmal erhebliche Verunsicherungen, was vor dem Hintergrund der Einschätzung der EKKPS und Krusches selbst in den 1970er Jahren nicht verwundert. Staatssekretär Gysi konfrontierte Krusche in diesem Zusammenhang mit dem Vorwurf, »ihm sei aufgefallen, daß nach dem Ausscheiden von Bischof Schönherr nicht mehr von der Kirche im Sozialismus gesprochen werde. Ob das programmatisch sei.«[350] Krusche wies dies unter Verweis auf seine Mitwirkung am Gespräch von 1978 aber zurück.

Da Hempel seine Theorie vom ›begrenzten politischen Mandat der Kirche‹ unmittelbar nach dem Ende seiner Amtszeit als BEK-Vorsitzender vorgelegt hat, ist davon auszugehen, dass deren Profilierung in eben diese Amtszeit gefallen ist. Sie führte zu heftigen Irritationen zwischen der sächsischen Kirche und der KKL unter Leich als Nachfolger Hempels und war faktisch ein Ausdruck von Konkurrenzverhältnissen – sei es zwischen Sachsen als lutherischer Kirche und der EKU Ost mit Sitz in Berlin, sei es zwischen Sachsen und Thüringen. In bei-

348 Vgl. Kap. 4.3, 4.4 u. 4.7.

349 Vgl. zu Krusches ›Lernweg-Geschichtsschreibung‹ Kap. 5.1.

350 Vgl. Mau, Realsozialismus, 244 f, Anm. 45, Zitat 244.

den Fällen bestanden historisch gewachsene Gegensätze.[351] In seinem Gespräch mit Honecker im Februar 1985 hatte Hempel betont, dass es auf »handhabbare Richtlinien für die weitere Verwirklichung von Gleichberechtigung und Gleichachtung auch christlicher Bürger« ankomme.[352]

Freilich darf nicht übersehen werden, dass Schönherrs Einordnung des BEK-Weges in die Tradition der »Sieben Sätze« im Jahre 1988 in den Kontext des zehnjährigen Jubiläums des Gesprächs von 1978 gehörte, das der SED-Staat nutzen wollte, um die protestantischen Kirchen erneut auf die politischen Konnotationen des »Kirche im Sozialismus«-Kurses einzuschwören. Bei einem Treffen mit dem KKL-Vorstand hatte Staatssekretär Gysi 1987 die Anregung eingebracht, das Jubiläum des Staat-Kirche-Gesprächs zu nutzen, um Bilanz zu ziehen, und zugleich vor einer ›Überfremdung‹ der Kirche durch die Gruppen gewarnt.[353] Diesen Ball hatte Schönherr zuerst im Januar 1988 in Gestalt eines Vortrags auf einer Tagung der CDU, der anschließend unter dem Titel »Kirche im Sozialismus. Signaturen des Gesprächs vom 6. März 1978« in der CDU-Zeitschrift »Standpunkt« auch veröffentlicht worden war, aufgenommen. Hier hatte er, ganz das Verständnis des SED-Staates bedienend, betont, dass die Formel »Kirche im Sozialismus« »nicht nur im geographischen Sinn verstanden werden« könne – dann genüge ja »der Ausdruck ›Kirche in der DDR‹« –, sondern für eine »qualifizierte Anwesenheit in der so gearteten Gesellschaft« stehe, »die geleitet wird von einer Partei, die sich dem dialekti-

351 Vgl. hierzu Engelbrecht, Kirchenleitung, 40–43 u. 116–121.

352 Zitiert nach Krusche, Lernweg, 39.

353 Sekretariat des Bundes, Schnellinformation, 221.

schen Materialismus verschrieben hat«, »in einem Staat, in dem die Machtfrage entschieden ist«.[354]

Mit solchen Äußerungen stand Schönherr 1988 offenbar aber eher allein da und beförderte vermutlich noch die sich im BEK nun deutlich – nicht zuletzt durch Leich als Vorsitzendem der KKL – artikulierende Kritik an der Formel »Kirche im Sozialismus«. So legte das Referat Weltanschauungsfragen der Studienabteilung des BEK unter Federführung von Manfred Punge im März eine Materialsammlung zum Begriff »Kirche im Sozialismus« vor, in der Punge kommentierend das »Integrationspotential« der Formel hinterfragte.[355] Im August erschien in der Westberliner Zeitschrift »Kirche im Sozialismus« ein Votum Richard Schröders für den Ersatz der Formel durch die Formulierung »Kirche in der DDR«. Im September plädierte der Propst der EKiBB Hans-Otto Furian in einem Rundschreiben angesichts der Beobachtung, »daß die Zurückhaltung gegenüber bzw. die Ablehnung der Formel [...] innerkirchlich wahrscheinlich weiterreicht«, als Punge meine, und deren Mehrdeutigkeit ebenfalls für die Abschaffung.[356] Leich als Vorsitzender der KKL traf sich am 3. März 1988 vor dem Hintergrund schwerer Spannungen zwischen Kirche und Staat zu einem Gespräch mit Honecker, in dem er die Alternativlosig-

---

354 Schönherr, Kirche, 62.

355 Theologische Studienabteilung, Gebrauch, Zitat 15. Erstmals war die Formel 1984 in einem Papier der Studienabteilung von Manfred Falkenau hinterfragt worden (vgl. Falkenau, Sozialisation, v. a. 3–5). Vom Referat Weltanschauungsfragen der Studienabteilung waren seit den 1970er Jahren ideologiekritische Analysen zur Politik des SED-Staates vorgelegt worden.

356 Vgl. Schröder, Versuch, 1219–1224 u. 1401–1403, Zitat 1401.

keit der Grundsätze vom 6. März 1978 betonte. Am 5. März 1989 schlug er in einem Referat vor, »die Wendung ›Kirche im Sozialismus‹ durch ›Evangelische Kirche in der DDR‹ zu ersetzen«.[357] Damit favorisierte er die Ergebnisformulierung der Diskussionen um die »Kirchwerdung des Bundes«.[358]

5.3 Lernräume der ›Ermündigung‹ und Beteiligung

Quer zu der ab 1974 im BEK etablierten Lernmetapher mit ihren systemkonformen und hierarchischen Implikationen stand zudem ein die Gemeinden fokussierender, dezidiert partizipatorischer Lernbegriff. Dieser hatte seine Wurzeln in einem bruderschaftlichen, gemeindeorientierten Kirchenverständnis, das sich nach 1945 im Anschluss an bruderrätliche BK-Traditionen von einem hierarchischen Selbstverständnis als Amts- oder ›Pastorenkirche‹ abgesetzt und vielfach synodale Kirchenleitungsstrukturen befördert hatte.[359] Dieser ekklesiologische Ansatz ist in den ostdeutschen Kirchen unter den repressiven Bedingungen des SED-Regimes weiterentwickelt worden zu einem Kirchenverständnis, das der Volkskirche als ›Betreuungskirche‹ programmatisch die Minderheitenkirche als Kirche der bekennenden und beteiligten Gemeinde entgegensetzte. In diesem Kontext sind in den 1950er Jahren ebenso

---

[357] Vgl. HEIDINGSFELD, Kirche, 167–171, Zitat 169; sowie LEICH, Ansprache. Das Gespräch von 1988 war ebenso wenig wie das von 1978 in der KKL zuvor abgesprochen worden. Zur Situation am Beginn des Jahres 1988 s. Kap. 3.1.

[358] S. Kap. 5.1.

[359] Vgl. hierzu SEIDEL, Neubeginn, 94–101; sowie Kap. 4.2–4.9.

Günter Jacobs Rede vom »Ende des konstantinischen Zeitalters« und sein Plädoyer für die »Freiwilligkeitskirche« wie Johannes Hamels Publikationen über das Christsein in der DDR mit ihrem Fokus auf den Gemeinden zu verorten.[360]

Seit den 1960er Jahren etablierte sich in der Selbstbeschreibung der ostdeutschen Kirchen in dieser Tradition einerseits der Diasporabegriff, der teils mit einer expliziten Parallelisierung zur Situation der Urgemeinde – als vorkonstantinischer Kirche – einherging. Nachdem Krusche mit seinem Vortrag »Die Gemeinde auf dem Weg in die Diaspora« vor der Synode der EKKPS 1973 einen erneuten Impuls zu dem Thema geliefert hatte,[361] wurde es von der Studienabteilung des BEK aufgenommen. Diese legte 1975 eine detaillierte Studie zum Begriff, zu dessen Herkunft und den damit verbundenen Semantiken einschließlich einer »[k]ritische[n] Einschätzung des Gebrauchs des Diasporabegriffes« vor, in der dafür plädiert wurde, »das Faktum der Minorisierung unbefangen« anzunehmen.[362] Zugleich wurde darauf hingewiesen, dass mit der Fokussierung auf den Diasporabegriff das »Leitbild der missionarischen Gemeinde« aus dem Blick geraten könne, und – in Anknüpfung an das Referat von Krusche – dazu aufgefor-

---

360 Vgl. hierzu und zum Folgenden Brunner, Avantgarde, 24–27 u. 33–35; s. hier auch den Hinweis auf Hamels 1965 erschienenen Aufsatz »Von der Betreuungskirche zur mitarbeitenden Gemeinde«. Zu Jacobs und Hamels Publikationen der 1950er Jahre vgl. Kap. 4.6 u. 4.7.

361 Vgl. Kap. 4.7.

362 Dies fand Eingang in die erste Dokumentation der Arbeit des BEK (Sekretariat des Bundes, Kirche, 186–205, Zitate 194 u. 196; die folgenden Zitate 198 f).

dert, »das Verhältnis von Diaspora und Missio neu zu überdenken«.

Mit diesem Votum verband der Text der Studienabteilung das Diasporamotiv mit dem Leitgedanken des ›Missionarischen als Strukturprinzip‹, der sich im ostdeutschen Protestantismus seit den 1960er Jahren andererseits zur Beschreibung des eigenen Propriums etabliert hatte. Im Gegensatz zum Diasporamotiv setzte das Missionsmotiv den Fokus nicht auf die Gemeinde selbst, sondern auf die diese umgebende Welt – ein Perspektivwechsel, der seinen Hintergrund in den intensiven Diskussionen der 1960er Jahren um die ›Hinwendung‹ der Kirche ›zur Welt‹ hatte.[363] Unter dem Motto »Die Welt setzt die Tagesordnung« hatte dieser Perspektivwechsel in den Kirchen der DDR seine Impulse v. a. vom Lückendorfer Arbeitskreis in Sachsen erhalten – einer Laieninitiative, zu der erst später Theologen, wie z. B. Werner Krusche, hinzugekommen waren.[364] Ein maßgeblicher Multiplikator dieses dezidiert hierarchiekritischen, die mündige Gemeinde und somit die Laien als Partner des Pfarrers und ein generell basisbezogenes Verständnis von Kirchenleitung betonenden Ansatzes in den BEK hinein war Dietrich Mendt. Als ein Ergebnis dieser Reformbemühungen auf Bundesebene ist die Tatsache anzusehen, dass sich die Bundessynode 1977 zentral der Frage nach der Mitwirkung der Laien in der Kirche widmete und im Ergebnis hierzu eine Materialsammlung publizierte.[365]

---

363 Vgl. hierzu Brunner, Avantgarde, 35–38.

364 Zum Lückendorfer Arbeitskreis vgl. Kap. 4.3. Zum Motto vgl. Mendt, Welt.

365 Vgl. Grengel/Mendt, Laie.

Die in Anknüpfung an BK-Traditionen virulenten hierarchiekritischen Impulse implizierten auch strukturelle Neuansätze im Pfarramtsverständnis. Schon in den 1950er Jahren kam gemäß der finanziellen Situation der Kirchen der Gedanke an das nebenamtliche Pfarramt auf. Im Pfarrerdienstgesetz von 1982 wurde die Möglichkeit einer ›Beauftragung‹ von Laien zur neben- oder ehrenamtlichen Ausübung des Pfarrberufs als Ausnahmefall festgelegt. Vorausgegangen waren dem schon seit den 1960er Jahren u. a. Initiativen der staatsnahen Gossner-Mission zur Etablierung von Team- und Arbeiterpfarrämtern in Neubau- und Industriegebieten.[366] Die Gossner-Mission brachte 1970 auch das Konzept der »Bruderschaftlichen Leitung« von Kirchenkreisen anstelle des regulären Superintendentenamtes ein, das zumindest in der EKiBB offiziell als Möglichkeit eingeführt wurde.[367] In den Kontext einer bruderschaftlichen Pfarramtsauffassung gehörten zudem die in den ostdeutschen Kirchen zahlreich vorhandenen Bruderschaften, die sich mit gegensätzlichen politischen Positionen verbanden.[368]

Das partizipatorische Kirchenverständnis implizierte in den ostdeutschen Kirchen ein ausgeprägtes Engagement für die ›Ermündigung‹ von Gemeindegliedern durch Bildung jenseits der ideologischen Vorgaben des SED-Staates.[369] Dies schlug

---

366 Vgl. hierzu Weyer/Wippermann/Lins, Kirchen, 109–117 u. 216–235; sowie Albrecht-Birkner, Auseinandersetzungen, Abschnitt 4.

367 Vgl. Richter, Kirchenrecht, 63–65.

368 Vgl. Kap. 4.2, 4.3, 4.6 u. 4.7.

369 Retrospektiv formulierte Krusche unter dem Stichwort »Die Kirche als Lerngemeinschaft und Einübungsfeld«: »Es ging um das Mündigwerden der Gemeinde, um die Bereitschaft und Befähi-

sich in einem breiten Angebot an Bildungsmaßnahmen für erwachsene Gemeindeglieder einschließlich der Durchführung von Gemeindeseminaren nieder. Deren Merkmale waren – in dezidiertem Gegensatz zum offiziellen Bildungssystem in der DDR – »[f]reie Informationen, nichtreglementierte Kommunikation, geistiger Anschluß an moderne Entwicklungen und Wissensbestände, bildnerische Methodenvielfalt, Authentizität und Freiwilligkeit«.[370] Eine wichtige Rolle spielten dabei die Evangelischen Akademien, die entsprechend diesem Programm Ziel intensiver konspirativer Maßnahmen des SED-Staates waren.[371] Mit dem Ziel theologischer ›Ermündigung‹ von Laien erschienen in der Evangelischen Verlagsanstalt von 1973 bis 1989, teils in mehreren Auflagen, in der Reihe »Theologische Informationen für Nichttheologen« elf Themenhefte.[372]

Die Erwachsenenbildung war Teil einer Bildungs- und Forschungslandschaft in kirchlicher Trägerschaft, die prinzipiell

---

gung, das Evangelium im sozialistischen Alltag selbständig zu verantworten und die eigene Sprache zu finden« (Krusche, Solidarität, 13).

370 Vgl. Sekretariat des Bundes, Kirche, 113–125; u. Rothe, Erwachsenenbildung, Zitat 352. 1977 legte die Studienabteilung des BEK eine Studie zur »Kirchliche[n] Arbeit mit Erwachsenen« vor. Praktisch wurde in der Erwachsenenarbeit aber ein »kooperative[s] Defizit der Landeskirchen unter dem Ostberliner Dach des Kirchenbundes« beklagt (ebd., 355).

371 Vgl. Friedenthal-Haase, Akademien; s. auch Kap. 4.7 u. 4.8.

372 Einige davon wurden auch in der Bundesrepublik nachgedruckt. Die Reihe bildete das ostdeutsche Pendant zu der in den 1960er Jahren in der Bundesrepublik publizierten Reihe »Theologie für Nichttheologen«.

alle Bildungsstufen umfasste – freilich ohne die Option einer Anerkennung hier erworbener Abschlüsse außerhalb der Kirchen.[373] Unmittelbar mit der Gründung des BEK war eine Ausbildungskommission damit beauftragt worden, eine auf die Situation der Gemeinden in der DDR zugeschnittene kirchliche Ausbildungskonzeption zu entwerfen. Im Ergebnis von deren Arbeit lag der Bundessynode 1975 ein »Konzeptionspapier für die Ausbildung kirchlicher Mitarbeiter im Gemeindedienst« zur Beratung vor, das 1977 beschlossen wurde und sich auf die Arbeitsfelder Theologie, Pädagogik, Fürsorge und Musik sowie »andere Gestaltungsmittel in der Gemeinde« bezog.[374] Im Arbeitsfeld Pädagogik wurde mit der Gemeindepädagogik – begrifflich unabhängig von parallelen Entwicklungen in der Bundesrepublik im ostdeutschen Kontext von der Religionspädagogin Eva Heßler geprägt – ein neues Berufsbild konzipiert.[375] 1979 nahm in Potsdam ein gemeindepädagogisches Institut seine Arbeit auf.

Im Arbeitsfeld Theologie setzten sich konzeptionelle Überlegungen zur Gestaltung des Theologiestudiums in den 1980er Jahren fort.[376] Sie bezogen sich auf das Sprachenkonvikt in Berlin, das Theologische Seminar in Leipzig und das Katechetische Oberseminar in Naumburg als Hochschulen in landeskirchlicher Trägerschaft sowie die Predigerschule Paulinum in

---

373 Vgl. Grelak/Pasternack, Bildungswesen; u. dies., Theologie.

374 Vgl. hierzu und zum Folgenden Krusche, Weg- und Arbeitsgemeinschaft, 135–137, Zitat 136; u. Sekretariat des Bundes, Kirche, 125–152.

375 Vgl. zu Heßler Petzold / Wermke, Jahrhundert, 43–58.

376 Vgl. Bund der Evangelischen Kirchen in der DDR, Dokumente, 129–151.

Berlin, die Evangelische Predigerschule in Erfurt und die Gnadauer Bibelschule in Falkenberg.[377] Je nach konkreter Zuordnung hatten diese Studieneinrichtungen unterschiedliche Profile: Das Sprachenkonvikt war eine Ausbildungsstätte der EKiBB, das Theologische Seminar wurde von den lutherischen Landeskirchen Mecklenburg, Sachsen und Thüringen unterhalten, und das Katechetische Oberseminar Naumburg und die Predigerschule Erfurt waren Einrichtungen der EKKPS. Dem pietistischen Profil des Paulinums und der Gnadauer Bibelschule entsprach die Mitträgerschaft von Berliner Stadtmission, Evangelischem Jungmännerwerk und Landeskirchlicher Gemeinschaft bzw. Gnadauer Gemeinschaftsverband neben der Zuständigkeit des BEK bzw. der EKU.

Als dem staatlichen Zugriff entzogene Bildungseinrichtungen, an denen etwa die Hälfte der künftigen Pfarrer studierte, galten die Kirchlichen Hochschulen aus der Perspektive des SED-Staates als »Zentren der Ideologie des politischen Klerikalismus«, wo »jugendliche Bürger der DDR [...] gegen die Interessen der Arbeiter-und-Bauern-Macht geschult« wurden.[378] Dieses Problem entwickelte seine spezifische Dynamik dadurch, dass sich an den Kirchlichen Hochschulen insbesondere die studentische Klientel sammelte, der es aus politischen Gründen verwehrt geblieben war, an einer staatlichen Universität zu studieren. Pläne des SED-Staates, die kirchlichen Ausbildungsstätten grundsätzlich zu verbieten und aufzulösen, waren deshalb immer wieder virulent, wurden aber nie umge-

---

377 Vgl. GRELAK/PASTERNACK, Theologie, 28–36, 41–52 u. 81–88.

378 SED-interne Stellungnahme vom 26. 1. 1962, zitiert nach STENGEL, Fakultäten, 552, Anm. 243.

setzt. Von der Intention her waren die Kirchlichen Hochschulen keineswegs ›Horte von Opposition‹, wohl aber Konzentrationspunkte von Theologie als einem »Vollzug von Freiheit« jenseits staatlicher wie – hinsichtlich theologischer Denk- und Forschungsoptionen – auch kirchlicher Vorgaben.[379] Insgesamt gesehen, ist auch in die sechs Theologischen Fakultäten bzw. Sektionen mehr von dieser Freiheit hineingetragen worden, als dass andersherum – wie die SED-Politik dies vorsah – systemkonformes Theologisieren von hier in den kirchlichen Bereich hineingewirkt hätte.[380]

Was die Möglichkeiten kirchlichen und theologischen Publizierens in der DDR betraf, griff hier zwar eine »als Druckgenehmigungsverfahren verschleierte« restriktive Zensurpraxis, die personell unmittelbar mit der Arbeitsgruppe Kirchenfragen des ZK der SED verbunden war – die Evangelische Verlagsanstalt als für die protestantischen Kirchen wichtigster Verlag wurde aber nicht eigens vom MfS bearbeitet.[381] Es erschienen z. B. Fachzeitschriften wie die »Theologische[n] Versuche« (1966–1989) und ab 1978 mit der von dem Rostocker Kirchenhistoriker Gert Haendler und Joachim Rogge als Dozent für Kirchengeschichte am Berliner Sprachenkonvikt initiierten Lehrbuchreihe »Kirchengeschichte in Einzeldarstellungen« eine ursprünglich auf den ostdeutschen Kontext zugeschnittene Lehrbuchreihe, die nach dem Ende der DDR weitergeführt und 2012 mit Band 39 abgeschlossen wurde.[382]

---

379 Vgl., auch zum Folgenden, Krötke, Wegbeschreibungen, Zitat 9.

380 Vgl. zu den Sektionen Theologie Kap. 2.3.

381 Vgl. hierzu Bräuer/Vollnhals, Zensur, Zitat 16.

382 Vgl. Haendler, Mecklenburg, 99–105; u. Kistenbrügge/Sauter, Versuche. Zu wissenschaftlichen Bibliotheken, Verlagen und

Während die kirchliche Zeitschrift »Die Zeichen der Zeit« insbesondere seit den 1970er Jahren unter gezielter ideologischer Beeinflussung stand, war die aus fünf verschiedenen Wochenzeitungen bestehende landeskirchliche Zeitungslandschaft ein Experimentierfeld der jeweiligen Redaktionen mit stets neu auszulotenden partiellen Spielräumen gegenüber dem staatlichen Presseamt, das die Drucklegung überwachte.[383] Nach gewissen Lockerungen ab Mitte der 1980er Jahre kam es 1988 erneut zu rigorosen Eingriffen vonseiten des Presseamtes, infolge derer z. B. mehrere Ausgaben der Wochenzeitung »Die Kirche« gar nicht oder mit leeren Stellen erschienen, bevor den Kirchenzeitungen bereits mit Beginn des Jahres 1989 eine bis dahin nicht gekannte Pressefreiheit gewährt wurde. Die Kirchenzeitungen waren zugleich ein Feld der Wahrung von »Unabhängigkeit und […] Freiheit der Berichterstattung gegenüber kirchenleitenden Gremien«, die sich mit der Informationstransparenz teils schwertaten.[384] Nicht zufällig beschäftigte sich die Bundessynode im September 1976 mit »Überlegungen zu Grundfragen kirchlicher Informationsarbeit in der DDR«, die der Facharbeitskreis Information des BEK vorgelegt hatte, um »die Fragen kirchlicher Informationsarbeit sowohl auf der Leitungsebene wie auch an der Basis stärker ins Bewußtsein zu rücken und Hilfen für den wirksamen Umgang mit Informationen zu geben«.[385]

Fachzeitschriften im kirchlichen Bereich im Überblick s. GRELAK/PASTERNACK, Theologie, 246–264.

383 Vgl. BULISCH, Presse; u. ROCH, Freiheit.

384 ROCH, Freiheit, 94.

385 SEKRETARIAT DES BUNDES, Kirche, 152–158, Zitat 152. Im Hinter-

Angesichts der Tatsache, dass Kinder und Jugendliche primär im Fokus der atheistischen Indoktrination standen,[386] stellte deren religiöse ›Ermündigung‹ einen Schwerpunkt in der Arbeit der ostdeutschen Kirchen dar. Hierzu gehörten – angesichts der herausragenden Relevanz der Jugendweihe im Erziehungskonzept des SED-Staates – intensive konzeptionelle Überlegungen zu einer diesen Rahmenbedingungen gemäßen Konfirmationspraxis. In diesem Zusammenhang entstand das Modell des »Konfirmierenden Handelns der Gemeinde«, das sich in den 1970er Jahren im BEK etablierte und auf eine prozesshaft gedachte christliche Erziehung in der Gemeinde als Lebens- und Lernraum zielte. Diesem die Konfirmation als punktuelles Ereignis ›entzerrenden‹ Modell entsprach theoretisch ein im Vorschulalter ansetzendes und bis zum frühen Erwachsenenalter reichendes katechetisches Kurssystem.[387] Praktisch bedeutete dieser Ansatz vor allem eine Aufwertung der Christenlehre, also des gemeindlichen Religionsunterrichts für Kinder bis zur sechsten Klasse, und zog in den 1980er Jahren auch die Zulassung von Kindern zum Abendmahl nach sich.[388]

---

grund stand hier die kirchliche Informationspolitik im Blick auf die Selbstverbrennung von Oskar Brüsewitz (vgl. Kap. 3.1).

386 Vgl. Kap. 2.3.

387 Vgl. hierzu Schwerin, Handeln; u. Sekretariat des Bundes, Kirche, 82–89. Eckart Schwerin kritisierte allerdings die mangelnde Einbeziehung von Gemeindegliedern in die Erarbeitung des Konzepts (320).

388 Vgl. Bund der Evangelischen Kirchen in der DDR, Dokumente, 100–110. Die Christenlehre ist bislang kaum Gegenstand kirchenhistorischer Untersuchungen gewesen. Vgl. im Überblick Grelak/Pasternack, Bildungswesen, 50–53; aus der Zeitzeugenperspektive

Die Arbeit mit Jugendlichen und jungen Erwachsenen stellte einen von der Katechetik unterschiedenen Arbeitsbereich dar, der von Jugendpfarrern, Jugendwarten und Jugendkonventen auf Landes- und Kreiskirchenebene verantwortet wurde. Hinzu kamen überregionale Mädchen- und Jungmännerwerke.[389] Wegen der schon traditionell offeneren Arbeitsformen, v. a. der Rüstzeiten – so die in der DDR übliche Bezeichnung für kirchliche Freizeiten im Sinne der (biblischen) ›Zurüstung‹ für den Alltag –, stand die Jugendarbeit einschließlich der Jungen Gemeinden in besonderer Weise im Fokus des SED-Staates.[390] Laut einem 1973 von der Kommission für Kirchliche Jugendarbeit des BEK vorgelegten Rahmenkonzept sollten Jugendliche hier befähigt werden, »sich als mündige Christen in Gemeinde und Gesellschaft zu bewähren«.[391] Dies schloss intensive lerntheoretische, -psychologische und -soziologische Reflexionen ebenso ein wie eine breite Ausdifferenzierung der Arbeitsrichtungen, unter denen das Referat »Werk und Feier« u. a. mit den Bereichen Laienspiel, der Arbeitsgemeinschaft Musik und einem umfangreichen Material- und Medienangebot eine besonders wichtige Rolle als Alternative zu staatlichen Freizeitangeboten spielte.

HOFFMANN, Christenlehre; u. WALTER, Lied; als Quellenpublikation aus der Zeitschrift »Die Christenlehre« REIHER, Unterricht.

389 Vgl. zur evangelischen Jugendarbeit in der DDR in der Retrospektive des Zeitzeugen DORGERLOH, Geschichte.

390 Höhepunkte repressiver Maßnahmen gegen die kirchliche Jugendarbeit bildeten das Verbot der Zeitschrift der Jungen Gemeinde »Die Stafette« 1953 (vgl. UEBERSCHÄR, Gemeinde, 203–206 u. 255–265) und der Erlass der Veranstaltungsverordnung von 1971 (vgl. Kap. 3.1).

391 Zitiert nach DORGERLOH, Geschichte, 166.

Vor allem im Bereich der Jugendarbeit etablierten sich schon seit den 1960er Jahren Basisinitiativen, die den Rahmen üblicher kirchlicher Arbeitsformen überschritten und die deshalb in besonderer Weise das Misstrauen sowohl staatlicher als auch kirchenleitender Stellen erregten. Dies betraf neben der sozialdiakonischen Jugendarbeit insbesondere die Offene (Jugend-)Arbeit, die dezidiert dem Verlangen nach Selbstbestimmung im bevormundenden Staat Raum zu geben versuchte. Seit den 1970er Jahren formierten sich vorrangig aus der Jugendarbeit heraus zudem zahlreiche Basisgruppen, die zu Trägern gesellschaftskritischer Diskurse und Aktionen wurden.[392]

5.4 Basisinitiativen und Widerstandsräume

Basisinitiativen spielten im Protestantismus in der DDR zwar nicht quantitativ, aber qualitativ eine so wichtige Rolle, dass ›Kirche von unten‹ eine Perspektive von eigener Relevanz darstellt, die hier nur beispielhaft beleuchtet werden kann.[393] Strukturell ist von Zusammenhängen zwischen den auf ›Ermündigung‹ und Beteiligung setzenden Impulsen der Kirchenleitungen und tatsächlichen Basisinitiativen auszugehen, ohne dass darin monokausale Erklärungsmuster zu suchen wären. Inhaltlich konstatierte Werner Krusche 1988 eine weitgehende Kongruenz zwischen dem, was die »kritischen Gruppen an

---

392 Vgl. hierzu Kap. 5.4.

393 Der Ausdruck »Kirche von unten« wird hier allgemein zur Beschreibung der soziologischen Perspektive verwendet und nicht nur für die gleichnamige, 1987 entstandene Initiative. Zu dieser s. u. in diesem Kapitel.

Veränderungen wollen«, und »dem, was die Kirchen in all den Jahren immer wieder öffentlich ausgesprochen haben«.[394] Zugleich warnte er vor Alleingängen von Gruppen jenseits des von den Kirchenleitungen eingeschlagenen Weges der »Kirche im Sozialismus« – und markierte damit deutlich die Grenzen einer möglichen Schnittmenge zwischen Gruppen und (Amts-)Kirche hinsichtlich politischen Widerstandspotentials.[395]

Im Blick auf den »demokratisierenden Effekt« und die programmatische ›Hinwendung zur Welt‹ sind strukturelle Parallelen feststellbar zwischen der ›missionarischen Gemeinde‹ der 1960er und 1970er Jahre und den gesellschaftskritischen Initiativen unter dem Dach der Kirche in den 1980er Jahren – oder anders gesagt: zwischen ›Hauskreisen‹ und ›Gruppen‹ als »Kommunikations- und Gemeinschaftsformen«.[396] Das erste Gruppenphänomen größeren Ausmaßes, das den BEK in den 1970er Jahren beschäftigte, war die »Charismatische Bewegung«, in der Selbstbezeichnung »Geistliche Gemeindeerneuerung«. Sie war außer in den Freikirchen und der katholischen Kirche vor allem in den Evangelischen Landeskirchen relevant und hatte ihren Schwerpunkt in Sachsen, wo sich bereits in

---

394 Krusche, Lernweg, 57 f.

395 Diese Schnittmenge wurde durch die Ökumenischen Versammlungen für Frieden, Gerechtigkeit und Bewahrung der Schöpfung am Ende der 1980er Jahre strukturell aber deutlich vergrößert (vgl. hierzu Kap. 3.1 u. 7.2).

396 Vgl. Engelbrecht, Kirchenleitung, 172–175, Zitate 173 f. Freilich hatte das Konzept der missionarischen Gemeinde (s. Kap. 5.3) dezidiert keine gesellschaftspolitische Stoßrichtung, wie es bei den ›Gruppen‹ in den 1980er Jahren der Fall war (vgl. hierzu schon Falkenau, Sozialisation, 5–7).

den 1950er Jahren Bräunsdorf bei Karl-Marx-Stadt und Großhartmannsdorf bei Freiberg als Zentren charismatischer Frömmigkeit etabliert hatten. Eine zentrale Rolle spielte dabei der »Volksmissionskreis Sachsen«.[397] Die Theologische Studienabteilung des BEK legte von 1977 bis 1979 drei umfangreiche Studien und mehrere Materialsammlungen zur charismatischen Bewegung vor. Befürwortet wurde im Umgang mit diesen Gruppen ein Modell ›dialogischer Pluralität‹.

Gruppen im Raum der Kirche, die sich seit den 1970er Jahren kritisch-konstruktiv mit gesellschaftspolitischen Problemen auseinandersetzten, sind als eine Art situationsbedingte Synthese von systemkritischen Jugendkulturen ohne christlichen Hintergrund und kirchlichen Basisinitiativen, die auf Reformen in der Gesellschaft drängten, zu verstehen. Entsprechend waren sie gekennzeichnet von fließenden Übergängen nicht nur zwischen den Konfessionen, sondern auch zwischen christlichen und nichtchristlichen Kreisen. Eine zunehmend oppositionell politisierte subkulturelle Szene hatte sich in der Jugend der DDR trotz massiver Unterdrückungsmaßnahmen des SED-Staates bereits in den 1960er Jahren etabliert, bestehend aus Anhängern der »Beat-Kultur« und nonkonformen Intellektuellen sozialistischer wie christlicher Provenienz.[398] Zu »einem Schlüsseljahr für die Konfliktgeschichte der DDR« wurde das Jahr 1968, in dem es zu Protesten gegen die Nieder-

---

397 Vgl. SCHMIDT, Spiritualität; u. ZIEMER, Kirche. Zu pietistischen Traditionen in der Sächsischen Landeskirche s. Kap. 4.3.

398 Vgl. GEHRKE, Proteste, Zitat 41, die folgenden Zitate 40f. Vgl. zur Entstehung und Entwicklung oppositioneller Milieus in der DDR im Überblick KUHRT, Opposition; NEUBERT, Geschichte; POLLACK, Legitimität, und als regionales Beispiel HALBROCK, Freiheit.

schlagung des Prager Frühlings kam, mit dem man die Hoffnung auf einen »Sozialismus mit menschlichem Antlitz« verbunden hatte. Für das Ende der 1960er Jahre ist vor diesem Hintergrund von neuen oppositionellen Milieus auszugehen, die personell und diskursiv Kontinuitäten bis zum Ende der DDR aufwiesen.[399]

Ein Schlüsseljahr von besonders nachhaltiger Wirkung hinsichtlich der Entwicklung oppositioneller Milieus in der DDR war das Jahr 1976. Das MfS sprach von dem »im Zusammenhang mit Brüsewitz und Biermann in Erscheinung getretene[n] politische[n] Untergrund« und meinte damit die Proteste gegen die Diffamierungen von Brüsewitz nach dessen Selbstverbrennung in der staatlichen Presse und gegen die Ausbürgerung des Liedermachers Wolf Biermann sowie insbesondere die durch beide Ereignisse entstandene Vermischung von kirchlichen und nichtkirchlichen Protestmilieus.[400] Diese hatte sich auch in Biermanns vorherigem Auftritt in der Prenzlauer Nikolaikirche trotz seines seit 1965 bestehenden Auftrittsverbots gezeigt – ein Datum, das für die Praxis stand, unter Auftritts- bzw. Berufsverbot stehenden Künstlern in kirchlichen Räu-

---

399 Charakteristisch hinsichtlich der Affinität zum Prager Frühling und der daraus entstehenden Entwicklungen sind z. B. die Biografien von Ulrich Schacht oder Lothar Tautz (vgl. Schacht, Frei-Raum; u. Tautz, Opposition).

400 Zitiert nach Krampitz, Fall, 584. Vgl. hierzu Tautz/Radeke, Zeiten. Ein weiterer markanter Protestgrund war 1976 der Ausschluss des Schriftstellers Reiner Kunze aus dem Schriftstellerverband nach der Publikation seines Erzählbandes »Die wunderbaren Jahre« in der Bundesrepublik. Zur Selbstverbrennung von Brüsewitz s. Kap. 3.1, 4.7 u. 7.1.

men eine Plattform zu bieten. Dies betraf v. a. Schriftsteller, aber auch Liedermacher, wie z. B. Bettina Wegner, und Bands. Auf diese Weise wurde die Vermischung der verschiedenen Protestmilieus wie auch deren Konzentration in der Kirche durch den SED-Staat zusätzlich gefördert bzw. blieb der Staat hinsichtlich einer Verhinderung dieser Entwicklungen auf nach innen disziplinierende Kirchenleitungen angewiesen. Besonders markante Ereignisse waren in dieser Hinsicht die Auftritte von Stephan Krawczyk und Freya Klier in Kirchen der DDR in den Jahren 1985 bis 1987.[401]

Die Ereignisse des Jahres 1976 wurden zum Auslöser für die Gründung von Basisinitiativen, die sich unter Berufung auf die Menschenrechtsbestimmungen in der KSZE-Schlussakte von Helsinki von 1975 und die tschechische Bürgerrechtsbewegung Charta 77 Menschenrechtsfragen in der DDR widmeten. So unterzeichneten – wohl kaum zufällig in der Landeskirche, in der Brüsewitz tätig gewesen war, und in Aufnahme von dessen Anliegen – evangelische und katholische Christen in Querfurt bei Halle 1977 das »Querfurter Papier« mit dem Titel »Friede und Gerechtigkeit heute«, das unter Rekurs auf die Freiheit des Menschen vor Gott mehr demokratische Rechte in der DDR forderte. Aus demselben Jahr stammt das »Manifest

---

401 Vgl. Sachse, Menschen, 197–208. Schriftsteller wurden u. a. zu Lesungen in Evangelische Akademien eingeladen (vgl. z. B. Tschiche, Boykottnest, 63–79). Soweit dies möglich war, formierte sich Protest nicht nur im Raum der Kirche, sondern z. B. auch in Studenten-, Jazz- und Filmclubs sowie in Gestalt von Wohnungsbesetzungen und alternativen Kunstszenen. Eine gewisse ›Nische‹ bildete für manchen außer der Kirche die Theaterszene.

der Naumburger Menschenrechtsgruppe« der dortigen Studentengemeinde, in dem Menschenrechtsverletzungen in der DDR explizit angeprangert und zur Ausnutzung des kirchlichen Schutzraumes zum Kampf gegen diese aufgerufen wurde.[402] Diese Gruppen standen in Kontakt mit dem »Aktionskreis Halle«, der einzigen Gruppierung innerhalb der katholischen Kirche in der DDR, die sich unter Aufnahme von Impulsen des Zweiten Vatikanischen Konzils bereits seit 1969 gesellschaftskritisch engagierte.[403] Einen Schwerpunkt im Bereich der Menschenrechte hatte die breite Basisgruppenszene in Leipzig. 1986 gründete sich in Berlin die »Initiative Frieden und Menschenrechte« als von der Kirche unabhängige Bürgerbewegung, deren Samisdat-Zeitschrift »Grenzfall« aber in der Umweltbibliothek in der Zionskirche hergestellt wurde.[404]

Bei den sich ab den späten 1970er Jahren etablierenden und dann dominierenden Friedensinitiativen war am unmittelbarsten das Herkommen von und der Zusammenhang mit zentralen Anliegen des BEK erkennbar.[405] Die ersten strukturellen Reflexionen aufseiten des BEK zum Umgang mit den Gruppen von 1984 gingen von Überlegungen zu den Friedensgruppen aus.[406] Die erste gesellschaftspolitisch relevante Gruppe,

---

402 Vgl. Stach, Vermächtnis, 292–300; u. Tautz, Friede.

403 Vgl. Garstecki, Löwen.

404 Vgl. Dietrich/Schwabe, Freunde, 495–504; u. Rudolph, Weg. Als Beispiel für eine frühe Leipziger Oppositionsgruppe außerhalb des kirchlichen Raums s. Franke, Sand.

405 Vgl. Kap. 3.1 u. 5.2.

406 Vgl. Ausschuss »Kirche und Gesellschaft«/Falcke, Kirche. Unterschieden werden hier je nach Struktur »Friedenarbeitskreise«, »Selbständige Friedenskreise« und »Friedensgemeinschaften«

die sich unter dem Dach der Kirche organisiert hatte, waren die Bausoldaten. Dies korrespondierte mit der Tatsache, dass die evangelischen Kirchen die Seelsorge an Wehrpflichtigen seit der Einführung der Wehrpflicht 1962 als eine ihrer zentralen Aufgaben angenommen und in diesem Arbeitsfeld ihre spezifische friedensethische Schwerpunktsetzung profiliert hatten.[407] Die Friedensarbeit war aber auch das Feld, auf dem sich seit Beginn der 1980er Jahre eine deutliche Distanz zwischen Kirchenleitungen und Pfarrern sowie Gruppen manifestierte, die jenseits von Einzelfalllösungen offensiv neue politische Lösungen forderten – namentlich einen Sozialen Friedensdienst und grundlegende Maßnahmen zu einer Entmilitarisierung.[408] Indem sie von den Kirchenleitungen nicht oder nicht dauerhaft unterstützt wurden, avancierten sie in der Kirche zu Basisinitiativen und in der Perspektive des SED-Staates zu ›Oppositionsbewegungen‹. Am sinnfälligsten greifbar war dieser Vorgang im Entschluss der KKL, der Aufnäheraktion »Schwerter zu Pflugscharen« – staatlichem Drängen nachgebend – die Unterstützung zu entziehen, worauf das

(111 f). Die Spannungen im Verhältnis zu den Gruppen werden in der Dokumentation selbst deutlich. Während dieser Beitrag ekklesiologisch differenziert argumentiert, werden die Gruppen in der Einleitung zum entsprechenden Abschnitt (»Vielgestaltige Kirche«) von Gottfried Müller deutlich pejorativ als ›Einbruch‹ in das »von der Gesellschaft insgesamt als ausgleichender Faktor geschätzte Wirken der Kirchen« dargestellt (Müller, Einleitung, 83).

407 Vgl. Eisenfeld/Schicketanz, Bausoldaten, 336–342; Vesting, Zeugnis; u. zur politischen Relevanz der Bausoldaten Widera, Pazifisten.

408 S. Kap. 3.1.

Symbol zu einem Markenzeichen systemkritischer Jugendlicher wurde.[409]

Die Friedensgruppen unter dem Dach der evangelischen Kirchen gehörten in den Kontext der sich in den frühen 1980er Jahren etablierenden unabhängigen Friedensbewegung mit dezidiert politischer Stoßrichtung. Ein maßgebliches Zentrum dieser Arbeit war Berlin mit Einzelgruppen, wie z. B. dem Pankower Friedenskreis, und der seit 1982 jährlich durchgeführten Friedenswerkstatt als einer von mehreren Plattformen zur DDR-weiten Vernetzung verschiedener Basisinitiativen. In Berlin gründete sich in Reaktion auf die Einführung der Wehrpflicht für Frauen im Verteidigungsfall mit dem Wehrdienstgesetz von 1982 die erste Gruppe »Frauen für den Frieden« in der DDR, der die Gründung von weiteren 14 Gruppen, u. a. in Halle, Leipzig und Magdeburg, folgte. Das DDR-weite Netzwerk »Frauen für den Frieden« wurde vom MfS ab 1985 als Zentraler Operativer Vorgang bearbeitet und im Zuge dessen Ziel massiver Differenzierungs- und Zersetzungsmaßnahmen.[410] Als ein weiteres wichtiges Zentrum der kirchlichen Friedensarbeit in der DDR ist Mecklenburg zu nennen, u. a. der Kessiner Friedenskreis und die gleichnamigen Friedensseminare unter Federführung von Heiko Lietz, dem Kessiner Pfarrer Dieter Nath und dem Rostocker Studentenpfarrer Christoph Kleemann.[411] Eine Vorbildfunktion für das Kessiner

---

409 Falcke erinnert sich an ein Zitat Gysis im Blick auf die Basisinitiativen: »Entweder ihr [die Kirche, d. Vf.n] nehmt die an die Leine oder ihr laßt sie los« (zitiert nach Silomon, Schwerter, 298).

410 Vgl. Klein, Frieden; Sengespeick-Roos, Normale; u. Subklew-Jeutner, Friedenskreis. S. auch Kap. 4.6.

411 Vgl. Frank, DDR-Kirchenpolitik, 390–410; s. auch Kap. 4.2. Der

Seminar hatte das bereits in den 1970er Jahren von dem ehemaligen Bausoldaten Hans-Jörg Weigel initiierte Friedensseminar in Königswalde bei Werdau in Sachsen. Für Thüringen sei exemplarisch die von dem Jugendpfarrer in Langenschade bei Saalfeld Jo (Klaus Joachim Otto) Winter gegründete Gruppe »Gewaltlos leben« genannt, die 1984 das »Saalfelder Papier« vorlegte – eine Selbstverpflichtung zu gewaltlosem Leben in der Tradition Martin Luther Kings.[412]

Aufgrund der zunehmend desolaten Umweltsituation in der DDR spielten zudem Gruppen eine große Rolle, die sich im Bereich der Ökologie engagierten. Auch diese Umweltbewegung konstituierte sich als kirchliche Initiative und blieb, da sie als staatsfeindlich angesehen wurde, weitgehend auf die Kirche als Schutzraum angewiesen.[413] Als inhaltlicher Impulsgeber, Treffpunkt, (Selbst-)Verlag und institutionelle Verbindung zu den Kirchen fungierte für die Umweltgruppen das von der EKKPS und der Sächsischen Kirche getragene Kirchliche Forschungsheim Wittenberg mit dem Theologen Hans-Peter Gensichen und dem Biologen Gerd Pfeiffer als Mitarbeitern. Dessen zwangsläufige Politisierung ergab sich bereits aus der Erhebung und Auswertung von Daten, insofern »Informationen über den Zustand der natürlichen Umwelt der DDR« in einem Geheimbeschluss des Ministerrates 1982 ausdrücklich tabuisiert worden waren.[414] Kennzeichnend für die Umweltbe-

---

Kessiner Kreis löste sich 1985 infolge von Zersetzungsmaßnahmen des MfS auf.

412 Vgl. Kluge, Blume; u. Winter, Bande. Zur Popularität Martin Luther Kings in der DDR hatten auch dessen spontane Predigten in Ostberlin im September 1964 beigetragen.

413 Vgl. Beleites, Luft; u. Rothe, Ökologiebewegung.

wegung waren Aktionen wie DDR-weite Baumpflanzaktionen oder die jährlichen Aktionstage »Mobil ohne Auto« wie auch Radsternfahrten. Eine wichtige Rolle bei der Konstituierung der Umweltbewegung spielten die ab 1981 jährlich durchgeführten Schweriner Ökologieseminare. Besonders relevant war die Tätigkeit der Umweltgruppen im Süden der DDR, wo v. a. durch die Chemieindustrie und den Braunkohle- und Uranbergbau die ökologischen Bedingungen katastrophal waren. In den späten 1980er Jahren etablierten sich im Zuge der sich formierenden Jugendopposition mit der Umweltbibliothek in der Zionskirche und den dort hergestellten »Umweltblättern« sowie dem »Grün-ökologischen Netzwerk Arche« mit dem Mitteilungsblatt »Arche Nova« in Berlin neue Formate ökologischer Basisinitiativen, gegen die der SED-Staat rigoros vorging.[415] Mit dem »Pleiße-Gedenkumzug« und dem »Pleißepilgerweg« entstanden 1988/89 u. a. auch in Leipzig Protestformen von neuer Qualität.

Ab 1983 wurden mit dem Ziel der Vernetzung von Basisgruppen unter dem Thema »Konkret für den Frieden« (bzw. »Frieden konkret«) jährlich DDR-weite Seminare als Treffen von Delegierten der Gruppen durchgeführt, und zwar jeweils unter der Regie einer anderen Landeskirche, die einlud. Hierdurch ergaben sich gewisse Dialogmöglichkeiten zwischen Gruppen und Mitgliedern von Kirchenleitungen. Eine wichtige Brückenfigur zwischen »Frieden konkret« und dem BEK war

---

414 Vgl. GENSICHEN, Kirche, Zitat 179. Zur Fokussierung des MfS auf die Umweltbewegung s. MINISTERIUM FÜR STAATSSICHERHEIT, Arbeitshinweise.

415 Vgl. Kap. 3.1 sowie JORDAN/KLOTH, Arche; u. RÜDDENKLAU, Störenfried.

Joachim Garstecki als Berater der Initiative. Maßgeblicher Initiator des zunächst als Bruderschaft konzipierten Netzwerks war Hans-Jochen Tschiche, als ein wichtiger Koordinator fungierte ab 1984 zudem Heiko Lietz.[416]

Die Offene Arbeit als in den 1960er Jahren entstandene und ab 1970 so bezeichnete Basisinitiative zielte, indem sie sich dezidiert für nonkonforme, nicht aus christlichen Kontexten kommende Jugendliche öffnete und als deren Anwalt verstand, von Anfang an nach innen – auf ein flexibleres Gemeindeverständnis.[417] Mit u. a. Erfurt, Jena, Rudolstadt, Saalfeld, Braunsdorf und Zella-Mehlis hatte sie mehrere Schwerpunkte in Thüringen und spielte darüber hinaus vor allem in Leipzig, Dresden, Halle-Neustadt, Berlin und Schwerin eine Rolle.[418] Als durchgängig prägende Gestalt der Offenen Arbeit ist der Braunsdorfer Pfarrer Walter Schilling anzusehen, der bereits Ende der 1950er Jahre ein Jugendheim aufbaute, in dem er unangepassten Jugendlichen Lebensräume bot, bis es 1980 staatlicherseits endgültig verboten wurde. Teil der Offenen Arbeit waren Gottesdienste in Form von Großveranstaltungen mit Werkstattcharakter wie das 1978 und 1979 von Schilling gemeinsam mit dem Rudolstädter Pfarrer Uwe Koch durchgeführte, dann aber von der Thüringer Landeskirche verbotene »June« in Rudolstadt, das eine Fortsetzung in »Jugend 86« als Festival der Offenen Arbeit fand.[419] Strukturelle Parallelen hatten diese Veranstaltungen sowohl in den von Rainer Eppel-

416 Vgl. Neubert, Geschichte; u. Subklew-Jeutner, Friedenskreis, 243–249.

417 Vgl. Schilling, Emanzipationsbewegung; u. ders., Thesen.

418 Vgl. z.B. Pietzsch, Jugend.

419 Vgl. Lenski/Kulisch, Utopie.

mann in Berlin veranstalteten Bluesmessen als auch in den von Theo Lehmann in Karl-Marx-Stadt durchgeführten »Gottesdienst[en] einmal anders«.[420]

Die Offene Arbeit bot gemäß ihrem Ansatz erhebliches Konfliktpotential mit den jeweiligen Landeskirchen, wurde vonseiten des SED-Staates zugleich als staatsfeindlich eingestuft und war entsprechend intensiven Differenzierungs- und Zersetzungsmaßnahmen ausgesetzt. 1982 formulierte Schilling gegenüber dem Bischofskonvent: »Wir haben mehr und mehr den erschreckenden Eindruck, daß die gegenseitigen Verstehensschwierigkeiten immer größer werden und daß sich zunehmend unter der jungen Generation Resignation breitmacht, die zum äußeren oder inneren ›Aussteigen‹ aus Kirche und Gesellschaft« führe.[421] Das gravierendste Beispiel für die Zerschlagung einer Offenen Arbeit im Raum der evangelischen Kirche war Halle-Neustadt mit der Verhaftung von Lothar Rochau (1983).[422] Aus der Offenen Arbeit ging 1987 im Zusammenhang mit dem Berliner »Kirchentag von unten« die »Kirche von unten« hervor, als deren Initiator und Spiritus rector sowie Vertrauenspfarrer ebenfalls Schilling galt.[423]

---

420 Vgl. Kap. 4.3 u. 4.6.

421 Schilling, Brief.

422 Vgl. Kap. 4.6. Als ein weiteres Beispiel kann die Offene Arbeit in Gera (1982) genannt werden (Lenski/Merker, Diktat, 27–53). In Ausschuss »Kirche und Gesellschaft«/Falcke, Kirche, werden »Kreise der offenen Jugendarbeit« und daraus hervorgehende junge Erwachsene als »besonders problematische Gruppe« eingestuft, »weil es für sie [...] keinen geeigneten Platz in einer ›wohlgeordneten‹ Gemeinde gibt« (112f).

423 Vgl. Initiative Kirche von unten e. V., Wunder. Als unmittelbare Auslöser für die Initiative »Kirchentag von unten« sind die Ab-

Bereits 1986 hatte sich in Berlin der AKSK als Initiative von kirchlichen Mitarbeitern und ausdrücklich als Arbeitskreis innerhalb des BEK gegründet.[424] In der Basiserklärung wurden ein »Defizit an Solidarität in Kirche und Gesellschaft«, ein »zu stark von der Sorge um die eigene Sicherheit, die eigenen Rechte und Privilegien« geprägtes Verhalten von Kirchenleitungen gegenüber dem Staat wie auch Kirchenstrukturen beklagt, die ein »Mündigwerden der Gemeinde« im Sinne des Priestertums aller Gläubigen« »erschweren oder verhindern«, und zum Kampf für »mehr Partizipation, Demokratie und Gerechtigkeit« aufgefordert.[425] Der AKSK formierte sich als DDR-weites Netzwerk mit 16 Regionalgruppen und war eingebunden in den Konziliaren Prozess für Gerechtigkeit, Frieden und Bewahrung der Schöpfung.[426]

---

sage der Friedenswerkstatt für 1987 durch die Kirchenleitung der EKiBB (Günter Krusche) sowie das Ende der Bluesmessen anzusehen. Bischof Forck setzte sich dagegen für Basisinitiativen ein (vgl. Kap. 4.6).

424 Vgl. Goertz, Kirche.

425 Arbeitskreis Solidarische Kirche, Basiserklärung, 190f.

426 Vgl. zu den Regionalgruppen u. a. Kap. 4.8 sowie Brauckmann/Bunzel, Rückblick, 163–165; Frank, DDR-Kirchenpolitik, 445–453; u. Tautz, Opposition, 125–139. Zum Konziliaren Prozess s. Kap. 3.1 u. 7.2.

6 Freikirchlicher Protestantismus

6.1 Strukturen und Entwicklungen im Überblick

Wendet man den Begriff »freikirchlich« nicht nur auf die seit dem 19. Jahrhundert im Gegenüber zu den Landeskirchen in Deutschland etablierten größeren Kirchen wie die Baptistische und die Methodistische Kirche an, sondern auf alle nicht zu den Landeskirchen gehörenden Kirchen und religiösen Gemeinschaften, kann man für die DDR von einem diesbezüglich breiten Spektrum sprechen. Der SED-Staat zählte am Ende der 1980er Jahre 31 offiziell registrierte Kirchen und Religionsgemeinschaften ohne die Evangelischen Landeskirchen, die Katholische und die Russisch-Orthodoxe Kirche sowie den Verband Jüdischer Gemeinden.[427] Quantitativ belief sich der Anteil freikirchlicher Protestanten in der DDR 1950 auf zirka drei Prozent und 1989 auf etwa zwei Prozent der Gesamtbevölkerung. Die größte religiöse Gemeinschaft nach den Evangelischen Landeskirchen und der Katholischen Kirche war die Neuapostolische Kirche mit ungefähr 80.000 Mitgliedern. Unter den so bezeichneten Freikirchen war die größte die EmK mit etwa 35.000 Mitgliedern (und Angehörigen), es folgte die Baptistische Kirche mit zirka 12.000 Mitgliedern. Eine besondere

[427] Vgl., auch zum Folgenden, Kirchner, Freikirchen und Religionsgemeinschaften, 951–958. Zur Problematik der Terminologie vgl. Strübind, Einleitung, 3 f. Zu erfolgreichen Neugründungen von Minderheitskirchen und -gemeinschaften ist es in der DDR nicht gekommen.

Konzentration freikirchlicher Gemeinden und Gemeinschaften fand sich im Süden der DDR, im Bezirk Karl-Marx-Stadt (Erzgebirge und Vogtland).

Die Geschichte des freikirchlichen Protestantismus in der DDR weist vor dem Hintergrund der die Kirchen und Religionsgemeinschaften gleichermaßen betreffenden atheistischen Doktrin des SED-Staates und der daraus resultierenden Tagespolitik wie auch die automatische Gültigkeit staatlicher Absprachen mit den Landeskirchen auch für die Freikirchen einerseits viele Parallelen zum landeskirchlichen Protestantismus auf.[428] Andererseits ergaben sich aus den strukturellen Unterschieden ganz spezifische Konstellationen und Entwicklungen, die erst in Ansätzen erforscht sind.[429] Dies betraf mit der Gründung der DDR zunächst die Notwendigkeit, sich als anerkannte religiöse Gemeinschaft registrieren zu lassen, insofern Registrierungen durch die SMAD nicht einfach übernommen wurden. Hiermit aber waren erhebliche Probleme verbunden, weil der SED-Staat zunächst genauere Informationen über Geschichte und Struktur der Gemeinschaften einholen wollte und die Zulassungskriterien nicht klar waren. Durch Fristüberschreitungen kam es teils automatisch zu Kriminalisierungen.

Verboten wurden bereits 1949 die Heilsarmee und 1950 die Zeugen Jehovas. Anfangs sollte u. a. auch den Adventisten, den Mennoniten, der Neuapostolischen Kirche und den Mormonen eine Registrierung verweigert werden. Misstrauen erregte beim SED-Staat vor allem die internationale organisatorische Vernetzung vieler Kirchen und Gemeinschaften, insbesondere

---

428 Vgl. zur Kirchenpolitik Kap. 2.

429 Vgl. zum Forschungsstand Fitschen, Freikirchen.

in die USA. Ausschlaggebend für die letztlich weniger großen Einschränkungen war offenbar das Votum von Otto Nuschke, »daß ein Verbot von Religionsgemeinschaften nur im äußersten Notfall stattfinden sollte«.[430] Die Bereitschaft der anerkannten Minderheitskirchen, sich in die DDR-Gesellschaft möglichst unauffällig einzufügen, war groß. Dies erklärte sich historisch bereits aus dem Umstand, dass die formale rechtliche Gleichstellung gegenüber den Großkirchen für diese Kirchen im Vergleich v. a. zur NS-Zeit bereits einen enormen Gewinn an Existenzsicherheit bedeutete. Theologisch stand dabei meist das Postulat unbedingter Obrigkeitstreue im Sinne einer unmittelbaren Anwendung von Röm 13 wie auch der Anspruch einer bewussten Distanz zur ›Welt‹ und somit auch politischer Abstinenz im Hintergrund.[431]

Vorwiegend dem Interesse an Existenzsicherung ist es zuzuschreiben, dass die Freikirchen und Gemeinschaften früher oder später alle der staatlichen Forderung nach Gründung einer auf das Gebiet der DDR bezogenen Organisationsform nachgekommen sind.[432] Vorreiter waren in dieser Hinsicht die zuvor teils völlig autonomen 18 Freien Gemeinden in Thüringen, Sachsen und Berlin, die sich bereits 1950 als »BFeG in der DDR« konstituierten. Hiervon zu unterscheiden ist der BEFG, zu dem sich 1942 im Ergebnis politischen Drucks baptistische Gemeinden, Gemeinden der im 19. Jahrhundert in Irland aufgekommenen Brüderbewegung und die pfingstlerischepräg-

---

430 Zitiert nach Kirchner, Freikirchen und Religionsgemeinschaften, 977.

431 Vgl. Liese, Haltung, und am Beispiel des BFeG Beaupain, Freikirche, 249–262.

432 Vgl. hierzu Voigt, Freikirchen, 214–226.

ten Elim-Gemeinden zusammengeschlossen hatten. Dieser bestand in der DDR weiter, änderte seinen Namen 1969 – also parallel zur Entstehung des BEK – aber um in »BEFG in der DDR« und legte 1978 schließlich auch eine eigene Verfassung vor. Ebenfalls bestand in der DDR die 1926 gegründete VEF weiter, zu der der BEFG, die EmK und der BFeG gehörten. Diese hatte nach dem Mauerbau eine Sektion für den Bereich der DDR mit einem eigenen Vorstand gebildet und gab sich 1979 eine auf den DDR-Kontext zugeschnittene neue Verfassung.

In den 1960er Jahren kamen die Freikirchen und Religionsgemeinschaften stärker in das Blickfeld des SED-Staates. Als hauptsächliche Strategie griff dabei die Absicht der ›Differenzierung‹ – sowohl zwischen den einzelnen Kirchen und Gemeinschaften als auch zwischen diesen und den Landeskirchen.[433] Hierzu gehörte das Drängen auf akklamative Erklärungen, insbesondere zur Friedenspolitik des SED-Staates, jenseits einer loyalen Haltung im Sinne des reinen Sich-Heraushaltens aus politischen Angelegenheiten, die staatlicherseits als ›pietistisch‹ identifiziert wurde. Den in dieser Hinsicht markantesten Vorgang in der Geschichte des freikirchlichen Protestantismus in der DDR bildete die Genese und Verabschiedung der Loyalitätserklärung der VEF gegenüber dem SED-Staat vom 19. Februar 1962.[434] Diese verdankte sich dem mit dem Mauerbau verschärften politischen Druck und zugleich der Hoffnung, als Freikirchen vor einer womöglich erneuten fundamentalen Bedrohung der eigenen Arbeit geschützt zu sein.

---

433 Zu den entsprechenden Veränderungen aufseiten der staatlichen Akteursszene s. Kap. 2.2 u. Anm. 67.

434 Vgl. hierzu Beaupain, Freikirche, 203–214; u. Kirchner, Freikirchen und Religionsgemeinschaften, 974–977.

Die Initiative und der erste Entwurf für die Erklärung kamen von Walter Riedel – Mitglied der Brüdergemeinde und CDU-Abgeordneter in der Volkskammer der DDR. Die beteiligten Freikirchen entschieden sich aber dafür, eigene Entwürfe zu erarbeiten. Im Ergebnis von deren gemeinsamer Diskussion in der VEF entstand ein sechs Punkte umfassender Text, der – im Gegensatz zu von Seigewasser zuvor geäußerten Erwartungen – inhaltlich nicht über das mit den Landeskirchen ausgehandelte Kommuniqué von 1958[435] hinausging. Zudem war im zweiten Absatz zwar von einer ausdrücklichen Anerkennung der Regierung der DDR »als eine von Gott gesetzte Obrigkeit« die Rede, der man »Unterordnung und Loyalität« schuldig sei, jedoch war dem im ersten Absatz das Bekenntnis »zu Jesus Christus als unserem Herrn« und die Bindung an das Wort Gottes vorangestellt.[436] Die mit dieser Reihenfolge verbundene Aussage über die Rangfolge von Gott und Obrigkeit registrierte das Staatssekretariat sehr genau. Das Ziel, von den Freikirchen einen eindeutig akklamativen Text zu den aktuellen politischen Entwicklungen zu erhalten, der zu Differenzierungsmaßnahmen gegen die Landeskirchen hätte genutzt werden können, war also nicht erreicht worden. Auch spätere Äußerungen der VEF, z. B. anlässlich des 30. Jahrestages der DDR, blieben hinsichtlich konkreter Akklamationen letztlich zurückhaltend.

Ab Mitte der 1970er Jahre wurden im Staatssekretariat für Kirchenfragen mehrere Stellungnahmen zur Situation von und dem Umgang mit ›den kleinen Religionsgemeinschaften‹ erar-

---

435 S. hierzu Kap. 3.1.

436 S. Beaupain, Freikirche, 205 f, hier 205.

beitet, die darauf hindeuten, dass zu diesem Zeitpunkt – analog zum Verhältnis zum BEK – nach einer neuen Strategie im Umgang mit denselben gesucht wurde. In einer »Information« vom August 1975 hieß es, dass die Religionsgemeinschaften »geordnete Beziehungen und ein loyales, realistisches, z. T. auch positives Verhältnis« zum SED-Staat hätten.[437] Zugleich wurde bemängelt, dass sich aufgrund der in den Gemeinschaften vorhandenen Trennung von Politik und Religion »die Durchsetzung unseres marxistisch-leninistischen Menschenbildes sehr schwierig« gestalte. In einem zwei Jahre später erarbeiteten Strategiepapier wurden eine zunehmende Bereitschaft zu »Formen bewußten, staatsbürgerlichen Handelns« wie auch ein zahlenmäßiger Rückgang der kleinen Religionsgemeinschaften konstatiert.[438] Dabei wurde allerdings unterschieden zwischen Gemeinschaften mit »territorial eng begrenztem Wirkungsfeld« und »Freikirchen und Religionsgemeinschaften, die Teile von weltumspannenden Kirchen sind«. Für Letztere wurde eher eine Stärkung der Position auch in der DDR diagnostiziert. Hier spiegelte sich einerseits ein nun spezifisches Interesse des DDR-Staates daran, die internationale Vernetzung der Freikirchen zur Förderung der eigenen internationalen Reputation zu nutzen. Andererseits taugte der Hinweis auf die globalen Zusammenhänge als Erklärung dafür, weshalb »sich der tatsächliche Einfluss des Staatssekretariats für Kirchenfragen auf die Freikirchen 1977 noch als recht gering« darstellte.[439]

---

437 Staatssekretariat für Kirchenfragen, Information, Zitat 88. Hier auch das folgende Zitat.

438 Staatssekretariat für Kirchenfragen, Problemen, Zitat 92. Die folgenden Zitate 93.

Unmittelbar nach dem Gespräch mit dem BEK vom 6. März 1978 wurde in Kooperation zwischen der Arbeitsgruppe Kirchenfragen beim ZK und dem Staatssekretariat für Kirchenfragen eine »Langfristige Konzeption der politischen Einflußnahme« auf die Minderheitskirchen erarbeitet und deren endgültige Fassung am 7. Dezember 1978 vorgelegt.[440] Darin wurde den im Unterschied zu den Großkirchen nun dezidiert als »Freiwilligkeitskirchen« eingeordneten Kirchen »ein ausgeprägtes bürgerliches Demokratieverständnis« attestiert, das mit der »Betonung des Laienelements« in Zusammenhang gebracht wurde. Analog zur Analyse von 1977 wurden darüber hinaus weitergehende Überlegungen zur Verbindung zwischen dem internationalen Standing und der Situation in der DDR der einzelnen Gemeinschaften angestellt, die nun auf eine Kategorisierung der Minderheitskirchen unter diesem Aspekt hinausliefen. Das Hauptinteresse des SED-Staates galt demnach »den Kirchen und Religionsgemeinschaften, die Teile von bedeutenden Weltkirchen sind und entsprechend ihrer ökumenischen Bindungen international in der Ökumene wirksam werden«, wozu die EmK, der BEFG, die Vereinigung Selbständiger Evangelisch-Lutherischer Kirchen, der Kirchenbund Evangelisch-Reformierter Gemeinden, die Herrnhuter Brüdergemeine und die Quäker gerechnet wurden. In einer überarbeiteten Version der Listen aus dem Jahr 1982 fielen zusätzlich der BFeG und die Neuapostolische Kirche in diese Topkategorie.

---

439 Beaupain, Freikirche, 177.

440 Staatssekretariat für Kirchenfragen, Konzeption, die folgenden Zitate 95 u. 97; vgl. hierzu Beaupain, Freikirche, 178–181. Zum Staat-Kirche-Gespräch von 1978 s. Kap. 3.1.

Mit dem Ziel der Einbindung in die Politik des SED-Staates wurden 1978 zudem konkrete Zeitpläne für Gespräche mit den Minderheitskirchen über eine Mitarbeit in der CFK aufgestellt. Im Blick auf die Sorge, dass es zu einer »Einvernahme der Kirchen und Religionsgemeinschaften durch den BEK« kommen könnte, sollten sie verstärkt »auf eine Intensivierung der Zusammenarbeit mit Kirchen in den sozialistischen Ländern« orientiert werden.[441] Im Hintergrund stand hier der kritische Blick von staatlicher Seite auf die Kooperation des BEK mit den Minderheitskirchen in der ACK in der DDR, die sich 1970 konstituiert hatte und seitdem weiterhin angewachsen war.[442] Denn die aus landeskirchlicher Perspektive wenig bedeutsame ACK spielte für die Minderheitskirchen gerade als Schulterschluss mit den Landeskirchen gegenüber dem SED-Staat eine große Rolle. Bereits 1975 hatte das Staatssekretariat konstatiert, dass die ACK ihre Arbeit in der DDR nach der Gründung des BEK »intensiviert« und »eine Reihe von Religionsgemeinschaften aufgenommen« habe »mit dem Ziel, sie an die Konzeptionen der Landeskirchen heranzuziehen und ihre politischen Aussagen zu kanalisieren«.[443]

Dass eine Ausrichtung der Minderheitskirchen an den Landeskirchen hinsichtlich politischer Positionierungen seit 1978 tatsächlich deutlicher greifbar wird, hing laut Lothar Beaupain mit dem Gespräch von 1978 zusammen. Das Gespräch war als Zusage einer legitimen Beteiligung der Kirchen an der Gesellschaft rezipiert und dezidiert auch auf die Freikirchen bezogen

---

441 Staatssekretariat für Kirchenfragen, Konzeption, 99.

442 Vgl. zur ACK in der DDR Kirchner, Freikirchen und Religionsgemeinschaften, 961–963.

443 Staatssekretariat für Kirchenfragen, Information, 86.

worden.[444] Man verstand diese Zusage als Legitimation dafür, gesellschaftliche Verantwortung »über den zuvor bereits vorhandenen sozialdiakonischen Aspekt hinaus« wahrzunehmen. Auf der Basis der Eisenacher Empfehlungen von 1979 zum Ausbau einer umfassenden Kooperation in der ACK betraf dies in den 1980er Jahren zunächst vor allem das Aufgreifen der in den Landeskirchen stark diskutierten Friedensfrage durch die Freikirchen, einschließlich der Forderung nach einem Sozialen Friedensdienst. Dabei spielte eine wichtige Rolle, dass die Durchführung der Friedensdekade ab 1982 in die Verantwortung des ACK fiel, nachdem dieser für den 9. November 1980 bereits zu einem »Bittgottesdienst für den Frieden in der Welt« aufgerufen hatte. Staatlicherseits wurde das wachsende Selbstvertrauen der Freikirchen hinsichtlich eines auch gesellschaftskritischen Agierens »im Windschatten der Landeskirchen« klar registriert und einzugrenzen versucht.[445]

Den Höhepunkt gemeinsamen gesellschaftskritischen Agierens von Frei- und Landeskirchen von der ACK als Plattform aus, die den Differenzierungsabsichten des SED-Staates zuwiderliefen, bildeten die Ökumenischen Versammlungen am Ende der 1980er Jahre. Nicht zufällig fielen in das Jahr 1988 verstärkte Bemühungen des MfS um eine Ausweitung seiner ›operativen Basis‹ in den Freikirchen.[446] An den Ereignissen des

---

444 Vgl. Beaupain, Freikirche, 215–220. Laut Beaupain habe dies eine »Neueinschätzung der freikirchlichen Lage in der DDR« impliziert, deren Bedeutung »gar nicht überschätzt werden« könne (ebd).

445 Ebd., 219.

446 Vgl. ebd., 196–200. Zum politischen Engagement der Freikirchen in den 1980er Jahren s. auch Liese, Haltung, 358–360. Zur Ten-

Herbstes 1989 waren die Freikirchen weniger beteiligt. Bereits am 18. Oktober 1989 verabschiedete der Rat der VEF in der DDR eine Erklärung, die neben politischen Forderungen folgende Formulierung enthielt: »Als Freikirchen sind wir seit jeher nicht nur für religiöse, sondern auch für persönliche Freiheit eingetreten. Sie schließt aktive Mitgestaltung der Gesellschaft ein. Dieses Erbe stellt uns vor eine hohe Verpflichtung. Wir bekennen, dass wir aus pragmatischen Erwägungen und in weltabgewandter Frömmigkeit der Versuchung zur Anpassung oft erlegen sind.«[447] Damit hatten die Freikirchen im Blick auf eigenes Versagen in der DDR-Zeit die erste Bußerklärung im ostdeutschen Protestantismus vorgelegt.

Generell ist zu berücksichtigen, dass mit dem Kurs der Kirchenleitungen auch im freikirchlichen Protestantismus nicht das Ganze der jeweiligen Minderheitskirche oder Gemeinschaft erfasst ist.[448] Vor diesem Hintergrund sind kürzlich noch deutliche Defizite im Bereich der Erforschung von Alltag und ›Eigen-Sinn‹ freikirchlicher Akteure in der DDR auf Gemeinde- bzw. Gemeinschaftsebene konstatiert worden.[449]

---

denz des Zusammenrückens von Landes- und Freikirchen allgemein s. Kirchner, Freikirchen und konfessionelle Minderheitskirchen. Zu den Ökumenischen Versammlungen wie auch zu den ökumenischen Lehrgesprächen zwischen Landes- und Freikirchen vgl. Kap. 3.1, 7.1 u. 7.2.

447 Zitiert nach Strübind, Einleitung, 3. Vgl. hierzu auch Liese, Haltung, 360; u. Strübind, Bund, 93 f.

448 Vgl. die analogen Überlegungen zu den Landeskirchen in Kap. 4.1.

449 Vgl. Baumann, Freikirchen.

6.2 Einzelne Freikirchen und Religionsgemeinschaften

An der *Herrnhuter Brüdergemeine* zeigt sich beispielhaft, wie die SED-Führung im Laufe der Zeit dazu überging, auch kleine religiöse Gemeinschaften zu protegieren, um sich gerade auf diese Weise als humanistischer, Minderheiten Schutz gewährender Staat zu präsentieren. Das relativ geschlossene Milieu der lediglich zirka 3.000 Mitglieder umfassenden Brüdergemeine - außer in der Lausitz in Gnadau (EKKPS) und in Neudietendorf (Thüringen) anzutreffen - bot sich hierfür ebenso und in ähnlicher Weise wie die Minderheit der Sorben an.[450] Unter den Freikirchen hatte die Brüdergemeine insofern einen Sonderstatus, als ihre Traditionen als pietistische Kommunität bereits in das frühe 18. Jahrhundert zurückreichten und von einer engen Verbindung zu den Landeskirchen geprägt waren. Mitglieder der Brüdergemeine konnten zugleich Mitglieder einer Landeskirche sein. Sie war seit 1970 dem BEK angegliedert, und der Direktor des ostdeutschen Distrikts Herrnhut der weltweit agierenden Brüderunität war Mitglied der KKL. Generell lehnte sich die Brüdergemeine entgegen staatlichen Differenzierungsabsichten eng an den Kurs der Landeskirchen an und hatte zugleich einen Gaststatus in der VEF. In Gestalt einer gemeinsamen Synode bestand eine enge organisatorische Verbindung mit dem in der Bundesrepublik entstandenen Distrikt Bad Boll. Noch 1986 wurde eine neue gemeinsame Kirchenordnung verabschiedet.[451]

---

450 Vgl. Richter, Umgang, 32. Vgl. zur Herrnhuter Brüdergemeine in der DDR-Zeit insgesamt Richter, Pietismus.

451 Vgl. Vollprecht, Responsebeitrag, 48 f.

Anknüpfungspunkte für ideologische Instrumentalisierungen boten in der Brüdergemeine sowohl die internationale Vernetzung in der Missionstradition als auch ein auf Johann Amos Comenius zurückgeführtes friedenstheologisches Erbe. Im Gegenzug zu deren deutlich erkennbarer Instrumentalisierung durch den SED-Staat unter dem Label ›antiimperialistische Solidarität‹ speiste sich gerade auch aus der internationalen Vernetzung bei den Herrnhutern ein gewisses Resistenzpotential gegen staatliche Vereinnahmungsversuche. Zudem ermöglichte der kultivierte Minderheitenstatus die Pflege von Ausnahmeregelungen wie einer außerordentlich hohen Resistenz gegen die Jugendweihe oder die Aufrechterhaltung von Betrieben in der Hand der Gemeine. In der Herrnhuter Textildruckerei entstanden 1981 die Aufnäher »Schwerter zu Pflugscharen« und wurden auch nach einer Hausdurchsuchung und der Beschlagnahmung etlicher Unterlagen durch das MfS noch weiter produziert. Mangels Betätigungsmöglichkeiten auf den in der Herrnhuter Tradition wichtigen Feldern Mission und Pädagogik entfaltete die Brüdergemeine in der DDR ein hohes Engagement im Bereich der Diakonie und betrieb mehrere entsprechende Einrichtungen – in ihrem Selbstverständnis aber lediglich als spezifische Form ihres missionarischen Arbeitsschwerpunktes. Das auch während der DDR-Zeit in Herrnhut gedruckte Losungsbuch bildete eine wichtige Marke protestantischer Identität in Ostdeutschland.

Zu den konfessionellen Minderheitskirchen zählte in der DDR mit etwa 3.500 Mitgliedern die *Evangelisch-Lutherische Freikirche*, die seit 1972 mit der *Altlutherischen Kirche* (zirka 7.500 Mitglieder) in der »Vereinigung Evangelisch-Lutherischer Freikirchen in der DDR« kooperierte und den ökumenischen Entwicklungen der 1980er Jahre eher skeptisch gegenüberstand.[452] Der hohe Stellenwert der eigenen Lehrauffassung zeigte sich hier darin, dass die finanziell selbstständige Kirche mit ihrem 1953 in Leipzig gegründeten Lutherischen Theologischen Seminar auch eine eigene Ausbildungsstätte unterhielt, an der zwischen zwei und 14 Studenten immatrikuliert waren.[453] Die Dozenten des Seminars gaben ab 1983 ein eigenes Periodikum mit dem Titel »Theologische Handreichung und Informationen – Lehre und Praxis lutherischer Kirche« heraus.

Die *EmK* als größte Freikirche in der DDR entstand im Zuge der 1968 weltweit vollzogenen Vereinigung von Bischöflicher Methodistenkirche und Evangelischer Gemeinschaft, zweier zuvor eigenständiger Zweige der methodistischen Bewegung. Das Leitungsorgan dieser Kirche für den Bereich der DDR war die »Jährliche Konferenz der EmK in der DDR«, die zunächst Teil der »Zentralkonferenz in Deutschland« als dem übergeordneten Gremium war und von Bischof Friedrich Wunderlich geleitet wurde. Nachdem die Generalkonferenz als höchstes Leitungsgremium der weltweiten Kirche einem entsprechenden – von der DDR-Kirche initiierten – Antrag zugestimmt hatte, konstituierte sich die Jährliche Konferenz in der DDR 1970 als eigenständige Zentralkonferenz und wählte Armin Härtel als eigenen Bischof.[454]

---

452 Vgl. Kirchner, Freikirchen und konfessionelle Minderheitskirchen, 8 u. 127–146. Als konfessionelle protestantische Minderheitskirche existierte zudem der Kirchenbund Evangelisch-Reformierter Gemeinden (vgl. Kap. 3.2, Anm. 150).

453 Vgl. Grelak/Pasternack, Theologie, 102–105.

454 Vgl. zur EmK in der DDR Voigt, Freikirchen, 216–218; ders., Kirche; u. Wetzel, Anpassung.

Die meisten Gemeinden der EmK befanden sich in den Bezirken Gera und Karl-Marx-Stadt (Erzgebirge/Vogtland), der Sitz der Kirchenleitung war in Dresden. Neben einem Theologischen Seminar in Bad Klosterlausnitz (ab 1952)[455] unterhielt die EmK Krankenhäuser in Leipzig, Halle, Plauen und Karl-Marx-Stadt mit Mutterhäusern in der Bundesrepublik, in Leipzig schließlich eine eigene Krankenpflegeschule. Seit 1950 erschien 14-tägig die »Friedensglocke« als methodistische Kirchenzeitung.

Die methodistische Kirche hatte bereits vor ihrer organisatorischen Verselbstständigung in der DDR eine Haltung grundsätzlicher Akzeptanz der Situation entwickelt, ohne sich zu besonderen Loyalitätsbekundungen hinreißen zu lassen. So meinte der SED-Staat angesichts ihres Entwurfs zur Loyalitätsbekundung der Freikirchen von 1962, dass sie in ihrer politischen Positionierung »weit hinter denjenigen der Neuapostolischen Kirche und besonders der Baptisten« zurückbleibe.[456] Programmatisch waren die Äußerungen Härtels in seiner »Dresdner Erklärung« von 1970 anlässlich seines Amtsantritts als Bischof. Er formulierte hier, die EmK sei »bewußt Kirche im sozialistischen Staat«, aber nicht »Kirche *des* sozialistischen Staates«.[457] Praktisch resultierte aus dieser Ansage ein Kurs von »Anerkennung, Kritik und Zeugnis«, in dessen Ergebnis Härtel als »unbequemer Bischof« galt.[458] 1975 lautete die Einschätzung des SED-Staates, dass in der EmK dem »progressiven Auftreten einzelner realistisch denkender Methodisten« eine »Ten-

455 Vgl. Grelak/Pasternack, Theologie, 89–93.

456 Zitiert nach Wetzel, Anpassung, 54.

457 Härtel, Erklärung, 63.

458 Wetzel, Anpassung, 56f.

denz der Anlehnung an die Haltung der evangelischen Landeskirchen (besonders an die sächsische) gegenüber«-stehe; diese sei »gekennzeichnet von religiöser Verinnerlichung verbunden mit politischer Abstinenz« und werde insbesondere vom Bischof verfolgt. Dabei würden die aus den unterschiedlichen politischen Positionierungen resultierenden Konflikte dadurch gelöst, dass »mit einer gewissen Kontinuität gesellschaftlich engagierte Kräfte aus den Leitungsgremien ›abgewählt‹ und durch nichtprofilierte ersetzt werden« würden.[459] Im Hintergrund stand hier das Agieren des CDU-Mitglieds und Laienpredigers Carl Ordnung, der 1969 versucht hatte, einen »Arbeitskreis evangelisch-methodistischer Christen für gesellschaftliches Handeln« zu initiieren, aber innerkirchlich isoliert wurde.

Im Fall der EmK unternahm der SED-Staat langfristig spezielle Differenzierungsversuche als »Opposition« gegenüber den Landeskirchen.[460] Dies bot sich an, weil es historisch gewachsene, teils heftige Spannungen zwischen der EmK und v. a. der Sächsischen Landeskirche gab. Auch die Gründung des BEK als vermeintlich alle evangelischen Kirchen in der DDR umfassender Bund ausschließlich durch die Landeskirchen, die enge finanzielle Verklammerung zwischen BEK und EKD unter Beteiligung des SED-Staates[461] sowie der primär nationale statt internationale Bezugsrahmen des BEK sorgten in der EmK für Irritationen. Die staatlichen Differenzierungsversuche liefen ebenso wie die intensive Werbung um eine Mitarbeit im CFK

---

459 Staatssekretariat für Kirchenfragen, Information, 91f.

460 Vgl. zu diesem Thema Voigt, Kirche, 66–75; u. Wetzel, Anpassung, 58f, Zitat 58.

461 Vgl. hierzu Kap. 7.1.

dennoch ins Leere. Ab 1978 ist auch im Fall der EmK ein Schulterschluss mit dem BEK, insbesondere in der Friedensfrage, erkennbar. Die EmK machte sich das Wort der KKL an die Gemeinden zur Einführung des Wehrunterrichts zu eigen und engagierte sich im Rahmen der Aufnäheraktion »Schwerter zu Pflugscharen«. An den Ökumenischen Versammlungen beteiligte sie sich ebenfalls, aber eher zurückhaltend.

In den 1980er Jahren war auch die EmK zunehmend Ziel Operativer Maßnahmen des MfS. 1983 kam es in Genthin und Weimar zu Verhaftungen von Jugendlichen aus der Offenen Arbeit, der die Kirchenleitung der EmK ebenso distanziert wie die meisten Landeskirchenleitungen gegenüberstand.[462] Rüdiger Minor, ab 1986 in Ablösung von Härtel Bischof der EmK, legte kirchenintern Regeln zum Umgang mit MfS-Anwerbungsversuchen vor. Im Herbst 1989 wandte er sich ebenso wie das Jugendwerk der EmK an die Regierung der DDR mit Protestschreiben gegen Diffamierungen der Demonstrationen in der Presse und gegen staatliche Gewalt auf der Straße.[463]

Der *BEFG*, zahlenmäßig dominiert von den *Baptisten*,[464] betonte in Kontinuität zu seiner Haltung in der NS-Zeit in beson-

---

462 Vgl. hierzu die Quellen in Gremium zur Darstellung der Geschichte der Ostdeutschen Jährlichen Konferenz, Flanke, v.a. 51–56, 135–138, 181–193 u. 227–238. Zur Offenen Arbeit im BEK s. Kap. 5.4.

463 Vgl. ebd., 259–270; s. hierzu auch Beaupain, Freikirche, 182–184.

464 Zur Struktur vgl. Kap. 6.1. Die Anzahl der Mitglieder des BEFG in der DDR reduzierte sich von 35.000 in den 1950er Jahren auf 18.800 am Ende der DDR. Noch vor der Wiedervereinigung des Ost- und West-BEFG (1991) traten die Elim-Gemeinden 1990 aus dem Bund aus (vgl. Beaupain, Freikirche, 140f). Vgl. zum BEFG Assmann, Bund; ders., Missionare; u. Strübind, Bund.

derer Weise ein »unpolitisches Christentum« und ließ sich bereits in den 1950er Jahren in diesem Zusammenhang auch gegen die Landeskirchen instrumentalisieren.[465] Ein besonders markantes Ereignis war in diesem Zusammenhang der 1958 in der DDR durchgeführte Kongress der »Europäisch-Baptistischen Föderation« mit zirka 12.000 Teilnehmern aus ganz Europa unter »Beschränkung auf rein religiöse Fragen«. Im Hintergrund stand hier der Fokus auf der Mission als Schlüsselkategorie des eigenen Selbstverständnisses, die man im SED-Staat nicht gefährdet sah. In den 1960er Jahren wurde ein eigener Arbeitskreis für Mission und Evangelisation, ab 1982 – im sogenannten ›missionarischen Jahrzehnt‹ – ein Referat Missionarische Gemeindearbeit installiert. Ein spektakuläres Ereignis im Zuge der Honorierung der politisch loyalen Haltung des BEFG und dessen Bereitschaft zu expliziten Akklamationen durch den SED-Staat war die Genehmigung einer zehntägigen Missionsreise des amerikanischen Baptistenpfarrers Billy Graham durch die DDR im Oktober 1982. Die in den 1980er Jahren DDR-weit durchgeführten Evangelisationsveranstaltungen mit Theo Lehmann und dem Baptistenpastor und Liedermacher Jörg Swoboda standen allerdings durchaus unter Beobachtung des MfS.

Jenseits der Kontinuitäten im Selbstverständnis des BEFG vollzogen sich auch Entwicklungen, die Distanzierungen von der Politik des SED-Staates implizierten. So gelang es staatlicherseits 1969 aufgrund vehementen Widerstandes des BEFG weder offiziell noch konspirativ, die Präsidentenwahl zu beeinflussen. Nachdem sich der BEFG 1978 ebenfalls das KKL-

---

465 Zitat Strübind, Bund, 83. Hier auch das folgende Zitat.

Votum zum Wehrunterricht angeeignet hatte, engagierten sich seit den frühen 1980er Jahren v.a. jüngere Gemeindeglieder auch aktiv in der Friedens- und Umweltbewegung. Der BEFG war intensiv in den Konziliaren Prozess involviert. Der baptistische Pastor Reinhard Assmann konstatiert, dass sich faktisch eine Entwicklung von einem heilsindividualistischen zu einem »Missionsverständnis« vollzogen habe, »das die Verantwortung für die Welt einschließt und so eine klare politische Dimension hat«.[466] Diesem Eindruck entspricht, dass der BEFG Ost vor der Fusion mit dem BEFG West 1991 ein eigenes Bußbekenntnis im Blick auf seinen mangelnden verändernden »Einfluss auf die Struktur unserer Welt« vorlegte – obwohl er sich zugleich als die Kirche in der DDR ansah, die den missionarischen Auftrag am konsequentesten verfolgt hatte.[467]

Der BEFG unterhielt in Buckow in Brandenburg seit 1959 ein eigenes Theologisches Seminar[468] und publizierte in der Versandbuchhandlung Otto Ekelmann in Berlin unter Lizenz des Unionverlages neben eigenen Büchern die monatlich erscheinende Zeitung »Wort und Werk«. In Schmalkalden in Thüringen betrieb er diakonische Einrichtungen. In den 1970er Jahren entwickelte der BEFG Ost ein eigenes Profil in der im Baptismus fundamentalen Taufauffassung, der gemäß anstelle Gottes als Hauptakteur der »Mensch als Handelnder (als Bekenner und als Zeuge) im Mittelpunkt der Taufhandlung« stand, was nach der Wiedervereinigung der Bünde zu Komplikationen führte.[469] Ebenfalls in den 1970er Jahren ver-

---

466 Assmann, Missionare, 100f, Zitat 100.

467 Ebd., 95 u. 101 (Zitat).

468 Vgl. Grelak/Pasternack, Theologie, 93–97.

469 Strübind, Bund, 91–93, Zitat 91.

tieften sich im Kontext des Aufkommens der charismatischen Bewegung[470] Spannungen zu den Elim-Gemeinden.

Dem *BFeG*, der sich nach dem Zweiten Weltkrieg als »Evangelisations- und Diakoniebewegung« verstand und v. a. aus der Arbeiterschaft rekrutierte, konnte aufgrund seiner frühen Institutionalisierung mit eigenen Körperschaftsrechten eine zunächst steigende Attraktivität, auch für zuvor vollständig autonome Gemeinden, verzeichnen.[471] Dies brachte im Gegensatz zu den anderen Freikirchen vorübergehend deutlich steigende Mitgliederzahlen mit sich. In der Amtszeit des ersten Vorstehers des BFeG Walter Böhme (1950–1967) stand die Existenzsicherung als sehr kleine Freikirche im Vordergrund. Nachdem die Ausbildung künftiger Pastoren des BFeG in der Bundesrepublik vom SED-Staat endgültig untersagt worden war, nutzte man die Ausbildungsstätte des BEFG in Buckow mit. Bereits seit 1946 erschien ein Gemeindebrief, der ab 1957 monatlich als Zeitung unter dem Titel »Glaube und Dienst« erschien. Der als politisch loyal eingestuften Freikirche wurden in den 1950er Jahren zahlreiche Um- und Neubauten von Gemeinderäumlichkeiten genehmigt. 1965 konstatierte das MfS in einer Analyse jedoch eine weitgehende Beeinflussung durch den BFeG West und dessen antikommunistisches Blatt »Der Gärtner« und plante umfangreiche operative Maßnahmen gegen den Bund, die auf dessen Zerstörung zielten.

Böhmes Nachfolger im Vorsteheramt Armin Röger (1967–1975) verfolgte eine dezidierte Strategie politischer Zurückhaltung. In seine Amtszeit fiel der Beitritt des BFeG als Vollmit-

---

470 Vgl. zur charismatischen Bewegung in der DDR Kap. 5.4.

471 Vgl. zum BFeG als monografische Studie Beaupain, Freikirche, Zitat 472; s. zudem Ritter, Bund.

glied (im Gegensatz zum BFeG West) zur ACK – ein Schritt, der als Abwehr von Differenzierungsmaßnahmen zu werten ist. Mit der Amtszeit des Bundesvorstehers Johannes Schmidt (ab 1975) setzte eine neue Standortsuche des BFeG in der DDR ein, die mit dem Staat-Kirche-Gespräch von 1978 weitergehende Impulse erhielt und insbesondere das Verhältnis zur Gesellschaft betraf. Erstmals 1977 sind im BFeG konkrete Überlegungen zur Friedensfrage greifbar, die sich in Gestalt von Diskussionen unter dem Thema »Verantwortung eines Christen für die Gestaltung der sozialistischen Gesellschaft« auf drei Bundestagen in den 1980er Jahren fortsetzten und mit dem 1985 vorgelegten »Arbeitspapier zu Friedensfragen« zu einem konkreten Ergebnis führten.[472] Mit diesem Papier, in dem von einem Anspruch von Gottes Frieden »auf alle Bereiche unseres Lebens« vor staatlichen Ansprüchen die Rede war und unter Rekurs auf einen Text von Werner Krusche der Dienst mit der Waffe unter die Pflicht zur Beibringung von »Gewissensgründe[n]« gestellt wurde, wurde den Gemeinden eine deutliche Orientierung in Fragen von Wehrerziehung und Wehrdienst vorgelegt. Diese widersprach traditionellen Positionen in den Gemeinden des BFeG. Einen Meilenstein in der Konsolidierung der Arbeit des BFeG stellte 1986 die Eröffnung des Grafe-Hauses in Bad Klosterlausnitz als internationale Tagungsstätte dar.

Als traditionelle Freikirchen existierten in der DDR mit sehr kleiner Mitgliederzahl zudem *Mennoniten* und *Quäker*. Beide entgingen am Beginn der 1950er Jahre nur knapp dem Verbot

---

472 Vgl. hierzu Beaupain, Freikirche, 263–283, die folgenden Zitate 271 u. 277.

durch den SED-Staat.[473] Beide gehörten 1952 zu den Unterzeichnern eines Telegramms an die Regierungen in Bonn und Ostberlin, das zu einer Verhinderung der Wiederbewaffnung Deutschlands aufrief. Die Quäker meldeten sich während der gesamten DDR-Zeit vielfach ideologiekritisch zu Friedensfragen zu Wort, setzten sich aber auch früh für die völkerrechtliche Anerkennung der DDR ein. Der SED-Staat versuchte stets, sie für seine außenpolitischen Interessen zu instrumentalisieren.

Die *Gemeinschaft der Siebenten-Tags-Adventisten* mit in der DDR zirka 10.000 Mitgliedern wurde problemlos anerkannt und konnte auch ihre während der NS-Zeit geschlossene Ausbildungsstätte (Missionsseminar) in Friedensau (ab 1961 Predigerseminar, ab 1981 Theologisches Seminar) weiter betreiben.[474] Sie verselbstständigte sich in der DDR organisatorisch bereits 1954 und lieferte dem SED-Staat vielfach uneingeschränkte Akklamationen, der sie entsprechend als ›progressive Sekte‹ einordnete. Andererseits gab es immer wieder Konfliktpotential in Betrieben und Schulen wegen verweigerter Möglichkeiten zur Einhaltung der Sabbatruhe. Dies betraf ab 1964 auch die Baueinheiten der Armee, wo die Adventisten in der Regel den Wehrdienst ableisteten. Vergeblich bemühten sie sich um eine Ausnahmegenehmigung für einen Sanitätsdienst als Wehrersatzdienst.[475] Irritationen löste auch das Eintreten

---

473 Vgl. hierzu Kirchner, Freikirchen und Religionsgemeinschaften, 952 u. 977–979.

474 Vgl. Grelak/Pasternack, Theologie, 98–101. Zu den Adventisten in der DDR Böttcher, Gratwanderungen; Kirchner, Freikirchen und Religionsgemeinschaften, 955, 979–983; u. Leutert, SED-Regime.

475 Zum Wehrdienstproblem vgl. Scholz, Siebenten-Tags-Adventisten.

der Adventisten für eine gesunde Lebensweise in Anknüpfung an entsprechende staatliche Kampagnen aus. Mit der Gründung einer eigenständigen Union in der DDR wurden internationale Kontakte vertieft, was Misstrauen aufseiten des SED-Staates förderte. Erst 1979 erhielten sie die Lizenz für ein eigenes Gemeindeblatt. Markant ist ein Positionspapier von 1977 zum Thema »Der Adventist und die Gesellschaft«, in dem man sich dazu verpflichtete, bewusst seinen »Platz in der sozialistischen Gesellschaft« einzunehmen, hinsichtlich zu erwartender Probleme durch das Aufeinandertreffen von Gott und der Gesellschaft als »Anspruchsbereichen« allerdings zugleich unmissverständlich auf Apg 5,29 rekurrierte.[476] Die Adventisten partizipierten an den Ökumenischen Versammlungen.

Die vergleichsweise große *Neuapostolische Kirche*, wie auch die im Folgenden genannten Religionsgemeinschaften nicht Mitglied der ACK und nicht an den Ökumenischen Versammlungen beteiligt, agierte gegenüber dem SED-Staat bis in den Herbst 1989 hinein ungebrochen akklamatorisch und schien aus staatlicher Perspektive aufgrund ihrer Größe in besonderer Weise zu Differenzierungsvorhaben auch im Blick auf die Landeskirchen geeignet zu sein.[477] Im Zuge dessen wurde ihr am Ende der 1970er Jahre u. a. ein repräsentativer Kirchenbau in Berlin-Lichtenberg gestattet. Die *Kirche Jesu Christi der Heiligen der Letzten Tage (Mormonen)*, die in der DDR zirka 4.500 Mitglieder hatte, erregte beim SED-Staat lange Misstrauen, insbesondere wegen ihrer engen Verbindungen in die USA. Dies änderte sich in den 1980er Jahren im Zuge des Strebens nach

---

476 Zitiert nach Leutert, SED-Regime, 59.

477 Vgl. Kap. 6.1; Kirchner, Freikirchen und Religionsgemeinschaften, 956 u. 990–994.

internationaler Anerkennung der DDR, v. a. in den USA, wofür die Mormonen hilfreich schienen. Es wurden großzügige Vereinbarungen zur Einreise von Missionaren getroffen und 1985 in Freiberg/Sachsen der Bau eines Mormonentempels – als drittem in Europa und erstem in Deutschland – realisiert, dem die Errichtung mehrerer Gemeindezentren folgten. Anlässlich eines Treffens führender Mormonenvertreter im Herbst 1988 mit Honecker wurde im SED-Organ Neues Deutschland in offensichtlicher Differenzierungsabsicht gegenüber den Landeskirchen eine Erklärung der Präsidentschaft publiziert, die mehrfach Bezug auf das Staat-Kirche-Gespräch von 1978 nahm und betonte, dass sie als Kirche »niemandem zur Verfügung« stünde, »der bei ihr eine Plattform oder ein Dach für Opposition sucht, oder um ›Sonder- und Gruppenziele‹ zu verfolgen«.[478] Die im Rahmen des Treffens ausgesprochene Einladung Honeckers in den Mormonenstaat Utah in den USA wurde nicht mehr realisiert.

Die *Christengemeinschaft* mit ungefähr 5.000 Mitgliedern und einer seit 1950 bestehenden eigenen Leitung in der DDR betrieb mehrere soziale Einrichtungen und seit 1962 ein Priesterseminar mit Sitz in Leipzig. Aufgrund ihrer anthroposophischen Ausrichtung blieb sie dem SED-Staat suspekt.[479] Mit zirka 3.500 Mitgliedern hatte die 1926 gegründete *Johannische Kirche*, die in der NS-Zeit verboten worden war, in der DDR ihren Schwerpunkt. Ihre in der NS-Zeit konfiszierte Siedlung »Friedensstadt« in Brandenburg wurde in der DDR-Zeit weiter-

---

478 Vgl. Ebd., 956f u. 987–990, Zitat 990.

479 Vgl. Grelak/Pasternack, Theologie, 105–108; u. Konfessionskundliches Arbeits- und Forschungswerk, Sondergemeinschaften, 76–95.

hin als Militärgelände genutzt, bereits 1948 erhielt sie aber das sogenannte Waldfriedengelände in Blankensee mit einem Gemeindezentrum zurück. Aufgrund ihres spiritualistischen Ansatzes wie auch ihrer Heilungspraktiken (›Gesundbeten‹) erschien sie verdächtig; in den 1950er Jahren liefen Prozesse wegen Verstoßes gegen das Heilpraktikergesetz (von 1939). Ab den 1960er Jahren etablierte sich die Johannische Kirche als systemkonform mit starkem Engagement in der CDU und der Nationalen Front sowie einer eigenen Organisation für Deutsch-Sowjetische Freundschaft. Mehrfach legte sie akklamatorische Statements zum im DDR-Sozialismus verwirklichten Humanismus vor, die prominent in der Presse erschienen – nicht zuletzt 1988 anlässlich des zehnjährigen Jubiläums des Staat-Kirche-Gesprächs von 1978.[480]

Das markanteste Gegenbeispiel zu den Gemeinschaften, die mit dem Ziel ideologischer Instrumentalisierung vom SED-Staat zugelassen wurden, bildeten die bereits in der NS-Zeit verbotenen *Zeugen Jehovas*. Nachdem die zirka 20.000 Mitglieder umfassende religiöse Gemeinschaft in der SBZ vorübergehend zugelassen worden war, wurde sie 1950 verboten und war während der gesamten DDR-Zeit massiven Verfolgungen durch Justiz und MfS ausgesetzt. Hierzu gehörte auch eine Publikationspolitik zur Förderung von Splittergruppen mit

---

480 Vgl. Kirchner, Freikirchen und Religionsgemeinschaften, 956 u. 984–987. Zu erwähnen sind mit jeweils ca. 4.000 Mitgliedern zudem die auf den sächsischen Raum beschränkten Gruppierungen »Gemeinschaft in Christo Jesu« (Lorenzianer) und »Christliche Gemeinschaft Hirt und Herde« (vgl. ebd., 955; u. Konfessionskundliches Arbeits- und Forschungswerk, Sondergemeinschaften, 96–118).

dem Ziel der inneren Zersetzung. Seit der Einführung der Wehrpflicht wurden die Zeugen Jehovas zusätzlich als konsequente Wehrdienstverweigerer kriminalisiert. Dennoch setzten sie ihre Arbeit während der DDR-Zeit bei insgesamt konstanten Mitgliederzahlen illegal fort.[481]

---

481 Vgl. DIRKSEN, Gnade.

7 Grenzüberschreitender und ökumenischer Protestantismus

7.1 Deutsch-deutsche Perspektiven

Das Bewusstsein, jenseits der politisch manifesten Tatsachen als ostdeutsche Kirche in besonderer Weise verbunden zu sein mit der westdeutschen Kirche, war vor allem im landeskirchlichen Protestantismus ein Grunddatum der gesamten DDR-Zeit. Die bemerkenswerteste Tatsache in diesem Zusammenhang ist, dass die EKD als gemeinsame Dachorganisation noch zwanzig Jahre über die Gründung der beiden deutschen Staaten, elf Jahre über den Abbruch der Verbindungen der DDR-Regierung zur EKD und acht Jahre über den Mauerbau hinaus aufrechterhalten wurde. Aber auch mit der Gründung des BEK 1969 ist die weiterbestehende »besondere Gemeinschaft« nicht nur formal betont, sondern in den 1970er und 1980er Jahren auch intensiv praktiziert worden.[482]

Zwangsläufig implizierte dies, sich permanent auf politisch brisantem Gelände zu bewegen und in politische Interessen der verschiedenen Fronten des Kalten Krieges involviert zu werden. Der Hauptvorwurf, dem sich die ostdeutschen Kirchen aufgrund ihrer Verbindungen zu den Westkirchen immer wieder ausgesetzt sahen, war, unter dem Deckmantel der Reli-

---

[482] Zur Gründung des BEK vgl. Kap. 3.1. Zur gesamtdeutschen Perspektive im Überblick vgl. GRAF, Kirchen; u. LEPP/NOWAK, Kirche. Zur Phase bis zur Gründung des BEK s. zudem GRESCHAT, Protestantismus; u. LEPP, Tabu.

gion faktisch die Sache des imperialistischen Klassenfeindes zu verfechten und die DDR letztlich zerstören zu wollen. Parallel verfolgte der SED-Staat die Doppelstrategie, die Westverbindungen der ostdeutschen Kirchen für seine Interessen zu nutzen. Seit den späten 1970er Jahren betraf dies auch offizielle Gesprächskontakte zwischen BEK-Vertretern und Bundespolitikern.

Während die 1951 und 1954 in Berlin bzw. Leipzig durchgeführten letzten gemeinsamen Kirchentage große Demonstrationen des unbedingten kirchlichen Einheitswillens – vor dem Hintergrund der zu diesem Zeitpunkt noch ungebrochenen Hoffnung auf Wiedervereinigung – waren, zeichneten sich schon in den 1950er Jahren auch divergierende Entwicklungen ab. Diese speisten sich aus der höchst unterschiedlichen Kirchenpolitik in Ost und West und der sich daraus ergebenden vollständig verschiedenen Situation der Kirchen – verknüpft mit weitergehenden Auseinandersetzungen zwischen theologischen sowie politischen Optionen, die aus der NS-Zeit stammten. Während sich in den westdeutschen Kirchen ein eher konservativer Mainstream durchsetzte, schienen die ostdeutschen Kirchen ein Hort der Anknüpfung an BK-Traditionen und als solcher durchaus die ›richtigere‹ Kirche zu sein.

In diesem Sinne postulierte Günter Jacob in seiner Rede vor der EKD-Synode 1956 das »Ende des konstantinischen Zeitalters« nicht nur als Situationsbeschreibung für die Kirchen in der DDR, sondern als Forderung an die Kirchen auch im Westen.[483] In manchen Kreisen auf westlicher Seite korrespondierte dem auch eine dezidierte Bereitschaft, Impulse aus dem

483 Vgl. Jacob, Zeitalters.

Osten aufzunehmen. Mit der Publikation einer im Osten erarbeiteten Stellungnahme für die EKU-Synode zum Thema »Das Evangelium und das christliche Leben in der Deutschen Demokratischen Republik« z. B. verband die westfälische Kirchenleitung die Hoffnung, dass diese zum »Anlaß zur Selbstbesinnung und gegebenenfalls Ausgangspunkt für Überlegungen« sein könne, »in unserem Bereich eine entsprechende Ausarbeitung über ›Das Evangelium und das christliche Leben in der Bundesrepublik‹« zu erstellen.[484] Die Rückkehr von Pfarrern wie Heino Falcke, Gottfried Forck, Werner Krusche, Johannes Hempel oder Heinrich Rathke in den 1950er Jahren in die DDR war mit der Perspektive verbunden, bewusst in den Dienst einer personell und strukturell in BK-Traditionen stehenden Kirche zu gehen.[485] Politisch vorrangig blieb freilich der Appell, sich als Kirchen nicht für die Fronten des Kalten Krieges instrumentalisieren zu lassen, sondern als das »dritte Geschlecht« das »lebendige Wort« zu verbreiten.[486]

Entsprechend der genannten Doppelstrategie des SED-Staates waren die 1950er Jahre nicht nur von massiven Diffamierungskampagnen gegen die EKD und die Kirchen in der DDR als ›Tarnorganisationen‹ westlicher politischer Interessen geprägt, sondern auch von der Entstehung eines für die DDR äußerst lukrativen Dreiecksgeschäfts mit der EKD und den ostdeutschen Kirchen. Dabei nutzte der SED-Staat die generelle, durch den Einbruch der kirchlichen Finanzen 1956 aber noch einmal gravierend verschärfte, finanzielle Notlage der östlichen Kirchen und den unbedingten Willen der EKD, in Ost-

---

[484] Das Evangelium und das christliche Leben, [3].

[485] Vgl. Kap. 3.1.

[486] So Hamel, Christ, 29.

deutschland dennoch volkskirchliche Strukturen aufrechtzuerhalten, aus.[487] Beginnend mit einer Steinkohlelieferung aus den USA, etablierte sich 1957 die Praxis, dass die EKD in großem Stil Warenlieferungen – meist Rohstoffe, wie z. B. Erdöl und Kupfer, – an die DDR finanzierte, deren Regierung den Gegenwert den ostdeutschen Kirchen gutschrieb.[488] In den 1960er Jahren kamen das Valuta-Mark-Programm und in den 1970er Jahren das Sonderbauprogramm hinzu. Zusammen mit weiteren Hilfsprogrammen, wie z. B. dem Geschenkdienst Genex, über den u. a. Autos finanziert wurden, und Einzel-Waren- und Geldspenden kann man von Zahlungen in Höhe von ungefähr vier Milliarden D-Mark der westdeutschen an die ostdeutschen Kirchen bis 1990 ausgehen – wozu die nicht zählbaren Geld- und Warensendungen jeglicher Art von Einzelnen, Kirchengemeinden und Initiativen hinzuzurechnen wären.

Eine direkte finanzielle Unterstützung des SED-Regimes stellte das ab 1962 etablierte »Kirchengeschäft B« dar, im Rahmen dessen die Bundesregierung unter Involvierung leitender Mitarbeiter des Evangelischen Diakonischen Werkes Häftlinge aus der DDR freikaufte. Das Verfahren ging auf das Angebot der Kirchen an die Bundesregierung zurück, das etablierte Warentransfersystem für den humanistisch, aber auch politisch

---

487 Vgl. zur finanziellen Situation Kap. 3.1.

488 Vgl. zu den finanziellen Hilfeleistungen der West- für die Ostkirchen insgesamt Lepp, Einübung, 269–273. Dieser Dreieckshandel mit der evangelischen Kirche firmierte unter »Kirchengeschäft A«, der analoge mit der katholischen Kirche unter »Kirchengeschäft C«. Involviert war in diese Vorgänge auch die Bundesregierung, die den westlichen Kirchen aus gesamtdeutschen Interessen heraus großzügig Zuschüsse zahlte.

motivierten Häftlingsfreikauf zu nutzen, und war in der DDR in erster Linie Sache des MfS. Insgesamt erhielt die DDR-Regierung für den Verkauf v. a. politischer Häftlinge zirka drei Milliarden D-Mark, wobei Verhaftungswellen wie die von 1984 als ökonomisch motiviert einzuordnen sind.[489]

Die erste organisatorische Verselbstständigung des ostdeutschen gegenüber dem westdeutschen Protestantismus war noch vor der Entstehung des BEK die Gründung der VELKDDR im November 1968 in Freiberg/Sachsen. Eine Regionalisierung der Leitungsorgane war bereits 1963 vorgenommen worden, dennoch war der Schritt von Spannungen zwischen Ost und West gekennzeichnet. In Mecklenburg wurde die organisatorische Trennung sehr kontrovers diskutiert. Ab 1968 gestalteten sich die Verbindungen zur VELKD lockerer und es traten Entfremdungen zwischen der VELKD und der VELKDDR ein, im Zuge derer die DDR-Kirchen in der internen westlichen Perspektive zum »Lazarus vor unserer Tür« avancierten.[490] Die Selbstauflösung der VELKDDR im Jahre 1988 wurde von der VELKD allerdings ausdrücklich bedauert. Die EKU hingegen blieb die gesamte DDR-Zeit hindurch die einzige gesamtdeutsche Kirchenorganisation im Protestantismus, auch wenn 1972 die Einrichtung zweier Bereiche beschlossen wurde. Weichenstellend für die Option der Nichttrennung war die Position des langjährigen Präsidenten der EKU-Kanzlei Franz-Reinhold Hildebrandt. Für ihn kam es nicht infrage, die Trennung selbst, also ohne ein explizites, staatlich verfügtes Verbot, zu vollziehen – eine Position, die er vehement auch im Blick auf

---

[489] Vgl. Wölbern, Häftlingsfreikauf.

[490] Vgl. Amberg, Staat, 35–39, Zitat 36; u. Ruthendorf-Przewoski, Frühling, 314.

die Einheit der EKD vertrat. In den heftigen internen Debatten bis 1972 spielten u. a. Johannes Hamel (gegen eine Trennung) und Hanfried Müller (für eine Trennung) maßgebliche Rollen.[491]

Was den theologischen Austausch betrifft, ist grundsätzlich von einer breiten diesbezüglichen Praxis zwischen Ost und West, auch über die organisatorischen Trennungen der 1960er Jahre hinaus, auszugehen. Dies schloss von der EKD geförderte Lizenzausgaben theologischer Literatur aus der Bundesrepublik in der DDR und umgekehrt sowie Buchspenden ein, infolge derer Pfarrhäuser zu den am besten ausgestatteten Privatbibliotheken in der DDR gehörten. Hinsichtlich der für den ostdeutschen Protestantismus zentralen ekklesiologischen Diskurse lassen sich für die 1960er Jahre mit der Neubewertung des Verhältnisses von Kirche und Welt in Ost- und Westdeutschland deutliche Parallelen ausmachen.[492] Eigene Akzente setzten die ostdeutschen Kirchen aber mit ihrer systemkritischen theologischen Interpretation der Situation unter unmittelbarer Anknüpfung an die Barmer Theologische Erklärung in den »Zehn Artikeln« von 1963. Diese ordnete sich ein in eine insgesamt breite Rezeption der Barmer Erklärung in Ostdeutschland, die sich allerdings mit ganz konträren politischen Optionen verbinden konnte – je nachdem, in welchem Maße man deren wächteramtliche Dimensionen rezipierte oder nicht.[493]

---

491 Vgl. hierzu Besier, Kirche, 859; Theissen, Regionalisierung; u. Winter, Kirche.

492 Vgl. hierzu Kap. 5.3 u. Brunner, Avantgarde, 27–31 u. 38–41.

493 Vgl. Albrecht-Birkner, Zwei-Reiche-Lehre; Falcke, Erbe BK; Schneider, Barmen, 108–115; Thumser, Kirche, 261–268; u. Win-

Ähnliches gilt für die Rezeption Karl Barths, die sich explizit 1971 in der Formel »Zeugnis- und Dienstgemeinschaft« zur Beschreibung des Selbstverständnisses des BEK niederschlug.[494] Analoges lässt sich zudem feststellen im Blick auf die für den DDR-Protestantismus besonders charakteristische Bezugnahme auf Dietrich Bonhoeffer – in verstärktem Maße seit dessen Inanspruchnahme sowohl für das tendenziell systemkritische Konzept einer »Kirche für andere« als auch für Anpassungen in Gestalt der »Kirche im Sozialismus« als weiteren Selbstverortungen des BEK. Aus westlicher Perspektive dürfte es sich bei diesen politisch divergierenden Rezeptionen um nicht unterscheidbare Facetten eines (links) politisierten Protestantismus gehandelt haben, wie er in der Bundesrepublik seit den späten 1960er Jahren heftig in die Kritik gekommen war.[495]

In der kirchenleitenden Praxis der »besonderen Gemeinschaft« ist es in den 1970er Jahren zu weichenstellenden Schulterschlüssen zwischen dem BEK und der EKD gekommen. Hierzu gehörten zentral aktualisierte Absprachen zum Um-

---

TER, Geltungsformel. Zu den Zehn Artikeln vgl. Kap. 3.1 u. 4.7; zum Wächteramt Kap. 5.2 mit Anm. 338.

494 Vgl. hierzu HÜTTENHOFF/THEISSEN, Abwehr.

495 Dabei ist zu berücksichtigen, dass in der Bundesrepublik v. a. mit Hanfried Müllers Dissertation eine markante Publikation aus der DDR zu Bonhoeffer erschienen war, die diesen dezidiert für eine ideologische Unterfütterung des DDR-Sozialismus zu instrumentalisieren versuchte (MÜLLER, Kirche). Vgl. zu diesem Thema ALBRECHT-BIRKNER, Weichenstellungen; FALCKE, Christus; DERS., Bonhoeffer; u. KRÖTKE, Bonhoeffer. 1977 wurde beim BEK ein Bonhoeffer-Komitee gegründet. Zur Einordnung ›Linksprotestantismus‹ s. auch Kap. 7.2.

gang mit Pfarrern, die die DDR verließen und in der EKD eine neue Anstellung suchten. Nachdem dieses Thema in den 1950er Jahren bereits hoch virulent gewesen war, gewann es ab 1973 neue Relevanz durch den KSZE-Prozess und die Praxis des SED-Staates, einzelne Ausreiseanträge zu bewilligen – durchaus bevorzugt solche von Pfarrern.[496] Nicht zuletzt aufgrund der schwierigen personellen Lage in den ostdeutschen Kirchen waren in der EKD bereits in den 1950er Jahren Richtlinien für den Umgang mit aus dem Osten ausgereisten Pfarrern entwickelt worden, die unter Rekurs auf die Verletzung der Dienstpflicht und des Ordinationsgelübdes grundsätzlich disziplinarischer Art waren. Dabei war den ostdeutschen Kirchen das Recht zugesprochen worden, über die Zumutbarkeit einer Rückkehr in den Osten zu entscheiden.

Die Situation in den 1970er Jahren war insofern kompliziert, als sich die Kirchen in Ost und West schwerlich nachsagen lassen wollten, die mit dem KSZE-Prozess eingetretenen Optionen für mehr Freizügigkeit im kirchlichen Raum zu konterkarieren. Ungeachtet dessen wandte sich Schönherr nach intensiven Diskussionen unter den ostdeutschen Kirchenleitungen im Dezember 1974 mit einem Brief an den Vorsitzenden des Rates der EKD Helmut Claß, in dem er verschärfte disziplinarische Maßnahmen für den Umgang mit ausgereisten Pfarrern in der EKD nach Vorgabe der ostdeutschen Bischöfe erbat. Dabei spielten moralische Argumente hinsichtlich verletzter Verpflichtungen gegenüber Pfarrkollegen und Gemeinden bis hin zur »Gefahr einer Unglaubwürdigkeit der Ver-

---

[496] Vgl. hierzu Dippel, Lande; Lepp, Einübung, 266–268; u. Schulze/Schmidt/Zachhuber, Flucht.

kündigung« eine Rolle.[497] Als sich Claß und Schönherr im November 1977 auf der EKD-Synode gegenseitig erneut des Zusammenstehens von Ost- und Westkirche in der Ausreisefrage versicherten, brachte Schönherr zudem das für die Folgezeit maßgebliche theologische Argument ein, dass »für die ostdeutschen Christen die DDR der von Gott vorgegebene Ort sei«. Weder ›äußere‹ noch ›innere Emigration‹ kämen für sie in Frage.

Zum Zeitpunkt dieser Äußerungen hatten die Beziehungen zwischen BEK und EKD mit den deutsch-deutschen Implikationen des Falles Brüsewitz bereits eine neue Bewährungsprobe bestanden, die die Ausreisedebatte weiter in der eingeschlagenen Richtung befeuert hatte.[498] Nach anfänglichen Irritationen über ein aus der Sicht der ostdeutschen Kirchenleitungen zu schnelles öffentliches Reagieren der EKD hatte sich diese in der Interpretation des Falles ganz bewusst dem Sprachgebrauch des BEK angeschlossen. Eine neue Dimension war aber dadurch entstanden, dass ein sich als »Christlich-Paneuropäisches Studienwerk« bezeichnendes konservatives Bündnis in der Bundesrepublik im Oktober 1977 in Bad Oeynhausen ein »Brüsewitz-Zentrum« eröffnet hatte, das als Plattform zur Benennung von Menschenrechtsverletzungen, insbesondere der Religionsfreiheit, in der DDR fungieren sollte und von Anfang an intensiv vom MfS überwacht wurde. Der Fall Brüsewitz wurde hier als ›Fanal‹ interpretiert, das die Unterdrückung in der DDR und letztlich die Illegitimität des DDR-

---

497 Lepp, Einübung, 268. Hier auch das folgende Zitat.

498 Vgl. zum Folgenden Stach, Vermächtnispolitik, 306–349. Zur Selbstverbrennung von Brüsewitz und deren Rezeption s. Kap. 3.1, 4.7 u. 5.4.

Staates überhaupt angezeigt habe. Die Vermischung mit parteipolitischen Interessen wie auch mit Flügelkämpfen in der EKD war offensichtlich. Unter intensivem Engagement der Kirchenleitung der EKKPS gelang es, dass sich die EKD – in Übereinstimmung freilich auch mit den Interessen des SED-Staates – von einer Skandalisierung des Falles und einer ›Märtyrisierung‹ von Brüsewitz distanzierte. Das entscheidende, vom BEK übernommene Argument lautete dabei, dass nicht der Eindruck entstehen dürfe, die Kirchen in der DDR seien von der Bundesrepublik gelenkt. Auf ihrer Synode vom November 1977 dankte Schönherr der EKD für diesen Kurs.

Die Verbindung mit dem Ausreisethema ergab sich daraus, dass sich das Brüsewitz-Zentrum im Zusammenhang mit seinem politischen Engagement zugleich intensiv für Ausreisemöglichkeiten wie auch den Freikauf politischer Häftlinge einsetzte und in seine Brüsewitz-Gedächtnispolitik im Laufe der Zeit Ausreise-Märtyrergeschichten integrierte. Zu den moralischen und theologischen Argumenten gegen eine Ausreise von Pfarrern aus der DDR traten für BEK und EKD dadurch zusätzliche politische. In dieselbe Richtung schlug der Fall des Ostberliner Ingenieurs Wolfgang Defort, der nach seiner Inhaftierung wegen ›versuchter Republikflucht‹ im September 1977 in die Bundesrepublik gekommen war. Kirchlich relevant war er, weil er zwischenzeitlich aus dem Gefängnis in der DDR geflohen war und in einem Pfarrhaus Zuflucht gesucht hatte, nach Verrat durch einen Pfarrer aber erneut inhaftiert worden war. Angekommen in der Bundesrepublik, erwartete er von der EKD disziplinarische Maßnahmen gegen die am vereitelten Pfarrhausasyl beteiligten Pfarrer. Hierzu kam es letztlich jedoch nicht, und zwar aufgrund eines Gutachtens des Kirchenrechtlichen Instituts der EKD, in dem es hieß, dass »evangelischerseits für Kirchen und Pfarrhäuser noch nie Asylrecht in Anspruch genommen worden ist und auch nicht in Anspruch genommen werden« könne.[499] Nicht zuletzt durch das Brüsewitz-Zentrum sorgte der Fall in der Bundesrepublik für erhebliche Schlagzeilen.

Ihren eigentlichen Höhepunkt fand die Ausreiseproblematik durch die Ausreisewellen der 1980er Jahre, als es nicht mehr nur um die Abwanderung Einzelner, sondern um ein weiteres Ausdünnen auch der ohnehin klein gewordenen Kirchengemeinden ging. Der SED-Staat versuchte einerseits, die Ausreisewilligen mittels Differenzierung zu isolieren und als egoistisch und vom Westen verblendet zu denunzieren. Andererseits förderte er das Problem quantitativ durch sein steigendes wirtschaftliches Interesse an Inhaftierungen aus politisch-operativen Gründen mit anschließenden Freikäufen in die Bundesrepublik. Unter diesen Umständen avancierte »Leben und Bleiben in der DDR« zu einem der zentralen Themen des BEK und das Bleiben zu einem Akt des Glaubensgehorsams. Ausreisewillige unter den oppositionellen Gruppen unter dem Dach der Kirche erschienen wie illegitime Kuckuckseier innerhalb der auf Reformen in der DDR drängenden Aktivitäten.[500]

Erst nach dem Ende der DDR wurde die Ausreisebewegung als widerständiges Verhalten und Teil der Demokratiebewe-

---

499 Zitiert nach Lepp, Einübung, 266. Zum Fall Defort vgl. Winter, Fall.

500 Vgl. Leben und Bleiben in der DDR. In den 1980er Jahren kam es in der DDR auch zu Kirchenbesetzungen durch Ausreiseantragsteller, die normalerweise geräuschlos verliefen und – bei Einhaltung des zwischen Kirche und Staat vereinbarten Schweigens hierüber – zu direkten Abschiebungen führten.

gung in der DDR diskutiert.[501] In den Basisgruppen intensivierten sich – soweit das MfS das zuließ – in den 1980er Jahren Kontakte zu Friedens-, Umwelt- und Menschenrechtsinitiativen in der Bundesrepublik, wobei inhaltliche Impulse zunehmend aus dem Osten kamen. Westliche Medien spielten nun vielfach eine wichtige Rolle als Multiplikatoren von Informationen und somit zur Herstellung einer kritischen Öffentlichkeit, auch im Fall von Menschenrechtsverletzungen. Für diese Tendenz zu einer verstärkten Aufmerksamkeit für Basisinitiativen im Osten hatte offenbar die »Schwerter zu Pflugscharen«-Bewegung am Beginn der 1980er Jahre gesorgt.[502] Als Plattform für Nachrichten über die östlichen Landeskirchen in der EKD hatte der Publizist und Journalist Reinhard Henkys bereits 1973 die Zeitschrift »Kirche im Sozialismus« gegründet, wodurch ihm für den Informationstransfer von Ost nach West eine Schlüsselrolle zufiel.

Auf Anregung der ostdeutschen Kirchen war unmittelbar nach der Gründung des BEK 1969 eine Beratergruppe aus Vertretern von BEK und EKD als Gremium zur praktischen Umsetzung der »besonderen Gemeinschaft« ins Leben gerufen worden. 1980 folgte diesem Gremium, ebenfalls auf Initiative des BEK, eine Konsultationsgruppe, die im Gegensatz zur Beratergruppe zunächst ein konkret definiertes Arbeitsgebiet erhielt, und zwar die Friedensproblematik. Abgesehen von nicht

---

501 Vgl. Eisenfeld, Ausreisebewegung.

502 Vgl. Beleites, Luft, 32–39 u. 195–209; u. Silomon, Schwerter, 286f. Tschiche formuliert im Blick auf die Evangelische Akademie Sachsen-Anhalt pointiert: »Die Schutzmantel-Madonna trug zu dieser Zeit das Gesicht der westlichen Medien« (Tschiche, Boykottnest, 93). Zu den Basisgruppen s. Kap. 5.4.

abreißenden Versuchen, die »besondere Gemeinschaft« und damit auch das eigene Arbeitsfeld konkreter zu definieren, war die Arbeit in diesen Gremien von zahlreichen Irritationen geprägt, die aus weit auseinandergehenden Meinungen resultierten. Diese betrafen neben konkreten Positionen zu einzelnen Themen wie Frieden, Demokratie oder Sozialismus grundlegende Fragen zum Verhältnis von Staat und Kirche sowie zum politischen und gesellschaftlichen Auftrag der Kirche. Vor allem in den 1980er Jahren zeigte sich, »wie weit fortgeschritten die Systembindung von Bund und EKD in der Tat war«; es wurden wechselseitig Vorwürfe des »›Hineinredens‹, der ›Einmischung‹ in innerkirchliche Meinungsbildungsprozesse, spezifisch west- beziehungsweise ostdeutsche Belange und staatliche Zuständigkeiten« erhoben.[503] Darüber hinaus sah man sich auf beiden Seiten der Grenze inner- und außerkirchlichen Vorwürfen ausgesetzt, falsche Rücksichten zu nehmen und gerade nicht die richtigen Entwicklungen zu fördern.

Die Meinungsverschiedenheiten zwischen Ost und West »traten bei keinem anderen Thema deutlicher zutage als beim Thema Frieden«, wobei der Hauptvorwurf der EKD-Vertreter an den BEK war, dass »die Kirchen in der DDR in der Friedensfrage ›gut reden hätten‹, weil sie« – im Gegensatz zu denen in der Bundesrepublik – »nicht für das haften müssen, was sie friedenspolitisch vertreten«.[504] Zwar hatten BEK und EKD 1977 eine gemeinsame Erklärung zu den Verhandlungen über die Auswirkungen des KSZE-Prozesses in den Unterzeichnerstaaten und 1979 ein gemeinsames »Wort zum Frieden« publiziert

---

503 Vgl. zur Arbeit beider Gremien Silomon, Anspruch, Zitate 666 f.

504 Garstecki, Gewaltfreiheit, 29 f.

sowie 1980 grenzübergreifend die Friedensdekaden initiiert. Auch hatte man sich 1982 auf »Thesen zum Friedensauftrag der Kirche« als »Versuch einer gemeinsamen Bilanz EKD – BEK« geeinigt. Man hatte aber keine konkreten politischen Optionen favorisiert, sondern sich darauf beschränkt, sich zur gemeinsamen Friedensverantwortung zu bekennen und ohne gegenseitige Vereinnahmungen im jeweils eigenen Kontext das dafür jeweils Geeignete zu tun.[505] Die ostdeutschen Kirchen hingegen hatten seit Jahren deutlich für Gewaltfreiheit votiert – besonders markant bereits 1965 in Gestalt der Qualifizierung von Waffen- und Wehrdienstverweigerung zum ›deutlicheren Zeugnis‹ im Votum »Zum Friedensdienst der Kirche«.[506]

Zwischen 1983 und 1985 kam es aufgrund der Differenzen in der Friedensfrage zu deutlichen Verwerfungen zwischen BEK und EKD – ausgelöst durch Aktionen sowie öffentliche Äußerungen ostdeutscher Theologen, die diesen den Vorwurf der Einmischung »in innenpolitische Auseinandersetzungen innerhalb der Bundesrepublik« einbrachten.[507] Es begann mit einem von sieben Vertretern des BEK formulierten Statement »Für eine neue Sicherheitspolitik in Europa«, für das ohne vorherige Absprache mit der Konsultationsgruppe auf dem Kirchentag in Hannover im Juni 1983 zahlreiche Unterschriften gesammelt wurden, darunter etliche von prominenten Vertretern der SPD. Im Oktober 1983 folgte eine Rede Heino Falckes

---

505 Vgl. LEPP, Einübung, 257 f; u. SILOMON, Anspruch, 300–324 u. 498–513.

506 ZUM FRIEDENSDIENST, vgl. Kap. 3.1. Zu den relevanten Voten der 1980er Jahre s. GARSTECKI, Einführung. Zur Friedensethik im ostdeutschen Protestantismus generell vgl. Kap. 5.2.

507 Vgl. hierzu SILOMON, Anspruch, 377–384 u. 514–548, Zitat 529.

auf der großen Friedenskundgebung in Bonn, auf der dieser als Sprecher »für die eigenständige Friedensarbeit der Christen in der evangelischen Kirche der DDR« vorgestellt wurde und u. a. den programmatischen Satz äußerte, dass die Friedensbewegung »nur Friedensbewegung« sei, »wenn sie zugleich Dritte-Welt-Bewegung ist«.[508] Schließlich nutzte Johannes Hempel als Vorsitzender der KKL ein Grußwort im Rahmen eines Festaktes zum Reformationstag 1983 in Worms dazu, sich generell gegen die Stationierung weiterer Raketen in Europa auszusprechen, wodurch die Festversammlung, zu der auch Bundeskanzler Helmut Kohl gehörte, in Unruhe geriet.[509] Während der anschließenden Sitzung der Konsultationsgruppe im Dezember 1983 kam es zu einer heftigen Grundsatzdiskussion, in der den BEK-Delegierten vorgehalten wurde, dass »›[e]inseitige Äußerungen‹ aus dem Bereich des Bundes [...] zur Folge haben« könnten, »dass dem Misstrauen unter den Bundesbürgern, in der DDR existiere eine ›gleichgeschaltete Kirche‹, nichts mehr entgegenzusetzen sei«.[510]

Trotz unübersehbarer Differenzen wurden auch in der zweiten Hälfte der 1980er Jahre gemeinsame, politisch bedeu-

---

508 Falcke, Freiheit, 44f. Zudem hatten die ostdeutschen Delegierten im Sommer 1983 auf der VI. Vollversammlung des ÖRK in Vancouver den Vorschlag eingebracht, ein Friedenskonzil einzuberufen (vgl. Kap. 7.2).

509 Die Situation schildert plastisch Lohse, Bund, 1016–1018, und resümiert als damaliger Beteiligter auf westlicher Seite: »Schwerlich machten sich kirchliche Gremien und Synoden in der DDR klar, daß von ihnen geprägte Ausdrücke, die aus dem Kontext ihrer Situation heraus vollauf verständlich waren, eine nicht bedachte Rückwirkung auch im Westen haben mußten« (1016).

510 Vgl. Silomon, Anspruch, 528–532, Zitat 530.

tende Statements von der Konsultationsgruppe publiziert, so z. B. im Jahre 1985 anlässlich des 40. Jahrestages des Endes des Zweiten Weltkriegs erneut ein »Wort zum Frieden« und 1988 anlässlich der 1000-Jahr-Feier der Russisch-Orthodoxen Kirche eine Stellungnahme mit dem Titel »Versöhnung und Verständigung«.[511] Die Resonanz hierauf war in den ostdeutschen Landeskirchen tendenziell positiv, in der Bundesrepublik – abhängig von politischen Positionen – deutlich geteilt. Die für die EKD programmatische Denkschrift »Evangelische Kirche und freiheitliche Demokratie« von 1985, die die im Osten geprägte Wendung »kritische Solidarität« aufnahm, weckte beim BEK den Eindruck, die EKD habe einseitig positiv für ein Gesellschaftssystem votiert und erwarte vom BEK nun womöglich »etwas der Sache nach Vergleichbares«.[512] Ausdruck neuer Entwicklungen war der von einer Berliner Initiativgruppe zunächst der Synode der EKiBB und durch Heino Falcke 1987 dann auch der Bundessynode vorgelegte »Antrag auf Absage an Praxis und Prinzip der Abgrenzung«, der die Kirche dazu aufforderte, sich für eine Beendigung der Abgrenzung der DDR von ihren Nachbarstaaten einzusetzen.[513] Die Bundessynode nahm den Antrag nicht an – dennoch ist seine Wirkung hinsichtlich der Öffnung der innerkirchlichen Diskussion für das Tabuthema ›Mauer‹ hoch einzuschätzen.

Vor dem Hintergrund der Entwicklung des Verhältnisses von ost- und westdeutschen Kirchen bis zum Ende der DDR war es folgerichtig, dass die entstandenen Unterschiede im

---

511 Vgl. zu dieser Phase EBD., 549–606.

512 Vgl. HEIDINGSFELD, Kirche, 171f, Zitat 172; u. THUMSER, Kirche, 262.

513 Vgl. hierzu SILOMON, Synode.

Zuge der Eingliederung des BEK in die EKD 1990 spannungsreich zutage traten.[514] Dies schlug sich in deutlich geteilten Reaktionen nicht nur, aber vor allem auf ostdeutscher Seite auf die »Loccumer Erklärung« der Konsultationsgruppe vom 17. Januar 1990 nieder, in der für eine baldige Vereinigung von Ost- und Westkirche plädiert worden war. So legten »Christen aus beiden deutschen Staaten« am 9. Februar 1990 die »Berliner Erklärung« vor, in der der primär nationale Bezugsrahmen der »Loccumer Erklärung« wie auch der Verzicht auf eine Integration ostdeutscher kirchlicher Erfahrungen und der fehlende Meinungsbildungsprozess an der kirchlichen Basis zum Prozedere der Vereinigung kritisiert wurden.[515] Letztlich bildeten diese Stimmen aber eine Minderheit, die sich schon deshalb nicht durchsetzen konnte, weil dies den finanziellen Kräfteverhältnissen widersprochen hätte. In diesem Zusammenhang wurde auf ostdeutscher Seite teils vehementes Bedauern darüber ausgesprochen, die umfangreichen finanziellen Hilfen von der EKD angenommen und es so versäumt zu haben, tatsächlich Alternativmodelle zu dem der Situation als Minderheitskirche nicht mehr entsprechenden volkskirchlichen Modell zu entwickeln.[516]

Auf westlicher Seite wurden im Rückblick teils massive Irritationen darüber zum Ausdruck gebracht, dass »führende Repräsentanten des BEK« »[m]it großem Pathos« »ihre Kirche als den besseren deutschen Protestantismus« dargestellt

---

514 Vgl. hierzu Kap. 1.3.

515 Vgl. hierzu Greschat, Protestantismus, 198 f; u. Kremser, Rechtsstatus, 85–88.

516 Vgl. pointiert z. B. Falcke, Kirche; u. Krusche, Weg- und Arbeitsgemeinschaft, v. a. 112 f.

hätten.[517] »Beschämt« hätten sich »die Kirchen im Westen Deutschlands immer wieder anhören« müssen, »dass sie reich und wenig glaubensstark auf der Wohlstandswelle eines kapitalistischen, friedensunwilligen Klassenstaates mitschwämmen«.[518] Als besonders irritierend wurde die Aufnahme des Sozialismusbegriffs zur Identifikation des eigenen Selbstverständnisses beschrieben, ohne dass der zugrunde gelegte Sozialismusbegriff geklärt worden sei.[519] In Fortschreibung von Sozialismus-Kapitalismus-Dichotomien wurde eine seit den 1950er Jahren eingetretene ›mentale Spaltung‹ diagnostiziert, der gemäß sich im Westen ein moderner, pluraler Protestantismus entwickelt habe, es im Osten hingegen zu einer Art Überwinterung von »alten protestantischen Sonderwegsideologien« mit unrealistischen »Visionen einer ganz anderen, geschwisterlichen Gesellschaft« gekommen sei.[520] In dieser Perspektive hatte sich der westdeutsche Protestantismus als ›historischer Sieger‹ erwiesen und erweisen müssen.

Von den deutsch-deutschen Kontakten auf kirchenleitenden Ebenen sind die im Rahmen von Landeskirchenpartnerschaften gewachsenen intensiven Kontakte auf Kirchengemeindeebene zu unterscheiden. Diese stellten sich in der Retrospektive hinsichtlich ihres mentalen grenzüberschreitenden Potentials einschließlich eines systemübergreifenden Engagements in der Friedensbewegung als sehr erfolgreich dar. Nach

---

517 Graf, Kirchen, 232.

518 Besier, Gott.

519 Vgl. u. a. Heidingsfeld, Kirche, 160–162.

520 Graf, Kirchen, 236; vgl. hierzu auch ders., Traditionsbewahrung. Zu Zusammenhängen dieser Perspektive mit der Sicht auf den ÖRK vgl. Kap. 7.2.

der Wiedervereinigung wurden Partnerschaften teils fortgesetzt und z. B. in Gestalt der Ausweitung in Richtung Osteuropa neue Modelle entwickelt. Hierzu gehörte auch das Projekt »Lernhaus Ein Deutschland« auf dem Kirchentag 2011 in Dresden, in dem dezidiert ostdeutsche kirchliche Erfahrungen thematisiert wurden.[521]

7.2 Schwerpunkt Ökumene

Im Vorwort zum 1978 in der DDR erschienenen Handbuch »Orientierung Ökumene« schrieb Albrecht Schönherr, dass Ökumene eine Dimension der »gesamten Arbeit« des BEK darstelle und dass es inzwischen gelungen sei, »den ökumenischen Gedanken fest in dem Bewußtsein der Christen in der DDR zu verankern«.[522] Gemeint waren damit sowohl internationale Vernetzungen, insbesondere im ÖRK, als auch Kontakte zwischen den Konfessionen in der DDR. In der Tat lassen sich für den ostdeutschen Protestantismus bereits seit den 1960er Jahren und vor allem für die 1970er und 1980er Jahre – nicht zuletzt in eigenständiger Profilierung gegenüber der EKD – spezifische Schwerpunktsetzungen im Bereich der Ökumene feststellen.[523] Damit verbanden sich im Laufe der Jahrzehnte aber deutliche inhaltliche und strukturelle Verschiebungen, was letztlich die Durchsetzung eines sehr breiten Ökumenebegriffs implizierte.

---

521 Vgl. Cordes, Ritzen; u. Rittberg-Klas, Kirchenpartnerschaften.

522 Schönherr, Vorwort.

523 Vgl. hierzu im Überblick Kunter, Hoffnungen, 79–135; u. Sens, Ökumene.

Die 1970er Jahre waren von intensiven sogenannten Lehrgesprächen zwischen den lutherischen und den unierten Kirchen in der DDR gekennzeichnet, die im Kontext der Bemühungen um die »Kirchwerdung des Bundes« standen.[524] Bereits einen Monat nach Gründung des BEK, im Juli 1969, hatte die Generalsynode der VELKDDR der EKU Ost einen entsprechenden Vorschlag unterbreitet, worauf eine gemeinsame »Kommission für das Lehrgespräch« konstituiert worden war. Der ursprüngliche Auftrag dieser Kommission war es, eine Erklärung über die theologische Lehrgrundlage des BEK zu erarbeiten. Stattdessen legte die Kommission in einer ersten Arbeitsphase von 1969 bis 1974 fünf »Werkstattberichte« mit einer klaren Fokussierung auf das Thema Rechtfertigung als Zentrum der christlichen Verkündigung vor, womit man Impulse aus Diskussionen der 1960er Jahre im LWB aufnahm. Parallel war die BEK-Kommission maßgeblich involviert in die Erarbeitung der Leuenberger Konkordie, die im März 1973 in der Schweiz verabschiedet wurde und in der die lutherischen, reformierten und unierten Kirchen Europas ihre Kirchengemeinschaft im Sinne der gegenseitigen Anerkennung von Ämtern und Sakramenten erklärten.

Im September 1973 wurde die Leuenberger Konkordie vom BEK angenommen und fortan als gemeinsame theologische Lehrgrundlage verstanden, so dass sich ein eigener Text hierzu erübrigte. Entsprechend wurde die zweite Phase der Lehrgespräche von 1975 bis 1978 verstanden als Intensivierung der mit der Konkordie begründeten Kirchengemeinschaft. Man

---

524 Vgl. hierzu Kap. 5.1; zum Zusammenhang s. Sekretariat des Bundes, Kirche, 13–47. Zum Folgenden s. Beintker, Ertrag.

widmete sich nun zentralen Kontroversen zwischen der lutherischen und der reformierten Lehrtradition, nämlich dem Amtsverständnis und der Frage nach dem Verhältnis von Staat und Kirche in Gestalt der Diskussion um die Denkmodelle Zwei-Reiche-Lehre und Lehre von der Königsherrschaft Christi.[525] Die Ergebnisse dieser Gespräche wurden wiederum auf europäischer Ebene rezipiert. In den frühen 1980er Jahren setzten sich die innerprotestantischen Verständigungen in der DDR fort in Gestalt von Gesprächen des BEK mit dem BEFG und der EmK. Hiermit verband sich ein zunehmendes Interesse im BEK an den Freikirchen und religiösen Gemeinschaften generell, das sich in entsprechenden Publikationen niederschlug.[526]

Unter den internationalen Beziehungen sind zunächst die bilateralen und hierbei z. B. die analog zu den Gemeindepartnerschaften zwischen Ost- und Westdeutschland seit den 1970er Jahren in zunehmendem Maße auch in die Niederlande gepflegten Beziehungen zwischen Gemeinden zu nennen. Niederländischen Interessen folgend, dominierte hier die gemeinsame Friedensarbeit, die auch intensive Kontakte zur unabhängigen Friedensbewegung in der DDR einschloss. Diese grenzüberschreitende Arbeit ist ein Beispiel für das Paradox,

---

525 Vgl. zu Letzterem ALBRECHT-BIRKNER, Zwei-Reiche-Lehre, v. a. 251 f u. 279 f.

526 Vgl. KIRCHNER, Freikirchen und Religionsgemeinschaften; u. DERS., Kirchen (mit Berücksichtigung des Verhältnisses zur katholischen Kirche). Zu den Gesprächen des BEK mit dem BEFG und der EmK s. BUND DER EVANGELISCHEN KIRCHEN IN DER DDR, Dokumente, 47–71. Zum freikirchlichen Protestantismus vgl. Kap. 6.

dass vom SED-Staat intensiv unterwanderte und durchaus erfolgreich instrumentalisierte Kontakte der DDR-Kirchen in das westliche Ausland in der DDR selbst letztlich Wirkungen entfalteten, die die Deutungshoheit des SED-Regimes ›von unten‹ her untergruben.[527]

Dies traf auch für Verbindungen nach Osteuropa zu. Während z. B. im Fall Polens das Bemühen der Kirchen und speziell auch von Aktion Sühnezeichen um Wiederannäherung mit der Politik des SED-Staates lange konform ging, standen diese weitergehenden Kontakte seit den frühen 1980er Jahren in Kontrast zur Abschottungspolitik der DDR. Dabei fiel der Görlitzer Landeskirche eine Schlüsselrolle zu.[528] Analoges ist auch zu den Beziehungen zur Russisch-Orthodoxen Kirche zu sagen, von denen sich der SED-Staat direkte politische Einflüsse zugunsten einer Systemkonformität der ostdeutschen Kirchen erhoffte, wobei die seit 1974 durchgeführten Sagorsker Gespräche eine zentrale Rolle spielten.[529] Heinrich Rathke als Beauftragter des BEK für diese Verbindungen hat sie als Ausgangspunkt für den Aufbau vertraulicher Kontakte zu verbannten evangelischen Christen und vielfach illegalen Gemeinden in Sibirien und Zentralasien, vor allem in Kasachstan, genutzt und Besuchsreisen nicht nur mit dem Transport z. B. von Medikamenten, sondern auch mit dem Sammeln konkre-

---

527 Vgl. hierzu Cordes, Ritzen, 16–35; Graaf, Mauer; u. Subklew-Jeutner, Friedenskreis, 261–268.

528 Vgl. Ness, Frühling. Eine große Rolle spielten im BEK ab 1976 Spendensammlungen für ein Kinderkrankenhaus in Warschau, das in Erinnerung an alle im Zweiten Weltkrieg umgekommenen Kinder errichtet wurde.

529 Vgl. Demke, Sagorsk.

ter Daten über das Ausmaß der stalinistischen Verfolgungen verbunden.[530]

Bereits seit den 1960er Jahren sind z. B. in Gestalt des Konzeptes des ›Missionarischen als Strukturprinzip‹ im ostdeutschen Protestantismus intensive Auseinandersetzungen mit Impulsen aus globalen Kirchenbünden, v. a. dem ÖRK, aber auch dem LWB, geführt worden.[531] Insbesondere ist es zu einer nachhaltigen Rezeption der Neuformulierung des Selbstverständnisses des ÖRK als global agierender, postkolonialer christlicher Gemeinschaft mit politischem Auftrag unter Anknüpfung an die Befreiungstheologie gekommen, das durch die Weltkonferenz von »Church and Society« 1966 starke Impulse erhalten hatte. In noch wesentlich weiter reichenden Dimensionen als im Fall der deutsch-deutschen Beziehungen bedeutete dies Verwicklungen in die Fronten des Kalten Krieges – im Fall des ÖRK in die Interessen des Ostblocks, der in Gestalt der CFK und seit dem Beitritt der Russisch-Orthodoxen Kirche 1961 des sowjetischen Geheimdienstes in diesem Gremium in wachsendem Maße präsent war und den Kurs im Sinne östlicher politischer Interessen beeinflusste.[532]

Hierzu gehörte eine erfolgreiche Ablenkung von Menschenrechtsproblemen in Mittel- und Osteuropa zugunsten einer Fo-

---

530 Vgl. Rathke, Weg, 130–136. Hierzu gehörte auch der Aufbau von Kontakten zur russischen »Opfer-Organisation Memorial« (132).

531 Vgl. Thumser, Kirche, 257–261. Zur Relevanz dieses Konzepts in der DDR s. Kap. 5.3.

532 Vgl., auch zur Problematik des Umgangs mit diesen Entwicklungen in der Historiografie des ÖRK, Kunter, Kirchen; dies./ Schilling, Christ; Raiser, Ökumene; u. Vollnhals, Abteilung, 110–116. Zur CFK s. Kap. 2.1.

kussierung insbesondere auf Probleme der Rassentrennung in anderen Teilen der Welt, die einen Ausdruck im 1969 etablierten Antirassismusprogramm des ÖRK fand. Dieses Programm, das die Unterstützung gewaltbereiter politischer Befreiungsbewegungen einschloss, ist vom BEK zunächst vorbehaltlos unterstützt worden.[533] Obwohl die KKL dieses Engagement aufgrund massiver innerkirchlicher Kritik im Laufe der Jahre eingestellt hat und die Meinungsunterschiede quer durch BEK und EKD gingen, avancierte die Einstellung zum Antirassismusprogramm in »der öffentlichen Wahrnehmung [...] zum zentrale[n] Differenzpunkt zwischen den beiden deutschen Kirchenbünden während der siebziger Jahre«.[534] Zugleich festigte sich durch das Engagement des BEK für das Antirassismusprogramm dessen gegenüber der EKD eigenständige Wahrnehmung im ÖRK als tendenziell ›bessere‹ deutsche Kirche.[535] Diese Gemengelage beförderte auf westlicher Seite eine bis in die gegenwärtige Geschichtsschreibung reichende Polarisierung, der gemäß der ostdeutsche Protestantismus ebenso wie der ÖRK nachhaltig unter das pejorative Etikett ›Linksprotestantismus‹ fiel.[536]

---

533 Vgl. hierzu WIDMANN, Wandel, v. a. 298–335, 398–406 u. 459–471.

534 LEPP, Einübung, 258–260, Zitat 260. Zur Diskussion im BEK vgl. SEKRETARIAT DES BUNDES, Kirche, 228–239.

535 Vgl. hierzu KRUSCHE, Weg- und Arbeitsgemeinschaft, 137; u. KUNTER, Kirchen, 200 f. Zu parallelen Vorgängen auch beim LWB s. AMBERG, Staat, 52 f.

536 Vgl. hierzu ALBRECHT-BIRKNER, Weichenstellungen; sowie Kap. 7.1. Im Hintergrund stand dabei in der Bundesrepublik der Terror der (vom MfS unterstützten) Rote Armee Fraktion (RAF), der 1977 einen Höhepunkt erreichte.

Mit dem 1956 in Kooperation zwischen der Jugendabteilung des ÖRK und dem Nationalen Aufbauwerk der Nationalen Front in der DDR gegründeten Ökumenischen Jugenddienst hatte der ÖRK eine spezifische Jugendplattform. Durch den Mitarbeiter der Gossner-Mission Wolf-Dietrich Gutsch, der für den Aufbau dieses Netzwerks die zentrale Rolle spielte, bestanden intensive Vernetzungen mit der CFK und deren Internationaler Jugendkommission ebenso wie mit der Konferenz Europäischer Kirchen. Gutsch, der zugleich Inoffizieller Mitarbeiter des MfS war, war maßgeblicher Mitinitiator des 1968 gegründeten Ökumenischen Jugendrates in Europa wie auch der 1971 ins Leben gerufenen Arbeitsgemeinschaft christlicher Jugend in der DDR.[537] Internationale kirchliche Jugendforen sind von Vertretern aus der DDR aber auch genutzt worden, um Kritik an in der DDR begangenem Unrecht zu üben.[538]

Unter maßgeblicher Beteiligung von Theologen aus der DDR entwickelte sich im ÖRK mit dem Fokus auf den globalen, v. a. ökologischen Folgen der wissenschaftlich-technischen Zivilisation in den 1970er Jahren ein neuer thematischer Schwerpunkt, der sich in der 1979 in Boston durchgeführten Weltkonferenz »Faith, Science and the Future« manifestierte. Dessen inhaltliche Impulse wurden wiederum in der DDR intensiv rezipiert. Auf ÖRK-Ebene flossen sie ein in den auf der Voll-

---

537 Vgl. Dorgerloh, Geschichte, 184–192 u. 262–274; Lepp, Tabu, v. a. 744 f; u. Vollnhals, Abteilung, 115. Zur Gossner-Mission s. Kap. 5.3.

538 Vgl. z. B. das Referat »Frieden und Gerechtigkeit in der Ost-West-Perspektive« des sächsischen Landesjugendpfarrers Harald Bretschneider auf der Jugendversammlung des LWB 1984 in Budapest (s. hierzu Engelbrecht, Kirchenleitung, 41 f).

versammlung von Vancouver 1983 angeregten »Konziliaren Prozess für Frieden, Gerechtigkeit und Bewahrung der Schöpfung«, der unter Absehung von Kapitalismus-Sozialismus-Dichotomien wie auch konfessionellen Unterschieden auf die Wahrnehmung christlicher Verantwortung in globaler Dimension an der Basis zielte. Anstoß hierfür war auch ein von der ostdeutschen Delegation eingebrachter Vorschlag zur Einberufung eines allgemeinen Friedenskonzils in Anknüpfung an die entsprechende Forderung Bonhoeffers von 1934.[539]

In der DDR wurden diese Anregungen unmittelbar aufgenommen und in Gestalt der Ökumenischen Versammlungen von 1988/89 schließlich zu einem Katalysator des Endes der DDR. Diese Entwicklung verdankte sich dem induktiven Ansatz des auf diese Weise umgesetzten Konziliaren Prozesses (»Zeugnisse der Betroffenheit«), der – ausgehend vom theologischen Konzept der Umkehr – zu politisch brisanten Statements wie dem Papier »Mehr Gerechtigkeit in der DDR« führte.[540] Dabei spielte aufseiten des BEK Joachim Garstecki eine wichtige Beraterrolle für die in den Versammlungen neben Delegierten der Kirchen gleichberechtigt vertretenen Ba-

---

539 Vgl. ANTRAG AN DIE 6. VOLLVERSAMMLUNG. Dieser Vorschlag ist aufgrund einer Intervention vonseiten der KKL, die wiederum vermutlich auf einen Einspruch von der EKD zurückging, nicht Teil der offiziellen Papiere der Vollversammlung geworden (vgl. SILOMON, Anspruch, 521, Anm. 17). Zu der auch aufgrund dieser Initiative noch einmal veränderten Wahrnehmung des BEK im ÖRK in den 1980er Jahren s. SENS, Ökumene, 16.

540 Vgl. hierzu Kap. 3.1, 3.2, 4.7 u. 6.1; sowie BUND DER EVANGELISCHEN KIRCHEN IN DER DDR, Dokumente, 217–286; FALCKE, Umkehr; KUNTER, Hoffnungen; SACHSE, Gebrauch; SEIFERT, Glaube; SENS, Grenzen, 113–154; u. ZIEMER, Prozess, Zitate 1439 u. 1442.

sisgruppen.[541] Strukturell implizierte diese Entwicklung grundlegende Veränderungen im Ökumeneverständnis des ostdeutschen Protestantismus: Herkommend vom Kirchengemeinschaftsgedanken und einer die eigene Existenz als Kirche stützenden Kooperation mit dem ÖRK, verschob es sich zu vom globalen Verantwortungsgedanken getragener Gesellschaftskritik in der DDR.[542] Damit wurde die vom SED-Regime mit dem Ziel der Instrumentalisierung für den eigenen Machtzuwachs geförderte ökumenische Vernetzung der ostdeutschen Kirchen, v. a. im ÖRK, letztlich zu einem die DDR final destabilisierenden innenpolitischen Faktor.[543]

---

541 Zur Rolle der Basisgruppen vgl. Kap. 5.4.

542 Dies ist unmittelbar greifbar an den strukturellen Veränderungen von Moderow/Sens, Orientierung, zu Sens, Grenzen; sowie von Sekretariat des Bundes, Kirche, zu Bund der Evangelischen Kirchen in der DDR, Dokumente.

543 Vgl. Falcke, Freiheit, 99; u. Sens, Ökumene, 16f.

Schlussbemerkung

Jenseits pauschaler Ineinssetzungen von »Freiheit« mit »Bundesrepublik« und »Unfreiheit« mit »DDR« eignete dem Protestantismus in der DDR innerhalb der vom DDR-Staat gezogenen Grenzen – äußerer wie ideologischer – zumindest teilweise eine deutliche Affinität zur Signatur der Freiheit. Diese speiste sich aus einem theologischen Fokus auf der befreienden Dimension des Evangeliums gegenüber der Welt und schloss den Anspruch auf eine wächteramtliche Funktion[544] der Kirche gegenüber Staat und Gesellschaft ein. Ihr gegenüber standen theologische Positionen, die als für die Kirche maßgebliche Signatur die des Dienens an der Welt favorisierten und ein Wächteramt strikt ablehnten. Gemeinsam waren ihnen der Fokus auf der Christologie und die Orientierung an der Barmer Theologischen Erklärung. Unterschiedlich war die Kreuzestheologie: Positionen, die Freiheit bzw. Befreiung als eigenständiges Merkmal christlicher Existenz neben dem Dienen betonten, rekurrierten auf die Hingabe an die Welt im Sinne von deren kritischer Begleitung; Positionen, die die Freiheit ganz dem Dienen unterordneten, forderten eine Selbstverleugnung der Kirche im Sinne des Verzichts auf korrigierende Funktionen gegenüber der Welt.

Die theologische Argumentation für oder gegen Freiheit bzw. Befreiung als eigenständiger Signatur gegenüber dem Dienen zog gegensätzliche politische Optionen nach sich. Da-

544 Vgl. zum Wächteramtsbegriff Kap. 5.2 mit Anm. 338.

bei sind die Betonung der befreienden Dimension des Evangeliums und die damit verbundene Systemkritik trotz massiven ideologischen Drucks und deutlicher politischer Anpassungsbemühungen von Kirchenleitungen unter dem Leitmotiv des Dienens nicht verstummt, sondern haben im Laufe der Jahrzehnte eine besondere Dynamik entfaltet. Denn die Argumentation mit der ausschließlichen Bindung des einzelnen Christen wie auch der Kirche als ganzer an das Evangelium und somit an den befreienden Christus implizierte nicht nur die Möglichkeit, sondern auch den Anspruch befreiten Handelns in allen Lebensbereichen – nicht zuletzt gegenüber dem diktatorisch agierenden SED-Staat.

Dessen massive Reaktion auf Heino Falckes Referat »Christus befreit, darum Kirche für andere« auf der Synode des BEK von 1972[545] zeigt exemplarisch, dass das politisch brisante Potential dieser theologischen Befreiungsbotschaft auf staatlicher Seite unmittelbar erkannt worden ist. Dieses war umso größer, als es sich nicht über die Denkfigur des Systemgegensatzes zwischen westlichem Freiheitspathos und östlichem (Staats-)Sozialismus entkräften ließ, sondern – im Licht des Evangeliums und somit unter der Signatur des Kreuzes – Anspruch auf Mitgestaltung der DDR-Gesellschaft in Richtung auf die Einführung von mehr demokratischen Rechten und Freiheiten erhob. Dem entsprach strukturell, dass die protestantischen Kirchen diskursiv und lebenspraktisch Freiräume boten, die sie zu Orten relativer Freiheit in der vom SED-Staat dominierten Gesellschaft machten. Durch dieses Angebot waren sie interessant auch für Menschen, die bereits ganz von der atheis-

[545] Falcke, Christus. Vgl. hierzu Kap. 3.1.

tischen Doktrin geprägt waren. In der Wahrung relativ freier Lebensräume lag in der Außen- wie auch in der Innenperspektive ein wesentlicher Grund für die empfundene hohe Glaubwürdigkeit der Kirchen. Trotz intensiver und teils erfolgreicher Versuche ist es dem SED-Staat praktisch nicht gelungen, diese Freiräume und das in ihnen wachsende widerständige Potential zu vernichten.

Kirchenstrukturell bildete bereits das synodale Gefüge der Kirchen einen Spielraum demokratischen Handelns, der quer zum konsequent zentralistischen Agieren des SED-Staates stand und sich mit Praxen gezielter Beteiligung und ›Ermündigung‹ verband. Soweit und sofern diese Struktur von konsistorialen Interessen überlagert wurde, ist es zu teils fatalen Synergien zwischen der Absicht des SED-Staates, Einfluss auf die Kirche zu nehmen, und offensichtlichen ›Anfälligkeiten‹ von Kirchenleitungsmitgliedern für paternalistisch-autoritative Leitungsstile gekommen. Freiheitlich-demokratisches Agieren in der Kirche implizierte in diesen Fällen kritische Auseinandersetzungen mit Kirchenleitungen ebenso wie mit Staatsorganen.

Als Vollzug christlicher Freiheit im Sinne der Selbstbehauptung aus der befreienden Botschaft des Evangeliums heraus ist im ostdeutschen Protestantismus weitgehend auch die Existenz als nichtprivilegierte Minderheitskirche in nomineller Trennung vom Staat wahrgenommen worden. Dabei handelte es sich insofern um eine Fehlwahrnehmung, als die ostdeutschen Kirchen durch jahrzehntelange, umfangreiche finanzielle Unterstützung durch die westdeutschen Kirchen, die zugleich eine nicht unerhebliche Unterstützung des SED-Staates implizierte, faktisch volkskirchliche Strukturen beibehielten und privilegiert blieben. Die mit der (Wieder-)Eingliederung des BEK in die EKD nach dem Ende der DDR empfundene »Unstimmigkeit von Gemeindeerfahrung und Kirchenstruktur«[546] bestand verdeckt also bereits vorher.

Die in der Ordnung des BEK von 1969 theoretisch verankerte Wahrnehmung der »Mitverantwortung« der ostdeutschen Kirchen für die »besondere[] Gemeinschaft der ganzen evangelischen Christenheit in Deutschland« »in partnerschaftlicher Freiheit (BEK – EKD)«[547] war in ihrer praktischen Durchführung nicht nur aufgrund der finanziellen Abhängigkeit des Ostens vom Westen kein freies Agieren zweier sich als gleichrangig wahrnehmender Partner. Weitgehend unausgesprochen vollzog sich die Kooperation vielmehr in wachsender Konkurrenz, die sich im Kern aus unterschiedlichen Freiheitsverständnissen speiste: Während sich die westlichen Kirchen als ›frei‹ im Sinne aktiver Partizipation an der ›freiheitlichen Demokratie‹ und somit den ›unfreien‹ Kirche im Osten allemal überlegener Partner verstanden, sahen sich die östlichen Kirchen gerade aufgrund ihrer äußerlich unfreien Situation und somit ausschließlichen Bindung an das Evangelium als die freiere und insofern glaubwürdigere Kirche. Das Streben von Ausreiseantragstellern, v. a. Pfarrern, nach persönlichen Freiheitsrechten durch eine Übersiedlung in die Bundesrepublik wurde folglich moralisch und theologisch vehement verurteilt. Die teils dauerhafte Kriminalisierung von Übersiedlern erfolgte in der EKD, indem man hier unter faktischer Übernahme der östlichen Freiheitskriterien eine Partizipation an westlichen Freiheitsrechten für illegitim erklärte und in Abstimmung

---

546 Minderheit mit Zukunft, 4.

547 Ordnung des Bundes, 257.

mit den ostdeutschen Kirchen entsprechend disziplinarisch gegen sie vorging.

Die mit der Eingliederung des BEK in die EKD nach dem Ende der DDR selbstverständlich vorausgesetzte Übernahme des westlichen Freiheitsverständnisses als normgebender, weil ›überlegener‹, Kultur implizierte zugleich eine dauerhafte Fortschreibung von Ost-West-Dichotomien – gerade weil der Gegensatz zwischen einem konservativ-antikommunistischen und einem linken, sozialismusaffinen Protestantismus vermeintlich final und eindeutig gelöst schien. Dies schloss ein weitgehendes Zurück hinter die im BEK vollzogene Ausweitung des Blickwinkels auf die komplexen, weltweiten Kontexte des Kalten Krieges und die globalen Dimensionen eines verantwortbaren christlichen Freiheitsverständnisses jenseits der vorrangigen Fokussierung auf Europa ein. Retrospektiv schien sich bestätigt zu haben, dass diese Ausweitung nicht mehr und nichts anderes gewesen sei als die durch östliche Geheimdienste erfolgreich vollzogene Instrumentalisierung naiver ostdeutscher Theologien und Theologen, die von ihren ›Utopien‹ und ›Träumen‹ teils nicht einmal nach dem Ende des Kalten Krieges lassen wollten.

Was »Kirche der Freiheit« als maßgebliche Signatur der EKD in ihrer Gesamtheit[548] eigentlich bedeutet, scheint vor diesem Hintergrund noch einmal einige Überlegungen wert zu sein. Denn so viel dürfte inzwischen klar sein: Auch die deutsche Nachkriegs-Kirchengeschichte ist und bleibt eine doppelte. Es handelt sich um zwei verschiedene Erfahrungsräume, die sich nicht retrospektiv verschmelzen lassen und die weiterhin ver-

---

[548] Vgl. Kirche der Freiheit.

schiedene Wirklichkeiten konstituieren. Die juristische (Wieder-)Eingliederung des BEK in die EKD bedeutet nicht, dass man nahtlos anknüpfen könnte an die Zeit vor der Existenz einer Kirche in der DDR – als sei die Doppelgleisigkeit ein rückgängig gemachter Irrtum der Geschichte gewesen, den man damit gewissermaßen übersprungen hätte. Erst recht ist wohl zu warnen vor implizit teleologischen Kirchengeschichtsinterpretationen, die in marxistischer Manier von einer Art gesetzmäßig bedingtem, finalen ›Sieg‹ eines vermeintlich besseren und stärkeren Systems über ein vermeintlich schlechteres, ›von der Geschichte überwundenes‹, ausgehen.

Wenn die protestantische Signatur der Freiheit etwas mit dem Wesen des Evangeliums zu tun hat, dürften zukunftsweisende Optionen für die Suche nach einer gemeinsamen Identität im Sinne eines integrierenden Umgangs mit beiden deutschen Erfahrungsräumen insbesondere in einer Relektüre dessen zu suchen sein, was Freiheit theologisch meint. Nur so lässt sich vermutlich die Substanz gewinnen, von der aus man auch die politischen Implikationen verschiedener Freiheitsverständnisse neu reflektieren kann.

Abkürzungsverzeichnis

ACK	Arbeitsgemeinschaft Christlicher Kirchen
AKSK	Arbeitskreis Solidarische Kirche
AKThG	Arbeiten zur Kirchen- und Theologiegeschichte
AKZG	Arbeiten zur Kirchlichen Zeitgeschichte
BEFG	Bund Evangelisch-Freikirchlicher Gemeinden
BEK	Bund der Evangelischen Kirchen in der DDR
BFeG	Bund Freier evangelischer Gemeinden
BK	Bekennende Kirche
BStU	Bundesbeauftragte(r) für die Unterlagen des Staatssicherheitsdienstes der ehemaligen Deutschen Demokratischen Republik
CDU	Christlich Demokratische Union (wenn nicht anders angegeben: der DDR)
CFK	Christliche Friedenskonferenz
DDR	Deutsche Demokratische Republik
EKD	Evangelische Kirche in Deutschland
EKiBB	Evangelische Kirche in Berlin-Brandenburg
EKKPS	Evangelische Kirche der Kirchenprovinz Sachsen
EKU	Evangelische Kirche der Union
EmK	Evangelisch-methodistische Kirche
epd	Evangelischer Pressedienst
FDJ	Freie Deutsche Jugend (kommunistischer Jugendverband der DDR)
KGE	Kirchengeschichte in Einzeldarstellungen
KJ	Kirchliches Jahrbuch
KKL	Konferenz der (Evangelischen) Kirchenleitungen in der DDR
KPD	Kommunistische Partei Deutschlands

KSZE	Konferenz über Sicherheit und Zusammenarbeit in Europa
KZG	Kirchliche Zeitgeschichte
LKA	Landeskirchenamt
LStU	Landesbeauftragte(r) für die Unterlagen des Staatssicherheitsdienstes der ehemaligen Deutschen Demokratischen Republik
LWB	Lutherischer Weltbund
MfS	Ministerium für Staatssicherheit der DDR (»Stasi«)
MKiZ	Mitteilungen für Kirchliche Zeitgeschichte
ÖRK	Ökumenischer Rat der Kirchen
SBZ	Sowjetische Besatzungszone
SED	Sozialistische Einheitspartei Deutschlands
SMAD	Sowjetische Militäradministration
VEF	Vereinigung Evangelischer Freikirchen
VELKD	Vereinigte Evangelisch-Lutherische Kirche Deutschlands
VELKDDR	Vereinigte Evangelisch-Lutherische Kirche in der DDR
ZdZ	Die Zeichen der Zeit
ZK	Zentralkomitee der SED

Quellen- und Literaturverzeichnis

ALBRECHT-BIRKNER, Veronika: Protestantische Auseinandersetzungen mit dem sozialistischen Menschenbild in der DDR. In: MKiZ 12 (2018), 11–39.

DIES.: Weichenstellungen in der politischen Ethik des Protestantismus in der DDR in den 1970er Jahren und ihre Auswirkungen auf dessen Verhältnis zur EKD. In: MKiZ 10 (2016), 73–101.

DIES.: Die Zwei-Reiche-Lehre in der DDR. In: KAMPMANN, Jürgen / OTTE, Hans (Hrsg.): Angewandtes Luthertum? Die Zwei-Reiche-Lehre als theologische Konstruktion in politischen Kontexten des 20. Jahrhunderts (Die Lutherische Kirche, Geschichte und Gestalten 29). Gütersloh 2017, 251–282.

ALTENBURG, Gerhard (Hrsg.): Kirche für andere – Kirche mit anderen. Festschrift für Dr. Heinrich Rathke zum 85. Geburtstag (Mecklenburgia sacra Sonderbd. 1). Wismar 2014.

AMBERG, Ernst-Heinz: Staat und Kirche in der DDR. Studien auf der Grundlage der Akten der VELKD und der VELK in der DDR (Texte aus der VELKD 61). Hannover 1995.

ANHALT, Markus: Die Macht der Kirchen brechen. Die Mitwirkung der Staatssicherheit bei der Durchsetzung der Jugendweihe in der DDR (Analysen und Dokumente BStU 45). Göttingen 2016.

ANTRAG AN DIE 6. VOLLVERSAMMLUNG des Ökumenischen Rates der Kirchen, Vancouver (Kanada) 1983. In: BUND DER EVANGELISCHEN KIRCHEN IN DER DDR, Dokumente, 264–268.

ARBEITSKREIS SOLIDARISCHE KIRCHE: Basiserklärung, Berlin, 7. 10. 1986. In: GOERTZ, Kirche, 190–193.

ASSMANN, Reinhard: Der Bund evangelisch-freikirchlicher Gemeinden in der DDR. Ein Leitfaden zu Strukturen – Quellen – Forschung. Kassel 2004.

Ders.: »Wir bleiben Missionare«. Der Bund Evangelisch-Freikirchlicher Gemeinden in der DDR (BEFG). Response. In: KZG 29 (2016), 95–101.

Ausschuss »Kirche und Gesellschaft« / Falcke, Heino: Die Kirche und die Friedensgruppen – Wie gehören sie zusammen? In: Bund der Evangelischen Kirchen in der DDR, Dokumente, 110–125.

Baumann, Imanuel: Die evangelischen Freikirchen in der DDR – resümierende Bemerkungen. In: KZG 29 (2016), 102–108.

Bäumer, Friedrich-Wilhelm: An die Redaktionen der Zeitungen »Neue Zeit« und »Neues Deutschland«, Magdeburg, 2. 9. 1976. In: Krampitz/Tautz/Ziebarth, Erinnerungen, 89–91.

Beaupain, Lothar: Eine Freikirche sucht ihren Weg. Der Bund Freier evangelischer Gemeinden in der DDR (Kirchengeschichtliche Monographien 6). Wuppertal 2001.

Beier, Peter: »Kirchwerdung« im Zeichen der deutschen Teilung. Die Verfassungsreformen von EKD und BEK als Anfrage an ihre »besondere Gemeinschaft« (AKZG B 37). Göttingen 2004.

Ders.: Missionarische Gemeinde in sozialistischer Umwelt. Die Kirchentagskongreßarbeit in Sachsen im Kontext der SED-Kirchenpolitik (1968–1973) (AKZG B 32). Göttingen 1999.

Ders.: Die »Sonderkonten Kirchenfragen«. Sachleistungen und Geldzuwendungen an Pfarrer und Mitarbeiter als Mittel der DDR-Kirchenpolitik (1955–1989/90). Mit einer Einführung in das Forschungsprojekt »Kirche und Staat in der DDR« von Joachim Mehlhausen (AKZG B 25). Göttingen 1997.

Beintker, Michael: Der theologische Ertrag und die bleibende Bedeutung der Lehrgespräche im Bund der Evangelischen Kirchen in der DDR. In: Hüffmeier, Rechtfertigung, 9–28.

Beleites, Michael: Dicke Luft: Zwischen Ruß und Revolte. Die unabhängige Umweltbewegung in der DDR (Schriftenreihe Sächsischer LStU 16). Leipzig 2016.

Beljakova, Nadezhda / Bremer, Thomas / Kunter, Katharina: »Es gibt keinen Gott!« Kirchen und Kommunismus. Eine Konfliktgeschichte. Freiburg/Basel/Wien 2016.

Bericht der Kirchenleitung auf der 2. Tagung der VIII. Synode der EKKPS, Magdeburg Domremter, 28. 10. 1976. In: Schultze, Berichte, 346–362.

Besier, Gerhard: »Kirche im Sozialismus«. Zur Transformation einer Großinstitution (1969–1990). In: Heinrich, Gerd (Hrsg.): Tausend Jahre Kirche in Berlin-Brandenburg. Berlin 1999, 843–974.

Ders.: Die Rolle des MfS bei der Durchsetzung der Kirchenpolitik der SED und die Durchdringung der Kirchen mit geheimdienstlichen Mitteln. In: Enquete VI/1, 509–558.

Ders.: Der SED-Staat und die Kirche. Der Weg in die Anpassung. München 1993.

Ders.: Der SED-Staat und die Kirche 1969–1990. Die Vision vom »dritten Weg«. Berlin/München 1995.

Ders.: Der SED-Staat und die Kirche 1983–1990. Höllenflug und Absturz. Berlin/München 1995.

Ders.: Vor Gott und den Menschen Schuld bekennen. In: idea-Spektrum, 28. 11. 2017 (http://www.idea.de/spektrum/detail/vor-gott-und-den-menschen-schuld-bekennen-103416.html, abgerufen am 10.01.2018).

Ders./Wolf, Stephan (Hrsg.): »Pfarrer, Christen und Katholiken«. Das Ministerium für Staatssicherheit der ehemaligen DDR und die Kirchen (Historische Studien zum 19. und 20. Jahrhundert [Quellen] 1). Neukirchen-Vluyn ²1992.

Beyer, Martin / Kropff, Michael / Liedke, Ulf (Hrsg.): Religionsloses Ostdeutschland? Wahrnehmungen und Diskurse. Matthias Petzoldt zum 65. Geburtstag. Leipzig 2015.

Bormann, Lukas: Walter Grundmann und das Ministerium für Staatssicherheit – Chronik einer Zusammenarbeit aus Überzeugung (1956–1969). In: KZG 22 (2009), 595–632.

Böttcher, Manfred: Gratwanderungen einer Freikirche im totalitären Regime. Die Gemeinschaft der Siebenten-Tags-Adventisten in der DDR von 1945 bis 1990 (Friedensauer Schriftenreihe B 9). Frankfurt/Main [u. a.] 2006.

Brauckmann, Roland / Bunzel, Christoph: Rückblick. Die evangelische Kirche des Görlitzer Kirchengebietes, die Einflußnahme des MfS und der DDR-Staat 1970–1994. Görlitz 1995.

Bräuer, Siegfried: Bischof in schwieriger Zeit. Die Einführung der Wehrpflicht und die Kampagne der DDR-Regierung gegen Bischof Krummacher 1962. In: Theologische Literaturzeitung 124 (1999), 463–488.

Ders./Vollnhals, Clemens (Hrsg.): »In der DDR gibt es keine Zensur«. Die Evangelische Verlagsanstalt und die Praxis der Druckgenehmigung 1954–1989. Leipzig 1995.

Braune, Werner: Abseits der Protokollstrecke. Erinnerungen eines Pfarrers an die DDR. Berlin 2009.

Brückmann, Johannes / Jacob, Willibald: Arbeiterpfarrer in der DDR. Gemeindeaufbau und Industriegesellschaft. Erfahrungen in Kirche und Betrieb 1950–1990. Berlin [3]2006.

Brunner, Benedikt: Ostdeutsche Avantgarde? Der lange Abschied von der ›Volkskirche‹ in Ost- und Westdeutschland. In: MKiZ 10 (2016), 11–43.

Bulisch, Jens: Evangelische Presse in der DDR. »Die Zeichen der Zeit« (1947–1990) (AKZG B 43). Göttingen 2006.

Bund der Evangelischen Kirchen in der DDR (Hrsg.): Gemeinsam unterwegs. Dokumente aus der Arbeit des Bundes der Evangelischen Kirchen in der DDR. 1980–1987. Berlin 1989.

Buss, Gregor: Katholische Priester und Staatssicherheit. Historischer Hintergrund und ethische Reflexion. Münster 2017.

CORDES, Martin (Hrsg.): Durch die Ritzen der Mauer. Kontinuitäten, Brüche, Neuanfänge in kirchlichen Partnerschaften seit 1949 (Quellen und Forschungen zum evangelischen sozialen Handeln 25). Hannover 2011.

DDR-SYNODE EINSTIMMIG GEGEN WEHRKUNDEUNTERRICHT. Texte der Tagung in Berlin-Weißensee, 1978 (= epd-Dokumentation [42/43] 1978).

DEMKE, Christoph (Hrsg.): Sagorsk I–III. Berichte – Referate – Dokumente der Theologischen Gespräche zwischen der Russisch-Orthodoxen Kirche und dem Bund der Evangelischen Kirchen in der DDR, 1974–1976–978. Berlin 1982.

DERS./FALKENAU, Manfred / ZEDDIES, Helmut (Hrsg.): Zwischen Anpassung und Verweigerung. Dokumente aus der Arbeit des Bundes der Evangelischen Kirchen in der DDR. Leipzig ²1995.

DEUTSCHER BUNDESTAG (Hrsg.): Rolle und Selbstverständnis der Kirchen in den verschiedenen Phasen der SED-Diktatur (Materialien der Enquete-Kommission »Aufarbeitung von Geschichte und Folgen der SED-Diktatur in Deutschland« VI/1 + 2). Baden-Baden/Frankfurt/Main 1995 (Kurztitel ENQUETE VI/1; ENQUETE VI/2).

DIETRICH, Christian: Die Gründung des Bundes der Evangelischen Kirchen in der DDR in den Jahren 1968/69. In: SEIDEL, Jahre, 23–34.

DERS.: Der Weimarer Arbeitskreis, die Ost-CDU und der Thüringer Weg der evangelischen Landeskirche. In: epd-Dokumentation 20 (2012), 38–52.

DERS./SCHWABE, Uwe (Hrsg.): Freunde und Feinde – Friedensgebete in Leipzig zwischen 1981 und dem 9. Oktober 1989. Dokumentation. Leipzig 1994.

DIPPEL, Carsten: »Bleibe im Lande und wehre dich täglich!« Zum schwierigen Umgang der Evangelischen Kirche in der DDR mit der »Ausreisefrage«. In: Timmermann, Heiner (Hrsg.): Die DDR in Europa – zwischen Isolation und Öffnung (Dokumente und Schriften der Europäischen Akademie Otzenhausen). Münster 2005, 249–268.

Dirksen, Hans-Hermann: »Keine Gnade den Feinden unserer Republik«. Die Verfolgung der Zeugen Jehovas in der SBZ/DDR 1945–1990 (Zeitgeschichtliche Forschungen 10). Berlin ²2003.

Dohle, Horst: Grundzüge der Kirchenpolitik der SED zwischen 1968 und 1978. Dissertation (B) [masch.] Akademie für Gesellschaftswissenschaften beim ZK der SED. Berlin 1988.

Domsgen, Michael / Evers, Dirk (Hrsg.): Herausforderung Konfessionslosigkeit. Theologie im säkularen Kontext. Leipzig 2014.

Dorgerloh, Fritz: Geschichte der evangelischen Jugendarbeit. Teil 1: Junge Gemeinde in der DDR. Hannover 1999.

Eisenfeld, Bernd: Die Ausreisebewegung. Eine Erscheinungsform widerständigen Verhaltens. In: Poppe, Ulrike / Eckert, Rainer / Kowalczuk, Ilko-Sascha (Hrsg.): Zwischen Selbstbehauptung und Anpassung. Formen des Widerstandes und der Opposition in der DDR. Berlin 1993, 192–223.

Ders./Schicketanz, Peter: Bausoldaten in der DDR. Die »Zusammenführung feindlich-negativer Kräfte« in der NVA (Forschungen zur DDR-Gesellschaft). Berlin 2011.

Engelbrecht, Sebastian: Kirchenleitung in der DDR. Eine Studie zur politischen Kommunikation in der Evangelisch-Lutherischen Landeskirche Sachsens 1971–1989 (AKThG 6). Leipzig 2000/²2001.

Ders.: Der sächsische Weg in der DDR. In: Seidel, Jahre, 57–67.

Eppelmann, Rainer: Fremd im eigenen Haus. Mein Leben im anderen Deutschland. [Mitarbeit Christian von Ditfurth]. Köln 1993.

Ders.: Gottes doppelte Spur. Vom Staatsfeind zum Parlamentarier. Holzgerlingen 2007.

ERKLÄRUNG DES BRUDERKREISES und der jungen Bruderschaft der Bekennenden Kirche in der Kirchenprovinz Sachsen, Halle/Saale, 26. 1. 1962. In: FALCKE, Bruderkreis, 67–69.

ERKLÄRUNG DES LANDESKIRCHENRATES im Gottesdienst der 6. Tagung der II. Landessynode der Evangelischen Kirche in Mitteldeutschland am Bußtag 2017 (https://www.ekmd.de/attachment/aa234c91bdabf36adbf227d333e5305b/2cfd2666fb184a8791a5a641f829337b/busswort_herbst-synode_2017.pdf, abgerufen am 8. 12. 2017).

ERNST-BERTRAM, Bettina / PLANER-FRIEDRICH, Jens: Pfarrerskinder in der DDR. Außenseiter zwischen Benachteiligung und Privilegierung. Hrsg. v. Bürgerbüro Berlin. Berlin 2008.

EVANGELISCHE AKADEMIE GÖRLITZ / VEREIN FÜR SCHLESISCHE KIRCHENGESCHICHTE (Hrsg.): Die evangelische Kirche im Görlitzer Kirchengebiet im SED-Staat. Beobachtungen, Analysen, Dokumente. Folge 1 (Studien zur Schlesischen und Oberlausitzer Kirchengeschichte 2). Düsseldorf/Görlitz 1997.

DAS EVANGELIUM UND DAS CHRISTLICHE LEBEN in der Deutschen Demokratischen Republik. Handreichung, entgegengenommen durch die Synode der EKU im Februar 1959. Als Manuskript gedruckt, Witten/Ruhr [1959].

FALCKE, Heino: In der Bedrängnis für Erneuerung. Der Bruderkreis der Evangelischen Kirche der Kirchenprovinz Sachsen in der DDR vor und nach dem Mauerbau 1961. In: Mitteilungen der Ev. Arbeitsgemeinschaft für Kirchliche Zeitgeschichte 24 (2006), 29–70.

DERS.: Christus befreit – darum Kirche für andere. Hauptreferat auf der Synode des Kirchenbundes 1972 in Dresden. In: DERS., Einmischungen, 83–103.

DERS.: Einmischungen. Aufsätze, Reden und Vorträge aus 40 Jahren. Hrsg. v. ALBRECHT-BIRKNER, Veronika / STOBBE, Heinz-Günther. Leipzig 2014.

Ders.: Das Erbe der Bekennenden Kirche in den Kirchen in der DDR. Ein Überblick anhand der Theologischen Erklärung von Barmen. In: Ders., Einmischungen, 51–82.

Ders.: Gegen eine wendehälsische Kirche, für besonnene Schritte zur Vereinigung. Diskussionsvotum auf der Synode des Kirchenbundes, Februar 1990. In: Ders., Einmischungen, 204–209.

Ders.: Gemeinsamkeit in Differenzen. In: Schröter, Manfred Stolpe, 106–111.

Ders.: »Mein« Bonhoeffer. Vortrag zum Bonhoeffersymposium der theologischen Fakultät Jena am 2. Juni 2006. In: Ders., Einmischungen, 323–334.

Ders.: Umkehr zu Frieden, Gerechtigkeit und Bewahrung der Schöpfung. Theologische Grundlegung der Ökumenischen Versammlung der Kirchen in der DDR für Gerechtigkeit, Frieden und Bewahrung der Schöpfung 1988/89. In: Ders., Einmischungen, 166–185.

Ders.: Was bleibt? Bleibt was? Zum Erbe des Bundes der Evangelischen Kirchen in der DDR. In: Gesellschaft zur Förderung Vergleichender Staat-Kirche-Forschung e. V. (Hrsg.): Theologische Kielführung in rauen Gewässern. Über den Weg der evangelischen Kirchen in Deutschland (Schriftenreihe des Instituts für Vergleichende Staat-Kirche-Forschung 24). Berlin 2007, 47–59.

Ders.: Wo bleibt die Freiheit? Christ sein in Zeiten der Wende. Freiburg i. Br. 2009.

Falkenau, Manfred: Kirchliche Sozialisation – Fragen der Sozialgestalt der Gemeinde in der gesellschaftlichen Wirklichkeit der DDR. In: Theologische Studienabteilung beim Bund der Evangelischen Kirchen in der DDR (Hrsg.): Außer der Reihe. Beiträge zur Meinungsbildung in der Kirche. Berlin 1984, 1–7.

Ders. (Hrsg.): Kundgebungen. Worte, Erklärungen und Dokumente des Bundes der Evangelischen Kirchen in der DDR. Bd. 1: 1969–1980. Bd. 2: 1981–1991. Hannover 1995–1996.

DERS.: Vorbemerkung. In: KRUSCHE, Solidarität, 1.

FAULENBACH, Bernd: Tendenzen, Verflechtungen und Kontexte der SED-Diktatur. Wieso die DDR-Geschichte ein bedeutsames Thema bleibt. In: MÄHLERT, Die DDR als Chance, 79–87.

DERS.: Zum Stand der zeithistorischen Erforschung und Darstellung von SED-Diktatur und DDR. In: HÜTTMANN, Jens / VON ARNIM-ROSENTHAL, Anna (Hrsg.): Diktatur und Demokratie im Unterricht: Der Fall DDR. Berlin 2017, 19–38.

FIEDLER, Georg: Bericht über die kirchliche Lage, Dessau, 1945. In: SEIDEL, Neubeginn, 284 f.

FINDEIS, Hagen: Das Licht des Evangeliums und das Zwielicht der Politik. Kirchliche Karrieren in der DDR. Frankfurt/Main 2002.

FITSCHEN, Klaus: Geteilte Erinnerungen? Das Problem einer gesamtdeutschen kirchlichen Zeitgeschichte. In: MKiZ 11 (2017), 83–97.

DERS.: Übersehen? Die Freikirchen in der DDR in der kirchlichen Zeitgeschichtsforschung. In: KZG 29 (2016), 19–28.

FÖRSTER, Günter: Die Juristische Hochschule des Ministeriums für Staatssicherheit. Die Sozialstruktur ihrer Promovenden (Studien zur DDR-Gesellschaft 6). Münster 2001.

FRANK, Rahel: Einsam oder gemeinsam? Der »Greifswalder Weg« und die DDR-Kirchenpolitik 1980–1989. Schwerin 2016.

DIES.: »Realer – exakter – präziser?« Die DDR-Kirchenpolitik gegenüber der Evangelisch-Lutherischen Landeskirche Mecklenburgs von 1971 bis 1989. Schwerin 2004.

FRANKE, Uta: Sand im Getriebe. Die Geschichte der Leipziger Oppositionsbewegung um Heinrich Saar 1977 bis 1983 (Zeitfenster. Beiträge der Stiftung Sächsische Gedenkstätten 2). Leipzig 2007.

FRÄNKEL, Hans-Joachim: Die Evangelische Kirche von Schlesien nach 1945. In: Jahrbuch fur Schlesische Kirchengeschichte 67 (1988), 183–205.

DERS.: Was haben wir aus dem Kirchenkampf gelernt? In: KJ 100 (1973), 161–167.

DERS.: Ein Wort zur öffentlichen Verantwortung der Kirchen in der gegenwärtigen Stunde (1973). In: KJ 100 (1973), 182–190.

FREYBERGER, Harald J. / SPITZER, Carsten: Epidemiologische Daten zu den psychischen und körperlichen Folgen nach SED-Verfolgung. In: NEUMANN-BECKER, Birgit [u. a.] (Hrsg.): SED-Verfolgte und das Menschenrecht auf Gesundheit. Die Anerkennung gesundheitlicher Folgeschäden sowie psychosoziale, therapeutische und seelsorgerische Perspektiven (Studienreihe LStU Sachsen-Anhalt 5). Halle/Saale 2015, 100–113.

FRIEDENTHAL-HAASE, Martha (Hrsg.): Evangelische Akademien in der DDR. Quellen und Untersuchungen zu Bildungsstätten zwischen Widerstand und Anpassung. Leipzig 2007.

FRITZE, Lothar: Täter mit gutem Gewissen. Über menschliches Versagen im diktatorischen Sozialismus (Schriften des Hannah-Arendt-Institutes für Totalitarismusforschung 6). Köln 1998.

FÜHRER, Christian: Und wir sind dabei gewesen. Die Revolution, die aus der Kirche kam. [Der Pfarrer der Nikolaikirche erzählt sein Leben.] Unter Mitarb. v. Anne Ascher u. Patricia Holland-Moritz. Berlin: Ullstein 2008 (⁶2009) / Berlin: List 2010 (⁶2014).

FUNK, Uwe: Regionalisierung als interne Differenzierung der DDR-Kirchenpolitik. In: GESELLSCHAFT ZUR FÖRDERUNG VERGLEICHENDER STAAT-KIRCHE-FORSCHUNG E.V. (Hrsg.): Staat-Kirche-Beziehungen in der DDR und anderen ehemals realsozialistischen Ländern 1945–1989. Wissenschaftliches Kolloquium im Adam-von-Trott-Haus vom 17. bis 19. Dezember 1993 (Schriftenreihe des Instituts für Vergleichende Staat-Kirche-Forschung 2). Berlin ²2008, 71–79.

FURIAN, Hans-Otto: Die Aushöhlung der Notverordnung der EKiBB vom 18. Juni 1959. In: Jahrbuch für Berlin-Brandenburgische Kirchengeschichte 60 (1995), 169–183.

Gabriel, Martin: Die reformierten Gemeinden in Mitteldeutschland. Geschichte und Verfassung einer Bekenntnisminderheit im 18. Jahrhundert und danach (Unio und confessio 5). Witten 1973.

Garbe, Irmfried / Nixdorf, Wolfgang (Hrsg.): Dom St. Nikolai Greifswald. Gemeindekirche zwischen Politik und Polemik. Studien zur Greifswalder Landeskirche und zur Wiedereinweihung des Domes 1989. Schwerin 2005.

Garstecki, Joachim: Einführung. In: Bund der Evangelischen Kirchen in der DDR, Dokumente, 219–246.

Ders.: Gewaltfreiheit politisch denken. Anstöße zur Friedensdebatte in Ost und West 1981–2012. Hrsg. u. mit einem Geleitwort versehen v. Heinz-Günther Stobbe. Berlin 2013.

Ders.: Den Löwen gekitzelt. 40 Jahre »Aktionskreis Halle« im Spannungsfeld von Kirche und Staat in der DDR. In: Herder Korrespondenz 64 (2010), 198–202.

Ders. (Hrsg.): Die Ökumene und der Widerstand gegen Diktaturen. Nationalsozialismus und Kommunismus als Herausforderung an die Kirchen (Konfession und Gesellschaft 39). Stuttgart 2007.

Gauck, Joachim: Winter im Sommer – Frühling im Herbst. Erinnerungen. In Zusammenarbeit mit Helga Hirsch. München: Siedler 2009 ([17]2011) / München: Pantheon 2011 ([6]2011) / München: Penguin 2017.

Gehrke, Bernd: Die 68er Proteste in der DDR. In: Aus Politik und Zeitgeschichte. Beilage zur Wochenzeitung Das Parlament 14–15 (2008), 40–48.

Gensichen, Hans-Peter: Von der Kirche zur Gesellschaft. Die Bewegung des Wittenberger Forschungsheimes zwischen 1945 und 2000. In: Hüttmann, Jens / Pasternack, Peer (Hrsg.): Wissensspuren. Bildung und Wissenschaft in Wittenberg nach 1945. Wittenberg 2004, 168–189.

GIENKE, Horst: Dome, Dörfer, Dornenwege. Lebensbericht eines Altbischofs. Rostock 1996.

GIESEKE, Jens: Die DDR-Staatssicherheit. Schild und Schwert der Partei. Bonn ²2001.

GILL, David / SCHRÖTER, Ulrich: Das Ministerium für Staatssicherheit. Anatomie des Mielke-Imperiums. Berlin 1991.

GOECKEL, Robert F.: Die evangelische Kirche und die DDR. Konflikte, Gespräche, Vereinbarungen unter Ulbricht und Honecker | The Lutheran church and the East German State (dt) |. Aus dem Amerikan. übers. von Katharina Gustavs. Leipzig 1995.

DERS.: Thesen zu Kontinuität und Wandel in der Kirchenpolitik der SED. In: VOLLNHALS, Kirchenpolitik, 29–58.

GOERNER, Martin G. / KUBINA, Michael: Die Phasen der Kirchenpolitik der SED und die sich darauf beziehenden Grundlagenbeschlüsse der Partei- und Staatsführung in der Zeit von 1945/46 bis 1971/72. In: ENQUETE VI/1, 615–874.

GOERTZ, Joachim (Hrsg.): Die Solidarische Kirche in der DDR. Erfahrungen, Erinnerungen, Erkenntnisse. Berlin 1999.

GOUDIN-STEINEMANN, Elisa / HÄHNEL-MESNARD, Carola: Ostdeutsche Erinnerungsdiskurse nach 1989. Narrative kultureller Identität (DDR-Diskurse – Interdisziplinäre Studien zu Sprache, Land und Gesellschaft 1). Berlin 2013.

GRAAF, Beatrice de: Über die Mauer. Die DDR, die niederländischen Kirchen und die Friedensbewegung (Deutsch-niederländische Beziehungen 4). Münster 2007.

GRAF, Friedrich Wilhelm: Die evangelischen Kirchen als kritische Institution und Brücke zwischen Ost und West. In: KLESSMANN, Christoph / MISSELWITZ, Hans / WICHERT, Günter (Hrsg.): Deutsche Vergangenheiten – eine gemeinsame Herausforderung. Der schwierige Umgang mit der doppelten Nachkriegsgeschichte. Berlin 1999, 221–237.

Ders.: Traditionsbewahrung in der sozialistischen Provinz. Erste Überlegungen zur Deutung der »Kirche im Sozialismus«. In: Rendtorff, Revolution, 254–280 [293].

Grelak, Uwe / Pasternack, Peer: Konfessionelles Bildungswesen in der DDR. Elementarbereich, schulische und nebenschulische Bildung (Arbeitsbericht des Instituts für Hochschulforschung an der Martin-Luther-Universität Halle-Wittenberg 104). Wittenberg 2017.

Dies.: Theologie im Sozialismus. Konfessionell gebundene Institutionen akademischer Bildung und Forschung in der DDR. Eine Gesamtübersicht (Hochschul- und Wissenschaftsforschung Halle-Wittenberg). Berlin 2016.

Grengel, Christa / Mendt, Dietrich (Hrsg.): Der Laie in Gemeinde und Kirche. Materialien der Bundessynode vom 13. bis 17. Mai 1977 in Görlitz. Berlin 1979.

Gremium zur Darstellung der Geschichte der Ostdeutschen Jährlichen Konferenz (Hrsg.): Eine offene Flanke zur Welt. Die Evangelisch-Methodistische Kirche in der DDR. Dokumente und Erfahrungen (Beiträge zur Geschichte der Evangelisch-methodistischen Kirche 46). Stuttgart 1997.

Greschat, Martin: Protestantismus im Kalten Krieg. Kirche, Politik und Gesellschaft im geteilten Deutschland. 1945–1963. Paderborn 2010.

Ders.: Der Protestantismus in der Bundesrepublik Deutschland (1945–2005) (KGE IV/2). Leipzig 2010.

Greven, Michael Th.: Vorwort. In: Pingel-Schliemann, Zersetzen, 9–11.

Gundlach, Jens: Otto Dibelius und die Aufarbeitung des Nationalsozialismus. In: Begalke, Sonja / Fröhlich, Claudia / Glienke, Stephan Alexander (Hrsg.): Der halbierte Rechtsstaat. Demokratie und Recht in der frühen Bundesrepublik und die Integration von NS-Funktionseliten. Baden-Baden 2015, 265–276.

HAENDLER, Gert: Erlebte Kirchengeschichte. Erinnerungen an Kirchen und Universitäten zwischen Sachsen und den Ostseeländern (Rostocker Studien zur Universitätsgeschichte 17). Rostock 2011.

DERS.: Mecklenburg und die »Kirchengeschichte in Einzeldarstellungen«. Zu dem Buch von Rudolf Mau »Der Protestantismus im Osten Deutschlands 1945–1990« (Leipzig 2005). In: Mecklenburgia sacra. Jahrbuch für Mecklenburgische Kirchengeschichte 9 (2006), 81–107.

HAHN, Udo: Annehmen und frei bleiben. Landesbischof i. R. Johannes Hempel im Gespräch. Hannover 1996.

HALBROCK, Christian: Evangelische Pfarrer der Kirche Berlin-Brandenburg 1945–1961. Amtsautonomie im vormundschaftlichen Staat? Berlin 2004.

DERS.: »Freiheit heißt, die Angst verlieren«. Verweigerung, Widerstand und Opposition in der DDR. Der Ostseebezirk Rostock. Rostock [2]2015.

HAMEL, Johannes: Christ in der DDR (unterwegs 2). Berlin (West) 1957 ([6]1960).

DERS.: Christenheit unter marxistischer Herrschaft (unterwegs 7). Berlin (West) 1959 ([2]1959).

HÄRTEL, Armin: Erklärung des Bischofs der evangelisch-methodistischen Kirche in der Deutschen Demokratischen Republik anläßlich eines Empfangs am 21. Juli 1970 in Dresden für Vertreter der Kirchen und der staatlichen Organe. In: GREMIUM ZUR DARSTELLUNG DER GESCHICHTE DER OSTDEUTSCHEN JÄHRLICHEN KONFERENZ, Flanke, 60–65.

HARTMANN, Helmut: Ein evangelischer Kirchenkreis im Visier des Ministeriums für Staatssicherheit. Meine Akte Operativer Vorgang »Trend« (Betroffene erinnern sich 7). Magdeburg 1998.

HECKEL, Martin: Die Vereinigung der evangelischen Kirchen in Deutschland (Ius ecclesiasticum 40). Tübingen 1990.

Heidingsfeld, Uwe-Peter: »Kirche im Sozialismus« zwischen Anpassung und Widerstand. Die Westperspektive. In: Seidel, Jahre, 159–174.

Hein, Markus: Die sächsische Landeskirche nach dem Ende des Zweiten Weltkrieges (1945–1948). Neubildung der Kirchenleitung und die Selbstreinigung der Pfarrerschaft (Herbergen der Christenheit Sonderbd. 6). Leipzig 2001.

Heinrich, Gerd: Alte Ordnungen und neue Anfechtungen. Die Kirche Berlin-Brandenburg im zerteilten Deutschland (1945–1968). In: Ders. (Hrsg.): Tausend Jahre Kirche in Berlin-Brandenburg. Berlin 1999, 763–842.

Hildebrandt, Annette / Tautz, Lothar: Protestanten in Zeiten des Kalten Krieges. Der Wittenberger Kirchentag zum Lutherjubiläum 1983 im Fokus der Staatssicherheit (Studienreihe LStU Sachsen-Anhalt 8). Halle/Saale 2017.

Hoffmann, Dierk / Schwartz, Michael / Wentker, Hermann: Die DDR als Chance. Desiderate und Perspektiven künftiger Forschung. In: Mählert, Die DDR als Chance, 23–70.

Hoffmann, Ursula: 40 Jahre Christenlehre im SED-Staat - Görlitzer Erfahrungen. In: Die evangelische Kirche im Görlitzer Kirchengebiet im SED-Staat. Beobachtungen, Analysen, Dokumente. Folge 2 (Studien zur Schlesischen und Oberlausitzer Kirchengeschichte 5). Görlitz/Herrnhut 2004, 19–56.

Hohmann, Martin: Schwerter zu Pflugscharen. Die Friedensarbeit der evangelischen Kirchen in der DDR 1981/82. Dargestellt an Beispielen aus der Evangelischen Kirche der Kirchenprovinz Sachsen. Berlin 1998.

Hüffmeier, Wilhelm (Hrsg.): Rechtfertigung und Kirchengemeinschaft. Die Lehrgespräche im Bund der Evangelischen Kirchen in der DDR. Leipzig 2006.

Hüttenhoff, Michael / Theissen, Henning (Hrsg.): Abwehr - Aneignung - Instrumentalisierung. Zur Rezeption Karl Barths in der DDR (Greifswalder theologische Forschungen 24). Leipzig 2015.

Initiative Kirche von unten e.V. (Hrsg.): Wunder gibt es immer wieder. Fragmente zur Geschichte der Offenen Arbeit Berlin und der Kirche von unten. Berlin 1997.

Jacob, Günter: Das Ende des konstantinischen Zeitalters der Kirche. In: Ders.: Umkehr in Bedrängnissen. Stationen auf dem Weg der Kirche von 1936 bis 1985. München 1985, 43–59.

Jacobs, Manfred: Bleibendes im Wandel. Ernst Hornigs kirchenleitende Tätigkeit nach 1945. In: Jahrbuch fur Schlesische Kirchengeschichte 74 (1995), 38–72.

Jordan, Carlo / Kloth, Hans Michael (Hrsg.): Arche Nova. Opposition in der DDR. Das »Grün-ökologische Netzwerk Arche« 1988–90. Mit den Texten der Arche Nova (Basis-Druck-Dokument 17). Berlin 1995.

Kirche der Freiheit. Perspektiven für die Kirche im 21. Jahrhundert. Ein Impulspapier des Rates der EKD. Hannover 2006.

Kirchengeschichtliche Kammer der Evangelischen Landeskirche Anhalts (Hrsg.): Dr. Martin Müller (1903–1989). Pfarrer und Kirchenpräsident in Anhalt. Zum 100. Geburtstag am 24. März 2003. Dessau 2003.

Dies. (Hrsg.): Gebet und Aufbruch. Dessau ^{2}2009.

Kirchner, Hubert (Hrsg.): Freikirchen und konfessionelle Minderheitskirchen. Ein Handbuch. Im Auftrag der Theologischen Studienabteilung beim Bund der Evangelischen Kirchen in der DDR. Berlin 1987.

Ders.: Die Freikirchen und Religionsgemeinschaften in der DDR in ihrer Zusammenarbeit mit der AGCK und in ihrem Verhältnis zum SED-Staat. In: Enquete VI/2, 950–996.

DERS. (Hrsg.): Kirchen, Freikirchen und Religionsgemeinschaften in der DDR. Eine ökumenische Bilanz aus evangelischer Sicht. Berlin 1989.

KISTENBRÜGGE, Armin / SAUTER, Gerhard: Die »Theologischen Versuche« als Spiegel der Theologie in der DDR. In: SAUTER, Gerhard (Hrsg.): Kirche und Theologie in Osteuropa (Verkündigung und Forschung 38). Gütersloh 1993, 15–29.

KLEIN, Thomas: »Frieden und »Gerechtigkeit!« Die Politisierung der Unabhängigen Friedensbewegung in Ost-Berlin während der 80er Jahre (Zeithistorische Studien 38). Köln/Weimar/Wien 2007.

KLIER, Freya: Oskar Brüsewitz. Leben und Tod eines mutigen DDR-Pfarrers. Berlin 2004 / Leipzig [3]2013.

KLOHR, Olof: Tendenzen des Absterbens von Religion und Kirche in der DDR [russisch]. In: Voprosy filosofii [russisch] 3 (1974), 147–154.

KLUGE, Matthias: Die Blume aus dem Stahlhelm. Das Friedensseminar Königswalde als Kristallisationspunkt einer alternativen Gegenöffentlichkeit der DDR. Hrsg. v. d. Sächsischen Landeszentrale für Politische Bildung. Dresden 2017.

KOCH, Ernst: 75 Jahre Protestantismus in Thüringen 1921–1996. In: Blätter des Vereins für Thüringische Geschichte e.V. 7/1 (1997), 6–14.

KOCH-HALLAS, Christine: Die Evangelisch-Lutherische Kirche in Thüringen in der SBZ und Frühzeit der DDR (1945–1961). Eine Untersuchung über Kontinuitäten und Diskontinuitäten einer landeskirchlichen Identität (AKThG 25). Leipzig 2009.

KONFERENZ DER EVANGELISCHEN KIRCHENLEITUNGEN in der Deutschen Demokratischen Republik: Beschluß zur ›Verordnung über die Durchführung von Veranstaltungen‹. Vom 6. Juli 1971. In: FALKENAU, Kundgebungen 1, 58 f.

DIES.: Orientierungshilfe vom 14. Juni 1978 zu Fragen der Einführung des Wehrunterrichts. In: Demke/Falkenau/Zeddies, Anpassung, 273–279.

Konfessionskundliches Arbeits- und Forschungswerk (Ev. Bd.) der Evangelischen Kirchen in der DDR (Hrsg.): Religiöse Sondergemeinschaften. Handreichung eines Arbeitskreises. Potsdam [2]1977 [hektografiert].

Krampitz, Karsten: Der Fall Brüsewitz. Das Verhältnis von Staat und Kirche in der DDR infolge der Selbstverbrennung des Pfarrers am 18. August 1976 unter besonderer Berücksichtigung der Evangelischen Kirche der Kirchenprovinz Sachsen. Berlin 2016.

Ders./Tautz, Lothar / Ziebarth, Dieter (Hrsg.): Ich werde dann gehen. Erinnerungen an Oskar Brüsewitz. Leipzig 2006.

Kremser, Holger: Der Rechtsstatus der evangelischen Kirchen in der DDR und die neue Einheit der EKD (Jus Ecclesiasticum 46). Tübingen 1993.

Krötke, Wolf: Dietrich Bonhoeffer als Theologe der DDR. Ein kritischer Rückblick. In: Rendtorff, Revolution, 295–309.

Ders.: Getrennt entwickelt, gemeinsam gewachsen? Der Corpus der Evangelischen Kirche in Deutschland im 25. Jahr der Wiedervereinigung. In: Kirche in Bewegung. Gemeindekolleg der VELKD im Oktober 2015, 28–31.

Ders.: Theologische Wegbeschreibungen in einem schwierigen Gelände. Profile der Theologie in der DDR. In: Hanusch, Rolf (Hrsg.): Gratwanderungen – Kirche und Staat in der DDR (Tutzinger Materialien 75). Tutzing 1994, 8–16.

Krusche, Werner: Brief an Wolfgang Thumser. Magdeburg, 17. 10. 1996 (Privatsammlung Albrecht-Birkner).

Ders.: Die Gemeinde Jesu Christi auf dem Wege in die Diaspora. In: Ders.: Verheißung und Verantwortung. Orientierungen auf dem Weg der Kirche. Berlin 1990, 94–113.

Ders.: Ich werde nie mehr Geige spielen können. Erinnerungen. Stuttgart 2007 ([2]2011).

Ders.: Kritische Solidarität. Der Weg der evangelischen Kirchen in der DDR. Hrsg. v. der Theologischen Studienabteilung beim Bund der Evangelischen Kirchen in der DDR. Referat Information und Dokumentation (Informationen und Texte 3). Berlin 1990 [hektografiert] (Bibliothek des LKA Dresden Per.681, 3).

Ders.: 6. März 1978–1988 – ein Lernweg. Herausgegeben vom Sekretariat des Bundes der Evangelischen Kirchen in der DDR (1988). In: Demke/Falkenau/Zeddies, Anpassung, 33–60.

Ders.: Weg- und Arbeitsgemeinschaft. Ein Rückblick auf 21 Jahre im Bund der Evangelischen Kirchen [überarbeiteter Abdruck des Synodalvortrags, gehalten auf der 3. Tagung der VI. Synode des BEK, 22.–24. 2. 1991]. In: Seidel, Jahre, 109–140.

Kühn, Ulrich (Hrsg.): Kirche als Kulturfaktor. Festgabe der Theologischen Fakultät der Universität Leipzig zum 65. Geburtstag von Landesbischof Johannes Hempel. Hannover 1994.

Kuhrt, Eberhard (Hrsg): Opposition in der DDR von den 70er Jahren bis zum Zusammenbruch der SED-Herrschaft. Opladen 1999.

Kunter, Katharina: Erfüllte Hoffnungen und zerbrochene Träume. Evangelische Kirche in Deutschland im Spannungsfeld von Demokratie und Sozialismus (1980–1993) (AKIZ B 46). Göttingen 2006.

Dies.: Kirchen und Ökumene im Kalten Krieg: Ein Beitrag zum aktuellen Diskussions- und Forschungsstand. In: Garstecki, Ökumene, 191–202.

Dies. / Schilling, Annegreth: »Der Christ fürchtet den Umbruch nicht«. Der Ökumenische Rat der Kirchen im Spannungsfeld von Dekolonisierung, Entwestlichung und Politisierung. In: Dies. (Hrsg.): Globalisierung der Kirchen. Der Ökumenische Rat der Kirchen und die Entdeckung der Dritten Welt in den 1960er und 1970er Jahren (AKIZ B 58). Göttingen 2014, 21–74.

Leben und Bleiben in der DDR. Eine Zusammenstellung der Theologischen Studienabteilung bei dem Bund der Evangelischen Kirchen in der DDR (= epd-Dokumentation 41a/85). Frankfurt/Main 1985.

Leich, Werner: Ansprache des Vorsitzenden der Konferenz der Evangelischen Kirchenleitungen in der DDR, Landesbischof Dr. Werner Leich, bei der Begegnung mit dem Vorsitzenden des Staatsrates der DDR, Erich Honecker, am 3. März 1988 in Berlin. In: Demke/Falkenau/Zeddies, Anpassung, 227–232.

Ders.: Wechselnde Horizonte. Mein Leben in vier politischen Systemen. Wuppertal/Zürich 1992/1994.

Lenski, Katharina: Im Schweigekreis. Der Tod von Matthias Domaschk zwischen strafrechtlicher Aufarbeitung und offenen Fragen. In: Ganzenmüller, Jörg (Hrsg.): Recht und Gerechtigkeit. Die strafrechtliche Aufarbeitung von Diktaturen in Europa. Köln/Wien/Weimar 2017, 131–169.

Dies./Kulisch, Uwe: Zwischen Utopie und Resignation, vom Bleiben und Gehen. Jugendkultur in der DDR in den achtziger Jahren am Beispiel der Großveranstaltung »Jugend 86« in Rudolstadt (Dokumentation des Thüringer Archivs für Zeitgeschichte »Matthias Domaschk« 5). Jena 2003.

Dies./Merker, Reiner: Zwischen Diktat und Diskurs. Oppositionelle Handlungsräume in Gera in den 80er Jahren. Jena/Erfurt 2006.

Lepp, Claudia: Ausgeforscht? Überlegungen zu Stand und Perspektiven der Forschung zur Kirchengeschichte der DDR. In: Mitteilungen der Ev. Arbeitsgemeinschaft für Kirchliche Zeitgeschichte 24 (2006), 93–101.

Dies.: Einübung in die Partnerschaft. Die Evangelische Kirche in Deutschland und der Bund der Evangelischen Kirchen in der DDR in den 1970er Jahren. In: Stegmann, Andreas (Hrsg.): Die Evangelische Kirche in Deutschland in den 1970er Jahren. Beiträge zum 100. Geburtstag von Helmut Class. Leipzig 2015, 255–274.

Dies.: Die evangelischen Kirchen in der DDR im Focus der Forschung. Darstellungen und Quellensammlungen zu Einzelthemen (1990–2009). Teil 1. In: Theologische Rundschau 74 (2009), 309–353.

Dies.: Tabu der Einheit? Die Ost-West-Gemeinschaft der evangelischen Christen und die deutsche Teilung (1945–1969) (AKZG B 42). Göttingen 2005.

Dies.: Wege in die DDR. West-Ost-Übersiedlungen im kirchlichen Bereich vor dem Mauerbau. Göttingen 2015.

Dies./Nowak, Kurt (Hrsg.): Evangelische Kirche im geteilten Deutschland (1945–1989/90). Göttingen 2001.

Leutert, Dieter: SED-Regime und Adventgemeinde. In: Freikirchenforschung 4 (1994), 52–61.

Lewek, Johannes: Mein Wendezeitkapitelchen. In: Kuhn, Lambrecht (Hrsg.): Nah dran. Erinnerungen an 1989. Bernburg 2009, 78–84.

Liese, Andreas: Zur politischen Haltung der Freikirchen in den beiden Diktaturen. In: Dingel, Irene / Tietz, Christiane (Hrsg.): Die politische Aufgabe von Religion. Perspektiven der drei monotheistischen Religionen. Göttingen 2011, 345–362.

Lindemann, Albrecht: Anhalt – Ereignisse im Jahr 1989 [unveröffentlichtes Manuskript, basierend auf einem Vortrag im Rahmen der Tagung »Gewaltlos in die Wende: Die Rolle der Evangelischen Kirchen im Raum Sachsen-Anhalt auf dem Weg zur friedlichen Revolution 1989«. Veranstaltet v. Verein für Kirchengeschichte d. Kirchenprovinz Sachsen e. V. u. d. Kirchengeschichtlichen Kammer d. Ev. Landeskirche Anhalts am 10. Oktober 2009 in Dessau] (Kirchengeschichtliche Kammer d. Ev. Landeskirche Anhalts).

Lindner, Bernd: Die demokratische Revolution in der DDR

1989/90 (Zeitbilder 11). Bonn ²2010 (überarbeitete u. aktualisierte Neuauflage).

Linke, Dietmar: Theologiestudenten der Humboldt-Universität zwischen Hörsaal und Anklagebank. Darstellung der parteipolitischen Einflußnahme auf eine Theologische Fakultät in der DDR anhand von Dokumenten (Historisch-theologische Studien zum 19. und 20. Jahrhundert. Quellen 3). Neukirchen-Vluyn 1994.

Lohse, Eduard: Der Bund der Evangelischen Kirchen in der DDR (BEK) und die Evangelische Kirche in Deutschland in ihrem Verhältnis zueinander und zu den beiden Staaten in Deutschland. In: Enquete VI/2, 997–1025.

LStU Sachsen-Anhalt (Hrsg.): IM »Raucher«. Die Zusammenarbeit eines Studentenpfarrers mit dem Ministerium für Staatssicherheit (Sachbeiträge 5). Magdeburg 1996.

Lütze, Frank Michael: Der Schnee von gestern will nicht tauen. »Christsein in der DDR« im Religionsunterricht. In: epd-Dokumentation 40 (2015), 34–38.

Ders.: »So ist Versöhnung […] eine Aufgabe, die noch mehr vor als hinter uns liegt.« Zum Umgang mit Schuld im Gottesdienst. In: Pastoraltheologie 100 (2011), 316–331.

Mählert, Ulrich (Hrsg.): Die DDR als Chance. Neue Perspektiven auf ein altes Thema. Berlin 2016.

Ders.: Totgesagte leben länger. Oder: Konjunkturen der DDR-Forschung vor und nach 1989. In: Ders., Die DDR als Chance, 9–21.

Ders. / Stephan, Gerd-Rüdiger: Blaue Hemden – rote Fahnen. Die Geschichte der Freien Deutschen Jugend. Opladen 1996.

Mäkinen, Aulikki: Der Mann der Einheit. Bischof Friedrich-Wilhelm Krummacher als kirchliche Persönlichkeit in der DDR in den Jahren 1955–1969 (Greifswalder theologische Forschungen 5). Frankfurt/Main [u. a.] 2002.

Markschies, Christoph: Kirchenhistorische und systematisch-theologische Bemerkungen zur Diskussion über den »Thüringer Weg«. In: Seidel, Thomas A. (Hrsg.): Thüringer Gratwanderungen. Beiträge zur fünfundsiebzigjährigen Geschichte der evangelischen Landeskirche Thüringens (Herbergen der Christenheit Sonderbd. 3). Leipzig 1998, 209–221.

Maser, Peter: »Mit Luther alles in Butter?« Das Lutherjahr 1983 im Spiegel ausgewählter Akten. Hrsg. v. Berliner Institut für Vergleichende Staat-Kirche-Forschung unter Mitarb. von Johannes Gruhn. Berlin 2013.

Mau, Rudolf: Eingebunden in den Realsozialismus? Die Evangelische Kirche als Problem der SED. Göttingen 1994.

Ders.: Der Protestantismus im Osten Deutschlands (1945–1990) (KGE IV/3). Leipzig 2005.

Mayer, Thomas: Der nicht aufgibt. Christoph Wonneberger – eine Biographie (Schriftenreihe Sächsischer LStU 14). Leipzig 2014.

Mendt, Dietrich: Konsistoriales und synodales Denken im Bund Ev. Kirchen in der DDR und seinen Gliedkirchen. In: Theologie und Kirchenleitung. Martin Fischer zum 65. Geburtstag gewidmet. München 1976, 208–214.

Ders.: »Die Welt setzt die Tagesordnung«. Beiträge zur missionarischen Kirche. Mit einem Aufsatz von Johannes Hempel. Hrsg. v. Wolfgang Ratzmann. Leipzig 2008. Metz, Brigitte: Der Weg der Pommerschen Kirche von Pietismus und Erweckungsbewegung zur Bekennenden Kirche. In: Wächter, Joachim (Hrsg.): Geschichte Pommerns im Überblick. Greifswald 2014, 99–110.

Mielke, Erich: Information über das Gespräch des Zentralsekretärs des ZK der SED und Vorsitzenden des Staatsrates der DDR, Genossen Erich Honecker, mit dem Vorstand der Konferenz der Evangelischen Kirchenleitungen in der DDR am 6. 3. 1978 und einigen sich daraus ergebenden politisch-operativen Problemen, Berlin, 19. 4. 1978. In: Besier/Wolf, Pfarrer, 308–311.

MINDERHEIT MIT ZUKUNFT. Zu Auftrag und Gestalt der ostdeutschen Kirchen in der pluralistischen Gesellschaft. Überlegungen und Vorschläge des Arbeitskreises »Kirche von morgen« (epd-Dokumentation 95,3a). Frankfurt/Main 1995.

MINISTERIUM FÜR STAATSSICHERHEIT: Arbeitshinweise zur operativen Bekämpfung der Ökologie- und Umweltschutzbewegung in der DDR. In: ROTHE, Erwachsenenbildung, 117–121.

DASS.: Einzelinformation Nr. 723/64 vom 4. 9. 1964 über das Gespräch Ulbricht – Mitzenheim. In: BESIER/WOLF, Pfarrer, 264–268.

DASS.: Lageeinschätzung im Vorfeld der »2. Ökumenischen Versammlung« vom 8.–11. 10. 1988 in Magdeburg. In: ZIEMER, Prozeß, 1595–1602.

MINISTERIUM FÜR STAATSSICHERHEIT. HOCHSCHULE. SEKTION POLITISCH-OPERATIVE SPEZIALDISZIPLIN. LEHRSTUHL VI. [FORSCHUNGSKOLLEKTIV]: Studienmaterial. Grundorientierungen für die politisch-operative Arbeit des MfS zur Aufdeckung, vorbeugenden Verhinderung und Bekämpfung der Versuche des Feindes zum Mißbrauch der Kirchen für die Inspirierung und Organisierung politischer Untergrundtätigkeit und die Schaffung einer antisozialistischen »inneren« Opposition in der DDR (MfS JHS-Nr. 125/83). Potsdam, August 1983.

MODEROW, Hans-Martin / SENS, Matthias (Hrsg.): Orientierung Ökumene. Ein Handbuch. Berlin 1978.

MOLDT, Dirk: Zwischen Haß und Hoffnung – Die Blues-Messen 1979–1986. Eine Jugendveranstaltung der Evangelischen Kirche Berlin-Brandenburg in ihrer Zeit. Berlin 2008 [mit CD-ROM].

MORCHE, Torsten: Weltall ohne Gott. Erde ohne Kirche. Mensch ohne Glaube. Zur Darstellung von Religion, Kirche und »wissenschaftlicher Weltanschauung« in *Weltall, Erde, Mensch* zwischen 1954 und 1974 in Relation zum Staat-Kirche-Verhältnis und der Entwicklung der Jugendweihe in der DDR. Leipzig/Berlin 2006.

Müller, Gottfried: Einleitung. In: Bund der Evangelischen Kirchen in der DDR, Dokumente, 75–87.

Müller, Hanfried: Erfahrungen, Erinnerungen, Gedanken. Zur Geschichte von Kirche und Gesellschaft in Deutschland seit 1945. Schkeuditz 2010.

Ders.: Von der Kirche zur Welt. Ein Beitrag zu der Beziehung des Wortes Gottes auf die societas in Dietrich Bonhoeffers theologischer Entwicklung. Hamburg 1961 (Lizenzausgabe; Original Leipzig 1961).

Naumann, Martin: Das Verhältnis von Staat und Kirche im Verständnis von Hans-Joachim Fränkel 1973. In: Kampmann, Jürgen / Otte, Hans (Hrsg.): Angewandtes Luthertum? Die Zwei-Reiche-Lehre als theologische Konstruktion in politischen Kontexten des 20. Jahrhunderts (Die Lutherische Kirche, Geschichte und Gestalten 29). Gütersloh 2017, 283–293.

Ness, Dietmar (Hrsg.): Die evangelische Kirche im Görlitzer Kirchengebiet im SED-Staat. Beobachtungen, Analysen, Dokumente. Folge 2 (Studien zur Schlesischen und Oberlausitzer Kirchengeschichte 5). Görlitz/Herrnhut 2004.

Ders.: »Frühling nach frostigem Winter«. Der weite Weg zum Partnerschaftsvertrag zwischen der Diözese Wrocław/Breslau und der Evangelischen Kirche der Schlesischen Oberlausitz. In: Ders., Kirche, 187–195.

Ders.: In Görlitz und Dresden. Zwei theologisch-politische Vorträge von Bischof Dr. Fränkel im Jahre 1973 und die Reaktion des Staates. In: Evangelische Akademie Görlitz / Verein für Schlesische Kirchengeschichte, Kirche, 47–71.

Ders.: Schwierige Kirche. Der Ärger mit den Beschlüssen der Görlitzer Provinzialsynode 1959. In: Evangelische Akademie

Görlitz / Verein für Schlesische Kirchengeschichte, Kirche, 37–46.

Ders./Graetz, Kurt: Das Rotbuch. Tagebuch eines kirchenpolitischen Prozesses 1947/48. In: Ness, Kirche, 151–185.

Neubert, Ehrhart: Geschichte der Opposition in der DDR 1949–1989 (Schriftenreihe der Bundeszentrale für Politische Bildung 346). Bonn ²2000.

Ders.: Kirche und Sozialismus – Zur Situation in der DDR. In: Osterkamp, Jana / Schulze, Renate (Hrsg.): Kirche und Sozialismus in Osteuropa. Wien 2007, 9–27.

Ders.: Die Rolle des MfS bei der Durchsetzung der Kirchenpolitik der SED und die Durchdringung der Kirchen mit geheimdienstlichen Mitteln. In: Enquete VI/2, 1026–1047.

Ders.: Zur Instrumentalisierung von Theologie und Kirchenrecht durch das MfS. In: Vollnhals, Kirchenpolitik, 329–352.

Niethammer, Lutz: Vorwort. In: Seidel, Übergang, 9–12.

Nixdorf, Wolfgang: Die Pommersche Evangelische Kirche und der Staat – aus der Sicht von Kirchenleitung und Konsistorium. Beispiele aus vier DDR-Jahrzehnten. In: Baltische Studien 98 (2012), 131–169.

Noack, Axel: Die Phasen der Kirchenpolitik der SED und die sich darauf beziehenden Grundlagenbeschlüsse der Partei- und Staatsführung in der Zeit von 1972 bis 1989. In: Enquete VI/2, 1048–1133.

Ders.: Die Ungeduld eines »Laien«. Präses Lothar Kreyssig und die ökumenische Situation vor dem Zweiten Vatikanischen Konzil. In: Greschat, Martin / Hüffmeier, Wilhelm: Evangelische Christen im geteilten Deutschland. Die 50er Jahre. Festschrift für Christa Stache. Leipzig 2013, 142–167.

Nowak, Kurt: Das umstrittene Zeugnis des Pfarrers von Rippicha. In: ZdZ 47 (1993), 154–160.

Oleschtschuk (Oleščuk), F[edor] N[estorovič]: Atheismus (Große Sowjet-Enzyklopädie, Reihe Geschichte und Philosophie 49). Berlin 1955.

Onnasch, Martin: Das Spitzengespräch vom 6. März 1978 – Glücks- oder Sündenfall? 20 Jahre nach dem Gespräch zwischen dem Vorstand der Konferenz der Evangelischen Kirchenleitungen und dem Vorsitzenden des Staatsrates der DDR (Schriftenreihe des Instituts für Vergleichende Staat-Kirche-Forschung 5). Berlin 1998.

Ordnung des Bundes der evangelischen Kirchen in der Deutschen Demokratischen Republik vom 10. 6. 1969. In: KJ 96 (1969), 255–261.

Passauer, Martin-Michael: Das Jahr 1987 – ein Jahr der großen Unsicherheiten und des Aufbruchs. In: Gesellschaft zur Förderung Vergleichender Staat-Kirche-Forschung e.V. (Hrsg.): Theologische Kielführung in rauen Gewässern. Über den Weg der evangelischen Kirchen in Deutschland (Schriftenreihe des Instituts für Vergleichende Staat-Kirche-Forschung 24). Berlin 2007, 21–28.

Pausch, Andreas Peter: Widerstehen. Pfarrer Christoph Wonneberger. Hrsg. v. Uwe Schwabe im Auftrag des Archivs Bürgerbewegung Leipzig e. V. Berlin 2014.

Petzold, Klaus / Wermke, Michael: Ein Jahrhundert Katechetik und Religionspädagogik in Ostdeutschland. Leipzig 2007.

Pietz, Hans-Wilhelm: Die Suche nach dem Recht und die Praxis von »Gesprächen«. Eine Problemanzeige zur sogenannten »Fränkel'schen Wende« aufgrund der Vorträge des Bischofs auf den Provinzialsynoden der Evangelischen Kirche des Görlitzer Kirchengebietes zwischen 1972 und 1979. In: Evangelische Akademie Görlitz / Verein für Schlesische Kirchengeschichte, Kirche, 72–87.

Pietzsch, Henning: Jugend zwischen Kirche und Staat. Geschichte der kirchlichen Jugendarbeit in Jena 1970–1989. Mit einem Vorwort v. Ehrhart Neubert. Köln/Weimar/Wien 2005.

Pingel-Schliemann, Sandra: Zersetzen. Strategie einer Diktatur. Eine Studie. Berlin 2002 ([3]2004).

Planer-Friedrich, Götz: »Einfallstore der Stasi ...«. In: Siegele-Wenschkewitz, Leonore (Hrsg.): Die evangelischen Kirchen und der SED-Staat – ein Thema kirchlicher Zeitgeschichte (Arnoldshainer Texte 77). Frankfurt/Main 1993, 113–128.

Pollack, Detlef: Kirche in der Organisationsgesellschaft. Zum Wandel der gesellschaftlichen Lage der evangelischen Kirchen in der DDR. Stuttgart/Berlin/Köln 1994.

Ders.: Kirchliche Eigenständigkeit in Staat und Gesellschaft der DDR. In: Lepp/Nowak, Kirche, 178–205.

Ders. (Hrsg.): Die Legitimität der Freiheit. Politisch alternative Gruppen in der DDR unter dem Dach der Kirche (Forschungen zur praktischen Theologie 8). Frankfurt/Main [u. a.] 1990.

Ders.: Die politische und soziale Rolle der evangelischen Kirchen in der DDR aus sozialwissenschaftlicher Sicht. In: Dähn, Horst/Heise, Joachim (Hrsg.): Staat und Kirchen in der DDR. Zum Stand der zeithistorischen und sozialwissenschaftlichen Forschung. Frankfurt/Main [u. a.] 2003, 69–95.

Rabe, Mandy: Zwischen den Fronten. Die »Mitte« als kirchenpolitische Gruppierung in Sachsen während der Zeit des Nationalsozialismus (AKThG 48). Leipzig 2017.

Radatz, Werner/Winter, Friedrich: Geteilte Einheit. Die Evangelische Kirche Berlin-Brandenburg 1961 bis 1990. Berlin 2000.

Radeloff, Alfred: Die friedliche Revolution in Dessau vom Herbst 1989 bis zur Vereinigung Deutschlands am 3. Oktober 1990 nach den Mitteilungen des Kreisoberpfarramts Dessau. Mit Fotos von Bernd Helbig. Dessau 1999.

Ders.: Progressive Protestanten protestieren. Die »progressiven Jugendgottesdienste« 1970–1971 in St. Johannis Dessau und die Inhaftierung von Jugendlichen. Aufbruch und Ende einer Bewegung in der Dessauer Jugend (Betroffene erinnern sich 20). Magdeburg 2005.

Rahmenkonzept »Erziehung zum Frieden«. In: Sekretariat des Bundes, Kirche, 266–275.

Raiser, Konrad: Die Ökumene und der Widerstand gegen Diktaturen. In: Garstecki, Ökumene, 22–31.

Rathke, Heinrich: »Wohin sollen wir gehen?« Der Weg der Evangelischen Kirche in Mecklenburg im 20. Jahrhundert. Erinnerungen eines Pastors und Bischofs und die Kämpfe mit dem Staat. Kiel 2014.

Rat des Bezirkes Halle: Information über ein Gespräch mit Eberhard Natho vom 14. 9. 1987. In: Silomon/Bayer, Synode, 310–313.

Reiher, Dieter (Hrsg.): Kirchlicher Unterricht in der DDR von 1949 bis 1990. Dokumentation eines Weges. Göttingen 1992.

Remy, Dietmar: Sekt, Pralinen und echte Schildkrötensuppe. Die Versuche der DDR-Staatsorgane, der Kirchenleitung die Fortsetzung des »Thüringer Weges« schmackhaft zu machen. In: Seidel, Jahre, 69–83.

Rendtorff, Trutz (Hrsg.): Protestantische Revolution? Kirche und Theologie in der DDR. Ekklesiologische Voraussetzungen, politischer Kontext, theologische und historische Kriterien. Vorträge und Diskussionen eines Kolloquiums in München, 26.–28. 3. 1993 (AKZG B 20). Göttingen 1993.

Renovabis / Zentralkomitee der Deutschen Katholiken (Hrsg.): Verletzungen ohne Heilung? Schwerpunkt: Bleibende Wunden – psychische Folgen des Kommunismus (Ost-West 12/2). Regensburg 2011.

Richter, Hedwig: Pietismus im Sozialismus. Die Herrnhuter Brüdergemeine in der DDR (Kritische Studien zur Geschichtswissenschaft 186). Göttingen 2009.

DIES.: Virtuoser Umgang mit Traditionen. Die Herrnhuter Brüdergemeine in der DDR. In: KZG 29 (2016), 29–45.

DIES./POLLACK, Detlef: Protestantische Theologie und Politik in der DDR. In: Historische Zeitschrift 294 (2012), 687–719.

RICHTER, Martin: Kirchenrecht im Sozialismus. Die Ordnung der evangelischen Landeskirchen in der DDR (Jus ecclesiasticum 95). Tübingen 2011.

RITTBERG-KLAS, Karoline: Kirchenpartnerschaften im geteilten Deutschland. Am Beispiel der Landeskirchen Württemberg und Thüringen (AKZG B 44). Göttingen 2006.

RITTER, Heinz-Adolf: Wie der Bund Freier evangelischer Gemeinden in Deutschland die Kirchenpolitik der SED erlebt hat. In: Freikirchenforschung 4 (1994), 62–83.

ROCH, Hans: »Die Freiheit der Presse ist gewährleistet«. Zur Geschichte kirchlicher Publizistik in der Evangelischen Kirche des Görlitzer Kirchengebietes. In: EVANGELISCHE AKADEMIE GÖRLITZ / VEREIN FÜR SCHLESISCHE KIRCHENGESCHICHTE, Kirche, 88–107.

ROSSBERG, Klaus: Das Kreuz mit dem Kreuz. Ein Leben zwischen Staatssicherheit und Kirche. Aufgezeichnet von Peter Richter. Berlin 1996.

ROTHE, Aribert: Evangelische Erwachsenenbildung in der DDR. Ihr Beitrag zur politischen Bildung. 2 Bde. Leipzig 2000.

DERS.: Die Ökologiebewegung im kirchlichen Freiraum der DDR. Hrsg. v. der Landeszentrale für politische Bildung Thüringen. Erfurt 2015.

RÜDDENKLAU, Wolfgang: Störenfried. DDR-Opposition 1986–1989. Mit Texten aus den »Umweltblättern«. Berlin ^{2}1992.

RUDOLPH, Thomas [u. a.] (Hrsg.): Weg in den Aufstand. Chronik zu Opposition und Widerstand in der DDR von August 1987 bis zum Dezember 1989. Aus Dokumenten der Leipziger Bürger-

und Menschenrechtsgruppen Arbeitskreis Gerechtigkeit, Arbeitsgruppe Menschenrechte, dem Sonnabendkreis sowie der Redaktion des Grenzfalls Berlin. 2 Bde. Leipzig 2014–2018.

RUTHENDORF-PRZEWOSKI, Cornelia von: Der Prager Frühling und die evangelischen Kirchen in der DDR (AKZG B 60). Göttingen 2015.

SABROW, Martin: Die DDR erinnern. In: DERS. (Hrsg.): Erinnerungsorte der DDR. München 2009, 11–27.

SACHSE, Christian: Den Menschen eine Stimme geben. Bischof Gottfried Forck und die Opposition in der DDR. Berlin 2009.

DERS. (Hrsg.): »Mündig werden zum Gebrauch der Freiheit«. Politische Zuschriften an die Ökumenische Versammlung 1987–89 in der DDR (Diktatur und Widerstand 9). Münster 2004.

DERS.: Nach dem Krieg ist vor dem Sieg. Wehrerziehung in der DDR von 1952 bis 1978. In: WIDERA, Pazifisten, 43–71.

SCHACHT, Ulrich: Vom Frei-Raum im unfreien Raum der Geschichte. Versuch über eine Jugend in der zweiten deutschen Diktatur. In: SEIDEL, Jahre, 187–196.

SCHAEFGEN, Christoph: Die Ahndung von Partei- und Staatskriminalität der DDR seit dem Beginn der 90er Jahre – eine Bilanz. In: UNION DER OPFERVERBÄNDE KOMMUNISTISCHER GEWALTHERRSCHAFT (Hrsg.): Der Stand der juristischen Aufarbeitung des DDR-Unrechts. Berlin 2011, 5–18.

SCHALÜCK, Andreas: Eine Agentur der Kirchen im Staatsapparat? Otto Nuschke und die Hauptabteilung »Verbindung zu den Kirchen« 1949–1953 (Studien des Forschungsverbundes SED-Staat an der Freien Universität Berlin). Berlin 1999.

SCHELER, Hermann: Der Marxismus-Leninismus über Religion und Kirche (Schriftenreihe der Gesellschaft zur Verbreitung wissenschaftlicher Kenntnisse, Reihe D Gesellschaftswissenschaften Heft 5). Leipzig/Jena 1956.

SCHILLING, Walter: Die »Bearbeitung« der Landeskirche Thüringen durch das MfS. In: VOLLNHALS, Kirchenpolitik, 211–266.

DERS.: Brief an den Bischofskonvent der Evangelischen Kirchen in der DDR mit der Bitte um ein Gespräch über »Offene Arbeit«, Braunsdorf, 3. März 1982. In: STIEBRITZ/GEISS, Arbeit, 19f.

DERS.: Emanzipationsbewegung in den Kirchen seit Ende der 60iger [!] Jahre. Vortrag auf dem 1. Kirchentag von unten 1987 in Berlin. In: STIEBRITZ/GEISS, Arbeit, 138–141.

DERS.: Thesen zu einem Gespräch mit dem Bischofskonvent der Evangelischen Kirchen in der DDR am 6. Mai 1982. In: STIEBRITZ/GEISS, Arbeit, 20–25.

SCHMIDT, Johannes: Herr, wohin sollen wir gehen? Aus der Weimarer Republik durch das »Dritte Reich« und die DDR ins vereinte Deutschland. Lebenserinnerungen des letzten Bundesvorstehers der Freien evangelischen Gemeinden in der DDR (Geschichte und Theologie der Freien evangelischen Gemeinden 5,4). Witten 2008.

SCHMIDT, Markus: Charismatische Spiritualität und Seelsorge. Der Volksmissionskreis Sachsen bis 1990. Göttingen 2017.

SCHMUTZLER, Georg-Siegfried: Gegen den Strom. Erlebtes aus Leipzig unter Hitler und der Stasi. Göttingen 1992.

SCHNEIDER, Thomas Martin: Wem gehört Barmen? Das Gründungsdokument der Bekennenden Kirche und seine Wirkungen (CuZ 1). Leipzig 2017.

SCHOLZ, Johannes: Die Siebenten-Tags-Adventisten und die Wehrfrage in der SBZ und in der DDR (1945–1990). In: Freikirchenforschung 13 (2003), 130–173.

SCHÖNHERR, Albrecht: … aber die Zeit war nicht verloren. Erinnerungen eines Altbischofs. Berlin 1993.

DERS.: Kirche im Sozialismus. Signaturen des Gesprächs vom 6. März 1978. In: Standpunkt. Evangelische Monatsschrift 16 (1988), 61–66.

Ders.: Über Auftrag und Weg der Kirche Jesu Christi in der sozialistischen Gesellschaft der DDR. In: ZdZ 33 (1979), 369–380.

Ders.: Vor fünfundzwanzig Jahren: Die »Zehn Artikel« und die »Sieben Sätze«. In: ZdZ 42 (1988), 294–298.

Ders.: Vorwort. In: Moderow/Sens, Orientierung, 10.

Schorlemmer, Friedrich: Klar sehen und doch hoffen. Mein politisches Leben. Berlin 2012/2014.

Ders.: Wohl dem, der eine Heimat hat. Berlin 2009/2010.

Schott, Christian-Erdmann: Territorium und Symbol. In: Ders. (Hrsg.): Spuren und Wirkungen der schlesischen evangelischen Kirche im Nachkriegsdeutschland. Würzburg 2000, 35–40.

Schröder, Richard: Der Versuch einer eigenständigen Standortbestimmung der Evangelischen Kirchen in der DDR am Beispiel der »Kirche im Sozialismus«. In: Enquete VI/2, 1164–1429.

Schröter, Ulrich: Die »Bearbeitung« der Landeskirche Berlin-Brandenburg durch das MfS. In: Vollnhals, Kirchenpolitik, 191–210.

Ders. (Hrsg.): Manfred Stolpe. Beraten & gestalten. Weggefährten erinnern sich. Berlin 2016.

Schultze, Harald (Hrsg.): Berichte der Magdeburger Kirchenleitung zu den Tagungen der Provinzialsynode 1946–1989 (AKZG A/10). Göttingen 2005.

Ders.: Im Kontext verschärfter Angriffe auf die Kirche. Kurt Grünbaum und der Geldumtauschprozess 1957/58. Leipzig 2009.

Ders./Bäumer, Friedrich-Wilhelm (Hrsg.): Das Signal von Zeitz. Reaktionen der Kirche, des Staates und der Medien auf die Selbstverbrennung von Oskar Brüsewitz 1976. Eine Dokumentation. Leipzig ^{2}1993.

Ders./Kurschat, Andreas (Hrsg.): »Ihr Ende schaut an …«. Evangelische Märtyrer des 20. Jahrhunderts. Leipzig ^{2}2008.

Ders./Zachhuber, Waltraut: Spionage gegen eine Kirchenleitung.

Detlef Hammer, Stasi-Offizier im Konsistorium Magdeburg. Gespräche, Dokumente, Recherchen, Kommentare. Magdeburg 1994.

Schulze, Rudolf / Schmidt, Eberhard / Zachhuber, Gerhard: Gehen oder bleiben. Flucht und Übersiedlung von Pfarrern im geteilten Deutschland und die Gesamtverantwortung der Kirchenleitungen. Bericht und Dokumentation. Leipzig 2002.

Schuster, Dirk: Die Lehre vom »arischen« Christentum. Das wissenschaftliche Selbstverständnis im Eisenacher »Entjudungsinstitut« (Kirche – Konfession – Religion 70). Göttingen 2017.

Schwerin, Eckart: Konfirmierendes Handeln in der evangelischen Kirche der DDR. In: Die Christenlehre 39 (1986), 313–320.

Seidel, J. Jürgen: Aus den Trümmern 1945. Personeller Wiederaufbau und Entnazifizierung in der Sowjetischen Besatzungszone Deutschlands. Göttingen 1996.

Ders.: »Neubeginn« in der Kirche? Die evangelischen Landes- und Provinzialkirchen in der SBZ/DDR im gesellschaftspolitischen Kontext der Nachkriegszeit (1945–1953). Göttingen 1989.

Seidel, Thomas A.: Die »Entnazifizierungs-Akte Grundmann«. Anmerkungen zur Karriere eines vormals führenden DC-Theologen. In: Deines, Roland / Leppin, Volker / Niebuhr, Karl-Wilhelm (Hrsg.): Walter Grundmann. Ein Neutestamentler im Dritten Reich (AKThG 21). Leipzig 2007, 349–369.

Ders.: Gottlose Jahre? Rückblicke auf die Kirche im Sozialismus der DDR (Herbergen der Christenheit Sonderbd. 7). Leipzig 2002.

Ders.: »Thüringer Weg« und »Thüringer Initiative«. Eine Regionalgruppe des Arbeitskreises Solidarische Kirche am Ende der DDR. In: Seidel, Jahre, 85–100.

Ders.: Im Übergang der Diktaturen. Eine Untersuchung zur kirchlichen Neuordnung in Thüringen 1945–1951 (Konfession und Gesellschaft 29). Stuttgart 2003.

SEIFERT, Katharina: Glaube und Politik. Die Ökumenische Versammlung in der DDR 1988/89 (Erfurter theologische Studien 78). Leipzig 2000.

SEKRETARIAT DES BUNDES der Evangelischen Kirchen in der DDR (Hrsg.): Kirche als Lerngemeinschaft. Dokumente aus der Arbeit des Bundes der Evangelischen Kirchen in der DDR. Berlin 1981.

DASS.: Schnellinformation vom 22. 5. 1987 über das Gespräch des Staatssekretärs für Kirchenfragen, Dr. Klaus Gysi, mit dem Vorstand der Konferenz der Evangelischen Kirchenleitungen in der DDR am 21. Mai 1987 zu gesellschaftlichen Problemen. In: DEMKE/FALKENAU/ZEDDIES, Anpassung, 217–222.

SENGESPEICK-ROOS, Christa: Das ganz Normale tun. Widerstandsräume in der DDR-Kirche. Mit Beiträgen von Christa Bürger und einem Geleitwort von Gottfried Forck. Berlin 1997.

SENS, Matthias: Ökumene in der DDR – eine Einführung. In: DERS., Grenzen, 6–22.

DERS. (Hrsg.): Über Grenzen hinweg zu wachsender Gemeinschaft. Ökumene in der DDR in den achtziger Jahren (Ökumenische Rundschau. Beiheft 62). Frankfurt/Main 1991.

SILOMON, Anke: Anspruch und Wirklichkeit der »besonderen Gemeinschaft«. Der Ost-West-Dialog der deutschen evangelischen Kirchen 1969–1991 (AKZG B 45). Göttingen 2006.

DIES.: »Schwerter zu Pflugscharen« und die DDR. Die Friedensarbeit der Evangelischen Kirchen in der DDR im Rahmen der Friedensdekaden 1980–1982 (AKZG B 33). Göttingen 1999.

DIES. / BAYER, Ulrich: Synode und SED-Staat. Die Synode des Bundes der Evangelischen Kirchen in der DDR in Görlitz vom 18. bis 22. September 1987. Mit einer Einführung in das Forschungsprojekt »Kirche und Staat in der DDR« von Joachim Mehlhausen (AKZG B 24). Göttingen 1997.

STAATSSEKRETARIAT FÜR KIRCHENFRAGEN: Information Nr. 9/1975 zur Situation und zur Arbeit gegenüber den kleinen Religionsgemeinschaften in der Deutschen Demokratischen Republik, Berlin, 15. 8. 1975. In: Gremium zur Darstellung der Geschichte der Ostdeutschen Jährlichen Konferenz, Flanke, 85–92.

Dass.: Langfristige Konzeption der politischen Einflußnahme auf die Kirchen und Religionsgemeinschaften in der DDR außer der evangelischen und katholischen Kirche. In: Gremium zur Darstellung der Geschichte der Ostdeutschen Jährlichen Konferenz, Flanke, 95–103.

Dass.: Zu einigen Problemen der staatlichen Tätigkeit gegenüber den Religionsgemeinschaften, Berlin, 26. 9. 1977. In: Gremium zur Darstellung der Geschichte der Ostdeutschen Jährlichen Konferenz, Flanke, 92–95.

Stach, Sabine: Vermächtnispolitik. Jan Palach und Oskar Brüsewitz als politische Märtyrer (Moderne Europäische Geschichte 12). Göttingen 2016.

Stauss, Curt: Junge Gemeinden in der DDR. In: Bohley, Peter (Hrsg.): Erlebte DDR-Geschichte. Zeitzeugen berichten. Berlin 2014, 75–89.

Ders.: Vergebung entschuldigt nicht. Zur Rolle der evangelischen Kirchen in der DDR. In: Ökumenische Rundschau 2 (2014), 217–232.

Steinlein, Reinhard: Die gottlosen Jahre. Berlin 1993.

Stengel, Friedemann: Aufgearbeitete Vergangenheit? Kirche in der DDR als Problem der Kirche heute. In: Domsgen/Evers, Herausforderung, 111–147.

Ders.: Kirchen-DDR-Geschichte zwischen Gedächtnispolitik und Erinnern. In: epd-Dokumentation 40 (2015), 4–15.

Ders.: Die Theologischen Fakultäten in der DDR als Problem der Kirchen- und Hochschulpolitik des SED-Staates bis zu ihrer Umwandlung in Sektionen 1970/71 (AKThG 3). Leipzig 1998.

Steussloff, Hans: Christliches und marxistisches Menschenbild. Vortrag in der SED-Bezirksleitung, Ideologische Kommission,

Bildungsstätte, Leipzig 9. 6. 1964 [maschinenschriftlich] (Deutsche Bücherei Leipzig 1964 B 2345).
Stiebritz, Anne / Geiss, Stephan (Hrsg.): Offene Arbeit der Evangelischen Kirchen in der DDR. Thüringer Horizonte (Pädagogische Reform in Quellen 15). Jena 2012.
Stolpe, Manfred: Vier Jahrzehnte evangelisch-kirchliche Jugendarbeit in der Deutschen Demokratischen Republik - ein Lernprozeß. In: Ellinger, Heidrun / Hardt, Karin / Schmidt, Dagmar (Hrsg.): Bibelhilfe. Für die kirchliche Jugendarbeit 1989. Ausgabe A, für Ältere. Berlin 1988, 154–169.
Strübind, Andrea: Der Bund Evangelisch-Freikirchlicher Gemeinden in der DDR (Baptisten). In: KZG 29 (2016), 77–94.
Dies.: Einleitung. In: KZG 29 (2016), 3–6.
Subklew-Jeutner, Marianne: Der Pankower Friedenskreis. Geschichte einer Ost-Berliner Gruppe innerhalb der Evangelischen Kirchen in der DDR 1981–1989. Osnabrück 2004.
Suckut, Siegfried: Parteien in der SBZ/DDR 1945–1952 (Deutsche ZeitBilder). Bonn 2000.

Tautz, Lothar (Hrsg.): Friede und Gerechtigkeit heute. Das »Querfurter Papier« - ein politisches Manifest für die Einhaltung der Menschenrechte in der DDR (Sachbeiträge LStU Sachsen-Anhalt 22). Magdeburg 2002.
Ders.: Opposition und Widerstand in der mitteldeutschen Provinz (Betroffene erinnern sich 19). Magdeburg 2004.
Ders. / Radeke, Christian: »Warte nicht auf bess're Zeiten ...« Oskar Brüsewitz, Wolf Biermann und die Protestbewegung in der DDR 1976–1977. Dokumentation. Halle/Saale 1999.
Theissen, Henning: Die Regionalisierung der Evangelischen Kirche der Union (1970/72). Ein unerforschtes Kapitel zum Thema Gemeinschaft im geteilten Deutschland. In: MKiZ 10 (2016), 45–72.

Themenschwerpunkt Antifaschismus. Legitimation und Lebenslüge der DDR. Horch und Guck. Zeitschrift zur kritischen Aufarbeitung der SED-Diktatur Jg. 20, Heft 74 (4/2011).

Themenschwerpunkt DDR-Schulkonflikte. Konflikte im und mit dem DDR-Schulwesen. Horch und Guck. Zeitschrift zur kritischen Aufarbeitung der SED-Diktatur Jg. 13, Heft 47 (03/2004).

Themenschwerpunkt »sozialistisch lernen«. Die Erziehungs- und Fürsorgediktatur DDR. Horch und Guck. Zeitschrift zur kritischen Aufarbeitung der SED-Diktatur Jg. 20, Heft 72 (2/2011).

Theologische Studienabteilung beim Bund der Evangelischen Kirchen in der DDR, Referat Weltanschauungsfragen: Zum Gebrauch des Begriffes Kirche im Sozialismus (Informationen und Texte 15). Berlin 1988 [hektografiert] (Bibliothek des LKA Dresden Per.683, 15).

Thulin, Andreas: Durch Verhaftung … das Handwerk legen. Die Evangelische Studentengemeinde Halle (Saale) 1953 und die Inhaftierung von Studentenpfarrer Johannes Hamel. Halle 2004.

Thumser, Wolfgang: Kirche im Sozialismus. Geschichte, Bedeutung und Funktion einer ekklesiologischen Formel (Beiträge zur Historischen Theologie 95). Tübingen 1996.

Tiefensee, Eberhard: Homo areligiosus. Überlegungen zur Entkonfessionalisierung in der DDR. In: Seidel, Jahre, 197–215.

Tschiche, Hans-Jochen: Boykottnest. Die Evangelische Akademie in Sachsen-Anhalt im Visier der DDR-Staatsmacht (Schriftenreihe LStU Sachsen-Anhalt 63). Halle 2008.

Ueberschär, Ellen: Junge Gemeinde im Konflikt. Evangelische Jugendarbeit in SBZ und DDR 1945–1961 (Konfession und Gesellschaft 27). Stuttgart 2003.

VERORDNUNG ÜBER DIE DURCHFÜHRUNG VON VERANSTALTUNGEN vom 26.11.1970. In: Amtsblatt der Evangelischen Landeskirche Greifswald H. 5 (1971), 49–52.

VESTING, Justus: »Ein deutlicheres Zeugnis«? Bausoldaten und Kirchen in der DDR. In: STENGEL, Friedemann / ULRICH, Jörg (Hrsg.): Kirche und Krieg. Ambivalenzen in der Theologie. Leipzig 2015, 139–159.

VOIGT, Karl Heinz: Freikirchen in Deutschland (19. und 20. Jahrhundert) (KGE III/6). Leipzig 2004.

DERS.: Die methodistische Kirche. Minderheit zwischen den drei Polen: Staat, Kirche und Gesellschaft. In: KZG 29 (2016), 63–76.

VOLLNHALS, Clemens (Hrsg.): Die Kirchenpolitik von SED und Staatssicherheit. Eine Zwischenbilanz (Analysen und Dokumente BStU 7). Berlin [2]1997.

DERS.: Die kirchenpolitische Abteilung des Ministeriums für Staatssicherheit. In: DERS., Kirchenpolitik, 79–119.

DERS.: Oberkirchenrat Gerhard Lotz und das Ministerium für Staatssicherheit. Zur IM-Akte »Karl«. In: MEHLHAUSEN, Joachim (Hrsg.): ... und über Barmen hinaus. Festschrift für Carsten Nicolaisen (AKZG B 23). Göttingen 1995, 595–605.

VOLLPRECHT, Frieder: Responsebeitrag zum Impulsvortrag von Dr. Hedwig Richter: Die Herrnhuter Brüdergemeine in der DDR. In: KZG 29 (2016), 46–50.

WAGNER, Harald: Friedensgebete – Symbol der Befreiung. In: DIETRICH/SCHWABE, Freunde, 17–33.

WALLMANN, Johannes: Kirchengeschichte Deutschlands seit der Reformation. Tübingen [6]2012.

WALTER, Ingeborg: Singt ein neues Lied. Aus meinem Leben als Katechetin in der DDR. Erinnerungen an die Christenlehre 1948–1992. Bad Langensalza 2002.

WEISS, Konrad: Lothar Kreyssig. Prophet der Versöhnung (Zeugen der Zeit). Gerlingen 1998.

Weizsäcker, Richard von: Vier Zeiten. Erinnerungen. München 1997.

Wendelborn, Gert: Christentum und Sozialismus. Als Theologieprofessor in der DDR. Hrsg. v. Friedrich-Martin Balzer. Bonn 2010.

Wentker, Hermann: »Kirchenkampf in der DDR«. Der Konflikt um die Junge Gemeinde 1950–1953. In: Vierteljahrsschrift für Zeitgeschichte 42 (1994), 95–127.

Werner, Matthias: Volle Kirchen in der DDR. Das Experiment »Gottesdienst einmal anders« in Karl-Marx-Stadt (1963–1973). Mit einem Vorwort von Wolfgang Ratzmann. Berlin/Münster 2013.

Wetzel, Michael: Zwischen Anpassung und Verweigerung. Eine Zwischenbilanz der Forschung zur Rolle der EmK in der DDR. In: KZG 29 (2016), 51–62.

Weyer, Adam / Wippermann, Stephan / Lins, Monika: »Ordentlich und fleißig arbeiten!« Die evangelischen Kirchen und die Arbeitswelt in der SBZ/DDR (Duisburger Studien 21). Duisburg 1994.

Widera, Thomas (Hrsg.): Pazifisten in Uniform. Die Bausoldaten im Spannungsfeld der SED-Politik. 1964–1989 (Berichte und Studien. Hannah-Arendt-Institut für Totalitarismusforschung 44). Göttingen 2004.

Widmann, Alexander Christian: Wandel mit Gewalt? Der deutsche Protestantismus und die politisch motivierte Gewaltanwendung in den 1960er und 1970er Jahren (AKZG B 56). Göttingen 2013.

Wilhelm, Georg: Die Diktaturen und die Evangelische Kirche. Totaler Machtanspruch und kirchliche Antwort am Beispiel Leipzigs 1933–1958 (AKZG B 39). Göttingen 2004.

Winter, Christian: Gewalt gegen Geschichte. Der Weg zur Sprengung der Universitätskirche Leipzig. (AKThG 2). Leipzig 1998.

Winter, Friedrich: Bekenner in zwei Diktaturen. Propst Siegfried Ringhandt (1906–1991). Berlin 2007.

DERS.: Die Evangelische Kirche der Union und die Deutsche Demokratische Republik. Beziehungen und Wirkungen (Unio und Confessio 22). Bielefeld 2001.

DERS.: Der Fall Defort. Drei Brandenburger Pfarrer im Konflikt. Eine Dokumentation. Berlin 1996.

DERS.: Friedrich-Wilhelm Krummacher (1901–1974). Ein pommerscher Bischof in den Umbrüchen des 20. Jahrhunderts. In: Baltische Studien 90 (2004), 237–249.

DERS.: Die Geltungsformel der Theologischen Erklärung von Barmen in den Ordnungen der evangelischen Kirchen in der DDR. Ein Beitrag zum Dialog um Barmen. In: SCHULZE, Rudolf / LUDWIG, Hartmut (Hrsg.): Barmen 1934–1984. Beiträge zur Diskussion um die Theologische Erklärung von Barmen. Berlin (Ost) 1984, 141–164.

DERS.: Johannes Hamel (1911–2002). In: Herbergen der Christenheit 31 (2007), 127–142.

DERS.: Die Ostberliner Bluesmessen. Ein Insider-Bericht über sieben Jahre Lernprozess. In: RAUHUT, Michael / KOCHAN, Thomas: Bye bye, Lübben City. Bluesfreaks, Tramps und Hippies in der DDR. Berlin ^{2}2013, 190–214.

DERS.: Ein pommersches Pfarrerleben in vier Zeiten. Bischof Karl von Scheven (1882–1954). Berlin 2009.

DERS.: »Weg hast du allerwegen«. Mein Leben als Theologe im Osten Deutschlands. Berlin 2015.

WINTER, Jo: Die Bande. Leipzig 1996.

WÖLBERN, Jan Philipp: Der Häftlingsfreikauf aus der DDR 1962/63–1989. Zwischen Menschenhandel und humanitären Aktionen (Analysen und Dokumente BStU 38). Göttingen 2014.

WUSTMANN, Markus: »Vertrieben, aber nicht aus der Kirche«? Vertreibung und kirchliche Vertriebenenintegration in SBZ und DDR am Beispiel der Evangelisch-Lutherischen Landeskirche Sachsens 1945 bis 1966 (Geschichte und Politik in Sachsen 30). Leipzig 2013.

Zehn Artikel über Freiheit und Dienst der Kirche in der DDR. In: KJ 90 (1963), 181-185.

Ziemer, Christof: In und neben der Kirche. Charismatische Bewegung in den Kirchen der DDR. In: ZdZ 33 (1979), 218–226.

Ders.: Der konziliare Prozeß in den Farben der DDR. Die politische Einordnung und Bedeutung der Ökumenischen Versammlung der Christen und Kirchen in der DDR für Gerechtigkeit, Frieden und Bewahrung der Schöpfung. In: Enquete VI/2, 1430–1635.

Zum Friedensdienst der Kirche. Eine Handreichung für Seelsorge an Wehrpflichtigen [1965]. In: KJ 93 (1966), 249-261.

Personenregister

Zur Autorin

Veronika Albrecht-Birkner, Dr. theol., Jahrgang 1963, studierte Theologie am Theologischen Seminar in Leipzig und ist Professorin für Kirchengeschichte an der Universität Siegen. Sie gehört der Evangelischen Arbeitsgemeinschaft für Kirchliche Zeitgeschichte an, der Historischen Kommission zur Erforschung des Pietismus sowie dem Deutschen Nationalkomitee des Lutherischen Weltbundes, 2012 wurde sie mit der Jubiläumsmedaille der Universität Wrocław ausgezeichnet.